Larisa Alexandrovna SEKLITOVA
Ludmila Leonovna STRELNIKOVA

Les Mystères des Mondes Supérieurs

Série « Au-delà de l'inconnu »

© 2016 Nom de l'auteur **Larisa Seklitova**
© 2016 Nom de l'auteur **Ludmila Strelnikova**
© 2016 Détenteur des droits **Simon Couvin**

Édition : BoD · Books on Demand, 31 avenue Saint-
Rémy, 57600 Forbach, bod@bod.fr
Impression : Libri Plureos GmbH, Friedensallee 273,
22763 Hamburg (Allemagne)
ISBN : 978-2-**3226-3539-9**
Dépôt légal : **Juin 2025**

<u>Réédition : Mai 2025</u>

Les Mystères des Mondes Supérieurs

Seklitova Larisa Aleksandrovna.
Strelnikova Ludmila Leonovna.
LES MYSTÈRES DES MONDES SUPÉRIEURS.
(Série « Au-delà de l'inconnu »)

Pour la première fois, à la frontière des 20e et 21Ie siècles, l'Intelligence Suprême révèle à l'humanité une Information Nouvelle sur la structure des Mondes Supérieurs gouvernés par Dieu et le Diable, sur les Lois qui régissent leur existence, sur le rôle des civilisations dans le développement de notre planète, ainsi que sur les raisons de leur apparition et de leur disparition, sur l'expérimentation menée par les Supérieurs avec la Terre et sur les particularités de son évolution future.

Le lecteur curieux fera de nombreuses découvertes extraordinaires concernant la vie personnelle de Dieu et du Diable, il saisira la différence entre le perfectionnement négatif et le perfectionnement positif, il apprendra les particularités du développement des êtres humains dans la prochaine sixième race, ainsi que le rôle des pierres et des métaux précieux dans la vie humaine et les raisons de leur utilisation. Il prendra également connaissance des informations sur les Systèmes Médical et Matériel du Cosmos et découvrira comment évoluent les âmes dans le Système du Diable. Ce livre permettra au lecteur d'adopter un regard nouveau sur sa propre vie et sur celle des personnes qui l'entourent.

Les auteures continuent de révéler de nouveaux mystères à ceux qui aspirent à la connaissance de vérités inédites.

L'information a été obtenue sur la base de contacts avec l'Intelligence Cosmique Supérieure et contient des matériaux exclusifs.

«La vérité existe indépendamment du fait
qu'elle soit reconnue ou non».
(Proverbe des sages)

«««« INTRODUCTION »»»»

Ce livre révèle à l'humanité de Nouvelles Connaissances sur l'origine de l'homme sur Terre, sur le but de sa création et de son existence. Le lecteur découvrira la raison de l'apparition et du renouvellement des civilisations sous un angle totalement inconnu jusqu'à présent, ainsi que de nombreux secrets sur la Terre elle-même et les expériences menées sur elle par les Créateurs Suprêmes.

Le lecteur sera captivé par des informations sur la nouvelle race d'Or, qui succédera à notre cinquième race. Il apprendra pourquoi l'homme connaît le vieillissement et pourquoi, dans la sixième race, l'enfance disparaîtra chez les enfants.

Mais surtout, il sera émerveillé par les révélations de Dieu et du Diable, qui expliquent comment sont organisés les mondes dans lesquels Ils vivent. Plus encore, Dieu et le Diable partagent même certains détails de leur passé.

Que sait-on de la vie personnelle de Dieu et du Diable, des chemins qu'Ils ont empruntés pour évoluer, et de la manière dont Ils ont atteint une position aussi élevée ?

Pour la première fois, Dieu et le Diable dévoilent aux messagères les secrets de leur existence personnelle.

Ces messagères, qui sont les auteures de ce livre, ont eu le privilège de s'entretenir directement avec le Créateur Lui-même et avec le Prince des Ténèbres. Et c'est précisément dans leurs dialogues que Dieu et le Diable ont révélé à l'humanité de nombreuses nouveautés. Chaque mot de Leur part est une levée de voile sur un mystère encore inconnu de l'humanité.

Les informations contenues dans ce livre ont été obtenues à travers des contacts avec le Monde Supérieur. C'est pourquoi le livre est présenté sous forme de dialogues, comme les contacts eux-mêmes ont été menés. Cela permet d'expliquer de manière accessible à l'homme de notre Niveau de développement actuel les vérités complexes sur lesquelles repose notre existence et selon lesquelles fonctionne la Création (l'Univers Entier).

Découvrez les changements incroyables et étonnants qui attendent l'humanité dans un avenir radieux.

Étudiez les livres des contactrices avec l'Intelligence Supérieure, dont l'emblème est l'Étoile à huit branches, symbole de l'Union Cosmique Suprême « UNION ».

Notation :
* - voir le dictionnaire ;
( )* - clarifications et explications des auteurs.
() – note de traduction

Chapitre 1
La Terre inconnue

NOUVEAUTÉS SUR LA TERRE

La Terre, en tant que corps céleste, n'existe pas depuis toujours. Elle est apparue dans le Cosmos à un certain moment, lorsque la Hiérarchie Cosmique Supérieure a eu besoin de créer, pour ses objectifs, un objet aussi puissant que notre planète.

Elle a été créée avec le système Solaire à la demande de cette Hiérarchie Supérieure, mais sa création concrète a été confiée à un Système Matériel spécialisé dans le développement planétaire.

Voici ce que Dieu nous dit à ce sujet, en réponse à une question :

— **Pourquoi était-il nécessaire de créer notre planète dans le Cosmos pour Vous ? Était-ce dû à un manque d'énergie dans les Systèmes Cosmiques Supérieurs ou au besoin d'élargir Votre Hiérarchie Divine ?**

— La création de la Terre n'a pas directement répondu à l'un de Mes besoins personnels, mais à une directive venue d'En-Haut, où tout est totalement différent. La Terre est un élément d'un grand mécanisme, sans lequel celui-ci ne pourrait pas fonctionner. Lorsque la nécessité d'un tel élément s'est imposée dans l'évolution de l'organisme global du Cosmos, Mes Systèmes l'ont créée.

Dans ce processus, la Terre a été conçue par un Système Spirituel en collaboration avec un Système Matériel Hautement Évolué. Ce dernier a élaboré, selon Mon plan, toute la physiologie de la planète : sa nature, sa faune, ainsi que l'être humain lui-même sous forme de structures matérielles. Mon **Système Spirituel*** a, quant à lui, créé les mécanismes subtils qui animent ces formes matérielles : les âmes et les structures subtiles nécessaires aux différentes étapes de leur développement. Lors de la création et le fonctionnement ultérieur, le Système Matériel a dirigé l'évolution de toute la physiologie de la planète et de tout ce qui y a été créé selon son propre modèle. De son côté, Mon Système Spirituel a conduit le développement de la base subtile, l'âme, selon un chemin spirituel.

L'homme a l'habitude de percevoir la planète comme un objet non-spiritualisé (inanimé), dépourvu de vie et incapable d'agir par lui-même. Cette vision a séparé l'humanité de la nature et du Cosmos, la plaçant comme une entité autonome, centrale et unique dans tout l'Univers, comme le seul être vivant et raisonnable. En conséquence, il est aujourd'hui difficile pour l'homme, enfermé dans des dogmes figés, d'accepter des concepts nouveaux, de comprendre la structure globale de la Création (l'Univers Entier) et de déterminer correctement sa place en son sein.

Mais, les Nouvelles Connaissances, qui peuvent paraître incroyables et insensées à la lumière de l'ancienne psychologie humaine en voie de disparition, ne sont pas destinées à la cinquième civilisation mourante, mais à la nouvelle, la sixième race naissante. Ceux qui parviendront à dépasser leurs anciennes conceptions du monde feront un pas en avant dans leur évolution dès cette vie. Pour les autres, de nouvelles incarnations et de nouveaux programmes de développement seront nécessaires pour accepter ces nouveautés.

Alors, quelles informations inconnues Dieu nous dévoile-t-Il sur notre planète ? Nous Lui posons une nouvelle question :

— **Peut-on considérer les changements qui se produisent sur Terre comme des étapes évolutives de son développement ?**

— La Terre est un organisme vivant, — répond-Il, — semblable au vôtre, les humains, constitué des mêmes substances chimiques que vos corps matériels. Par conséquent, comme tout être vivant, elle n'est pas immobile ni immuable, mais change au fil du temps. Son paysage, ses continents, sa végétation, son climat et sa vie animale se transforment constamment. Au départ, elle était recouverte d'eau, puis un unique continent est apparu, qui s'est par la suite fragmenté en plusieurs continents s'éloignant les uns des autres. Tout cela ne s'est pas produit au hasard, mais conformément au programme de développement de la Terre. De la même manière, l'apparence d'un homme change avec l'âge, non par hasard, mais selon le programme de développement de sa structure matérielle. En cela réside la similitude entre l'évolution des formes vivantes sur Terre et celle des êtres humains.

— **Si la Terre évolue selon un programme, qui en a conçu le programme ?** demandons-nous à nouveau à Dieu.

— Il existe un Système Spécial Hautement Évolué, — répond-Il avec majesté. Dans Son intonation résonnent toujours la dignité et la grandeur de l'Intelligence. — Ce Système est responsable de la création planétaire. Il dispose également de calculateurs-programmateurs d'un ordre supérieur, qui conçoivent des programmes pour les planètes en fonction de leur Niveau de développement. Chaque planète doit posséder un programme individuel. Le Système élabore le paysage correspondant à chaque étape du développement de la Terre, codifie la séquence de formation des mondes végétal et autres, en les liant à l'énergie qu'ils doivent produire. Les paysages ne sont pas créés uniquement pour leur beauté ; leur objectif principal est de produire des types d'énergie spécifiques et de soutenir l'énergoéchange global dans la nature. Rien sur Terre ne se développe de façon autonome ou pour soi-même. Tout est soumis à un schéma général de production d'énergie et de relations interconnectées.

Notre conversation continue sous forme de questions-réponses. Dieu répond :

— **Si le monde naturel contribue à produire de l'énergie, à quoi servent les déserts sur Terre ?**

— Le désert est l'endroit le plus énergétique sur Terre, mais une énergie puissante détruit toute vie, ce qui explique la pauvreté du monde végétal dans ces régions. Les déserts servent de concentrateurs d'énergie : ce sont les accumulateurs de la planète. Il en va de même pour les pays chauds, eux aussi très énergétiques.

— **Comment s'effectue la coordination entre le programme de développement de la Terre, celui du monde végétal, animal et celui des humains ?**

— Les programmes individuels de développement de chacun de ces mondes, avec leurs sous-programmes spécifiques, sont d'abord calculés séparément. Ensuite, ces programmes sont réunis dans un programme général de la Terre. Tout cela repose sur des calculs précis. Certains se chargent de programmer le système global, d'autres se concentrent sur les sociétés humaines ou les continents. Chaque programme est harmonisé avec la Terre elle-même et ses besoins en **énergies*** liés aux humains. Les besoins énergétiques des continents sont précisément déterminés, dans un ordre décroissant : en animaux, oiseaux, insectes, plantes. Il est défini où ces éléments doivent être présents en plus grand nombre, en moindre quantité, ou même complètement absents, ainsi que les types d'énergie qu'ils doivent produire. On décide où placer l'eau, où laisser du sable, où instaurer la chaleur ou le froid, et pour combien de temps. Des limites temporelles sont fixées. Tout cela est matérialisé sur la base de calculs méticuleux, en tenant compte des processus énergétiques, chimiques, physiques, biologiques et ceux liés aux mondes subtils.

L'homme est lié à la nature, aux mondes physiques et subtils de la planète, aux villes et même à certains points précis de la Terre. Ces points servent d'interfaces pour l'échange d'énergie entre les humains et tout le reste. L'énergie de l'homme doit être reliée à ces points, car elle est transmise à la planète et revient à l'homme par leur intermédiaire. En conséquence, il est calculé où placer les villes, les villages et tout ce qui s'y rattache. Ces éléments sont ensuite intégrés dans le programme global de la Terre, qui, comparé au programme individuel de l'homme, est gigantesque et englobant.

— **Donc, le paysage terrestre n'est pas arbitraire ?**

— Les paysages se déroulent selon le cours du temps, en conformité exacte avec le programme de la planète, et ils poursuivent des objectifs bien précis. Chaque parcelle de paysage sur Terre a été conçue pour susciter chez l'homme des émotions et des expériences spécifiques, car tout travail des sentiments contribue à la production par l'homme d'énergies adaptées à ce lieu précis de la Terre. De plus, la structure de chaque plante, animal ou autre élément présent sur ce territoire est spécifiquement calculée pour produire, pour cet endroit donné de la planète, l'énergie requise. Ainsi, tout est interconnecté, et les processus les plus variés se mêlent étroitement.

— **Le programme de la Terre s'étend sur une très longue période. Est-il parfois ajusté ?**

— Oui, des ajustements sont absolument effectués. Nous surveillons constamment la Terre. (Je dis « Nous » parce que j'implique le travail collectif des Supérieurs. « Nous » travaillons toujours en coopération ; c'est pourquoi, dans mes réponses, j'utiliserai souvent « Nous » au lieu de « Je », car cela est plus précis.) Avec l'apparition de l'humanité sur la planète, Nous avons introduit de nouveaux ajustements dans le programme, généralement à chaque étape de deux mille ans, principalement vers la fin de ces périodes, comme à l'époque actuelle. Mais pour être précis, Nous n'intervenons pas dans le programme lui-même, mais uniquement dans des situations spécifiques, comme, par exemple, les guerres. Quant à la Terre elle-même et à l'évolution de son paysage, tout se déroule conformément au programme prévu pour le développement de son enveloppe physique.

— **Pourquoi la Terre et toutes les autres planètes du système Solaire doivent-elles être en mouvement ? Ne pourraient-elles pas rester immobiles dans le Cosmos ? Cela simplifierait la conception du système.**

— Nous avons défini que, comme tout organisme vivant, elles doivent être en mouvement. Cela favorise un meilleur déroulement de nombreux processus physiques et contribue à un renouvellement constant, non pas interne, mais dans une orientation générale d'évolution.

— **Quelle est la principale mission cosmique de la Terre ?**

— Ce n'est pas une mission en soi, mais un objectif. Celui-ci consiste à transformer les énergies et à perfectionner la planète en tant qu'être vivant. Tout doit évoluer, et non rester stagnant.

— **Le perfectionnement de la planète est-il comparable à celui de l'homme ?**

— Oui, chacun doit s'élever au-delà de son état actuel. Cependant, les formes de perfectionnement dépendent du Niveau de développement auquel se trouve l'âme.

— **La Terre produit-elle un type d'énergie spirituelle ?**

— Bien sûr.

— **Par quel moyen ?**

— Par une activité mentale de nature planétaire. Pour que l'homme produise de l'énergie spirituelle, il existe plusieurs moyens : la religion, certains types d'art, des situations de vie spécifiques. La Terre, quant à elle, possède ses propres mécanismes pour générer de l'énergie spirituelle grâce à certains processus qui permettent simultanément de développer ses structures subtiles.

— **L'énergie spirituelle est-elle le type d'énergie le plus élevé qu'une planète puisse produire ?**

— Oui. Pour une planète, c'est l'absolu, tout comme pour l'homme. La structure de la planète est conçue de telle manière qu'elle ne peut produire que cette fréquence énergétique comme la plus élevée. C'est comparable à une voiture, dont la conception limite sa vitesse maximale à 120 km/h. Pour aller au-delà, il faudrait repenser la structure même du véhicule. De même, la structure planétaire de la Terre est calculée pour émettre des fréquences spirituelles comme étant les plus hautes.

— **Quelle influence la Terre exerce-t-elle sur l'homme ?**

— L'homme est sous l'influence de son hypnose.

— **Nous avons entendu dire que la Terre favorise la dégradation de l'homme en focalisant son attention sur les biens matériels.**

— C'est précisément cela, son hypnose. L'homme devrait accorder plus d'attention à son âme et à son perfectionnement, plutôt qu'aux biens matériels. Mais la Terre attire une grande partie de l'attention humaine sur elle-même, sur la beauté de ses paysages. Or, l'homme doit apprendre à aimer tout ce qui est vivant, y compris au-delà des frontières de la Terre. Pourtant, il a tendance à rejeter tout ce qui est étranger ou à l'appréhender avec crainte, ce qui est également une part de son hypnose. La Terre n'est qu'une étape dans le développement de l'homme, et chaque étape suivante est toujours plus intéressante que la précédente. L'homme doit donc savoir avec certitude que la Terre n'est pas ce qu'il y a de mieux pour l'évolution de l'âme. Cela ne signifie pas qu'il doit tomber dans l'excès opposé, c'est-à-dire manquer de respect envers la planète où il vit. Il est nécessaire de traiter avec respect et révérence le monde dans lequel on évolue, car ce monde, par son Niveau de développement, est toujours supérieur aux formes qui s'y développent.

La naissance d'une planète

Le processus de formation d'une planète matérielle est fascinant. Les scientifiques l'expliquent à leur manière, mais nous avons souhaité poser la question au Créateur lui-même :

— **Comment le corps physique d'une planète est-il apparu ?**

— L'enveloppe matérielle s'est formée à la suite de l'explosion d'une masse contenant les composants initiaux nécessaires, servant de matériaux de construction pour les structures physiques. Le corps se développe selon un programme inscrit dans le code génétique de la planète. L'énergie puissante de l'explosion agit comme un déclencheur, libérant le programme, un peu comme si l'on ôtait un sceau verrouillant un mécanisme. Par la suite, tous les composants de la masse initiale entrent en réaction, construisant par des chaînes successives les structures matérielles prévues. Tout est construit selon le programme qui se déroule avec le temps.

— **Selon une hypothèse humaine, le Soleil aurait successivement donné naissance à toutes les planètes de son système. Est-ce exact ?**

— Cette hypothèse est incorrecte. Les humains ont de nombreuses théories erronées.

— **Les enveloppes subtiles de la Terre sont-elles apparues immédiatement ?**

— Oui, l'enveloppe protectrice était présente dès la naissance, mais les autres se sont développées au cours de l'évolution. Plus précisément, les enveloppes subtiles existaient, mais elles étaient vides, et il a fallu du temps pour que la planète les développe.

— **Le programme de développement inclut-il aussi le développement des corps subtils ?**

— Chaque corps possède son propre programme distinct, inscrit sur l'enveloppe correspondante : le programme du corps astral est inscrit sur l'enveloppe astrale, celui du corps mental sur l'enveloppe mentale, et ainsi de suite. Mais, tous ces programmes sont réunis dans un programme général de développement, contenu dans l'enveloppe la plus proche de l'âme. Les planètes, comme les êtres humains, possèdent différents Niveaux de développement, ce qui se traduit par un nombre variable d'enveloppes. Naturellement, plus une planète est ancienne, plus elle possède d'enveloppes.

— **Tous les programmes sont-ils élaborés par les mêmes programmeurs ou par différents ?**

— Les programmeurs planétaires se spécialisent, et chaque Niveau de programme est conçu par des spécialistes travaillant avec des types spécifiques d'énergie. Par exemple, les programmes pour l'enveloppe astrale sont créés par des programmeurs d'un certain Niveau, ceux pour l'enveloppe mentale par des programmeurs d'un Niveau plus élevé, et ceux pour l'enveloppe spirituelle par des programmeurs encore plus élevés.

— **Comment se déroule l'incarnation de l'âme de la planète dans un corps physique ?**

— Ce processus est complexe, tout comme les structures impliquées. Généralement, des dispositifs auxiliaires sont utilisés pour l'incarnation de l'âme. Ce processus mobilise plusieurs spécialistes et un Déterminant, chargé d'accompagner la planète par la suite. L'incarnation de l'âme d'une planète est similaire à celle d'un humain, car leur physiologie est presque identique.

— **L'âme humaine est envoyée sur Terre en fonction des besoins de celle-ci. Dans quel but l'âme d'une planète est-elle incarnée dans un corps physique ? D'où vient ce besoin ?**

— Ce besoin provient d'un Volume plus vaste auquel appartient le corps du Cosmos.

— **Cela implique-t-il également un besoin énergétique* ?**

— Oui.

— **Quelles sont les difficultés rencontrées lors de l'incarnation de l'âme d'une planète dans un objet matériel ?**

— Chaque cas présente ses propres difficultés.

— **Le Déterminant de la planète surveille-t-il la formation correcte de son corps physique, ou cela se fait-il automatiquement ?**

— Il surveille, bien sûr. Et il n'est pas le seul ; plusieurs spécialistes supervisent ce type de travail. Une planète intègre de nombreux processus variés, et chacun doit être contrôlé par un spécialiste du domaine concerné.

— **Arrive-t-il que le corps physique d'une planète se forme de manière incorrecte, et que sa création soit alors interrompue ?**

— Oui, cela peut arriver.

— **Existe-t-il des différences entre l'incarnation des âmes dans des corps très grands et dans des corps petits, étant donné qu'il y a des grandes et des petites planètes ?**

— Non, il n'y a pas de différences particulières, comme pour les humains très corpulents comparés à ceux plus minces. La différence réside uniquement dans les programmes de développement.

LA STRUCTURE SUBTILE DE LA TERRE
Le cerveau de la planète

Si la planète est un organisme vivant, la question de l'existence d'un appareil de pensée se pose. Nous avons donc voulu en savoir plus :

— **La Terre possède-t-elle une intelligence ?**

— Bien, comme tous les êtres vivants, elle dispose d'une intelligence et d'une mémoire. Mais, tout cela diffère profondément de ce que l'homme connaît de lui-même. L'intelligence de la Terre dépasse celle de l'être humain de plusieurs milliers de fois, mais chacun évolue selon son propre Niveau de pensée. Si l'homme pense en images, le processus de pensée de la Terre suit un principe complètement différent, beaucoup plus intense dans le cadre de son existence personnelle. La Terre possède une Intelligence planétaire, puissante et unique. Certains fragments de son activité mentale se manifestent dans certains phénomènes atmosphériques, magnétiques et électriques, mais le mécanisme principal de sa pensée échappe à la perception et à la compréhension humaines.

— **Que pouvez-Vous nous dire sur l'activité mentale de la Terre ? Dans quelle mesure se manifeste-t-elle dans les catastrophes naturelles ?**

— Certaines catastrophes, selon les émotions de la Terre, peuvent participer à ses processus de pensée. Et, la majorité des catastrophes sont ses émotions. L'activité mentale proprement dite ne peut être enregistrée que sur le plan énergétique.

— **Où se trouve le cerveau de la Terre ?**

— L'appareil de pensée de la planète est une construction complexe, qui commence sur le plan physique et se prolonge dans ses enveloppes subtiles. La Terre ne se limite pas à une enveloppe physique, mais constitue un conglomérat complexe, combinant ses corps subtils, qui sont invisibles à l'œil humain.

— **La Terre possède-t-elle un anneau d'impulsion, comme l'homme ?**

— Oui, l'anneau d'impulsion se situe au-delà de son corps physique.

— **Si l'homme à cinq centres-cerveaux, combien en possède la Terre ?**

— Sur le plan physique, un seul. Mais sur le plan subtil, chaque enveloppe de la planète possède son propre centre-cerveau.

Les enveloppes de la Terre

L'étude de la Terre s'est appuyée sur les connaissances bien établies concernant la structure subtile de l'homme. Étant donné que celui-ci possède sept corps (un corps physique et six subtils), une question similaire se pose :

— **Combien d'enveloppes (corps subtils) possède la Terre ?**

— Au départ, elle en possédait six. Mais avec la transition de la Terre vers une nouvelle étape de développement, son nombre augmente de trois.

— **Avec l'augmentation du nombre d'enveloppes, la planète acquiert-elle de nouvelles propriétés ?**

— Dans ce cas, le processus est inversé : les prémices de certaines propriétés doivent d'abord apparaître, et ensuite, des enveloppes supplémentaires sont ajoutées. Rien n'est accordé d'En Haut sans préparation préalable. Autrement dit, la Terre a acquis d'abord des propriétés par une certaine activité, qui reflète le processus d'autoréalisation de ses désirs et de sa capacité d'autoprotection. En fonction des propriétés acquises — c'est-à-dire des **énergies*** d'un type particulier —, si leur qualité et leur quantité atteignent les limites établies pour la planète, une nouvelle enveloppe est accordée. Cette dernière est ensuite remplie de nouvelles énergies d'un ordre supérieur à celles qui remplissent les anciennes enveloppes.

— **Comment se fait le remplissage des enveloppes avec de nouveaux types d'énergies ?**

— À ce stade de développement, la Terre a rempli ses volumes dans les enveloppes existantes avec des énergies accumulées au cours de son cycle de vie. Une fois que tous ces volumes sont remplis, d'autres volumes s'ouvrent automatiquement pour un nouveau remplissage. Si ces nouveaux volumes s'intègrent dans une étape de travail ultérieure, le Déterminant de la Terre lui attribue une enveloppe supplémentaire en tant que protection. Cette nouvelle enveloppe sert à la fois de volume supplémentaire pour le développement de nouvelles qualités et de protection, qui maintient toutes les énergies accumulées dans le champ de la planète elle-même.

— **Cette méthode est-elle utilisée depuis longtemps pour les planètes ?**

— Oui, bien sûr. Pour la Terre, il s'agit d'un calcul précis, comparable à un ordinateur, mais d'un niveau bien supérieur à celui utilisé pour l'homme.

— Chaque planète, pour progresser à un Niveau supérieur, doit-elle, comme l'homme, passer par un certain nombre de Niveaux?

— Oui. Tout passe au Niveau suivant uniquement après avoir franchi le nombre de Niveaux établi pour sa forme. Les planètes ont leur propre système de Niveaux et leur propre Hiérarchie.

— L'homme dispose de cent Niveaux. Combien de Niveaux une planète doit-elle atteindre pour passer à une nouvelle forme d'existence ?

— Pour les planètes, environ cinquante Niveaux. Mais ces Niveaux sont bien plus puissants que ceux de l'homme. Aux Niveaux supérieurs, leur nombre diminue.

— Pourquoi, en 1998, l'activité solaire a-t-elle été augmentée, et pourquoi la Terre reçoit-elle mille fois plus d'énergie solaire ?

— Pour provoquer des mutations, transformer les corps physiques afin de préparer la sixième race. Mais cela ne concerne pas uniquement les humains : les animaux, les plantes et tout ce qui existe sur Terre doivent également subir des mutations.

— Cette énergie est-elle également destinée à la transformation de la Terre elle-même ?

— Les rayonnements solaires n'ont qu'un faible impact sur la Terre. Cela n'est pas suffisant. La transformation de la planète provient de l'énergie que Nous lui transmettons. Cette énergie sert de moteur pour faire passer la Terre sur une nouvelle "orbitale"* et, en même temps, agit comme une recharge énergétique, semblable à un carburant.

— La recharge est-elle donnée à la Terre pour deux mille ans?

— Non. Deux mille ans concernent l'humanité. La Terre, elle, reçoit une recharge pour mille ans.

— Le passage de la Terre sur une nouvelle orbitale se fait-il uniquement après la réception de Votre énergie ?

— Oui. Sans cette énergie, le passage ne pourrait pas se produire.

— Quelle est la différence entre le terme "orbitale" et le terme "orbite" ?

— C'est différent de la même manière que les mots diffèrent de l'énergie. Une orbitale représente une forme de développement plus avancée, c'est-à-dire une trajectoire de progression sur le plan énergétique. Elle symbolise le passage de la planète à un niveau plus élevé de perfectionnement, dans un spectre d'énergies de fréquences plus élevées. Une orbite, en revanche, définit une trajectoire physique de mouvement sur le plan matériel.

— **Quelle est la substance du passage à une nouvelle orbitale ?**

— La Terre s'élève d'une étape dans son propre développement. Son énergie change, c'est-à-dire son état intérieur qualitatif.

— **Quels changements se produisent dans la structure des atomes et des molécules lorsque la planète passe sur une nouvelle orbitale ?**

— La structure physique reste la même, mais adaptée à un autre Niveau. Autrement dit, la structure des atomes elle-même reste la même, mais devient plus perfectionnée. À travers divers processus chimiques et physiques, une nouvelle énergie* commence à pénétrer dans les atomes et les molécules. Tous les processus qui suivent se déroulent ensuite grâce à cette énergie, ce qui entraîne une recharge des atomes, des molécules et de toutes les particules élémentaires de ce monde. Ces dernières accèdent ainsi elles aussi à un nouveau Niveau énergétique. Cette énergie se propage progressivement au cœur de la matière et des particules qui la composent. Avec le temps, la base subtile interne des particules élémentaires, leur contenu interne, se reconfigure, ce qui permettra à la Terre de produire pour les Systèmes Cosmiques une énergie de qualité supérieure. De plus, la planète elle-même et sa matière prendront une forme plus perfectionnée sur tous les plans subtils. Nous-mêmes travaillerons à cette modernisation à l'avenir.

— **Le temps propre à la planète changera-t-il lors de son passage sur une nouvelle orbitale ?**

— Non, il restera le même.

— **Les autres planètes du système Solaire passeront-elles simultanément avec la Terre sur une nouvelle orbitale ?**

— Non.

— **Pourquoi ?**

— Cela tient au fait que Notre expérience avec les humains sur Terre n'a pas abouti, et nous devons donc la poursuivre en la perfectionnant dans de nombreux détails. Sur les autres planètes de votre système, tout se passe normalement. Partout, sauf sur Terre. Cependant, ce passage affectera partiellement les autres planètes. Une petite correction devra être apportée à toutes les planètes du système Solaire, mais elles ne subiront pas de réorganisations aussi globales que celles prévues pour la Terre.

— Comment les liens énergétiques entre les planètes changent-ils si l'une d'elles passe sur une nouvelle orbitale tandis que les autres restent à leurs Niveaux actuels ?

— Une énergie plus subtile sera transmise de la Terre aux autres planètes. La qualité de l'énergie transmise s'améliorera. À l'heure actuelle, les autres planètes du système Solaire reçoivent une énergie grossière, ce qui entraîne chez elles un décalage de leurs propres énergies vers un spectre de fréquences plus basses. Si Nous améliorons la qualité des énergies de la Terre, tous les indicateurs des autres planètes qui lui (Terre) sont liés s'élèveront également. Ainsi, tout reviendra à la normale dans le système Solaire.

— La transformation énergétique entre la Terre et le Cosmos s'effectue-t-elle par l'intermédiaire des humains ?

— Oui, bien sûr, une telle transformation est en train de se produire.

— L'énergie ne peut-elle pas être transmise directement du Cosmos à la Terre ?

— Elle se transforme à la fois directement sur Terre et par l'intermédiaire des humains. La différence réside dans le fait que lorsque l'énergie passe par les humains, elle prend une forme différente, une qualité différente. **Les humains sont nécessaires pour produire une énergie de qualité distincte**, c'est-à-dire que la Terre les utilise pour modifier la qualité de l'énergie.

— Par conséquent, l'apparition de l'homme sur Terre a-t-elle un objectif précis ?

— L'apparition de l'homme sur Terre est liée aux besoins de développement de votre planète et à ses particularités structurelles. L'homme, en tant que transformateur, devait capter l'énergie envoyée par le Système Cosmique, la transformer et la transmettre à la Terre. Chaque point de la planète nécessite une énergie spécifique. C'est pourquoi les humains ne naissent pas de manière aléatoire, mais en réponse à l'appel de la planète, qui requiert dans certains lieux une alimentation correspondant à des types d'énergies particuliers. Ainsi, lorsque la Terre envoie un signal indiquant qu'un type d'énergie est nécessaire à un endroit donné, le Système Hiérarchique sélectionne une âme humaine en fonction de ses caractéristiques énergétiques. Cette âme doit être capable, dans des situations spécifiques, de générer le potentiel énergétique requis par la planète à cet endroit. Avant qu'une personne ne naisse à un endroit précis de la Terre, elle est préparée énergétiquement de manière spécifique. Chaque humain correspond énergétiquement au lieu où il vit. Si cette correspondance énergétique change qualitativement et devient incompatible avec un endroit donné, la personne déménage vers un lieu qui lui convient mieux. C'est ainsi que fonctionnent les liens énergétiques entre la Terre et l'humain.

Au fur et à mesure de l'évolution de la planète, elle a eu besoin d'énergies plus complexes, qualitativement différentes et variées dans leurs paramètres. C'est pourquoi différentes nations, races et nationalités ont été introduites, produisant chacune des gammes énergétiques distinctes. Par exemple, tous les individus d'une même nation produisent des énergies d'une certaine gamme, tandis que les nations elles-mêmes produisent des gammes variées. Tout oscille dans certaines limites. La Terre, en se développant, s'organise de telle manière que différents endroits nécessitent des alimentations en énergies appartenant à différentes gammes.

— **Mais l'homme n'a pas toujours existé sur Terre. Pendant des millions d'années, elle s'en est passée.**

— La Terre, à ses premières étapes de développement, produisait pour le Cosmos le même type d'énergie, c'est-à-dire pauvre. Mais en même temps, elle se préparait à accueillir des animaux, des humains et, conformément au déroulement du programme, elle formait les conditions naturelles nécessaires comme environnement de vie. Plus un monde est simple, plus les énergies qu'il produit sont limitées. Ainsi, dans le monde physique de la Terre, un processus d'évolution progressive et de complexification des formes de vie s'est développé.

— **En quoi la période initiale de développement de la Terre diffère-t-elle des périodes ultérieures ?**

— Lorsqu'une planète se trouve à des stades premiers de son développement, le spectre de ses énergies est toujours limité ; elle n'a donc pas besoin d'un échange énergétique intensif. À un Niveau bas, elle peut se passer de végétation et d'êtres vivants. Mais à mesure qu'elle évolue, elle commence à nécessiter un cycle énergétique plus intense. Pour répondre à cette nécessité, en fonction de son degré de développement, le règne végétal, le règne animal, et enfin l'humanité y sont introduits. Cela constitue une complexification progressive des types d'énergies qu'elle génère. L'apparition de la première civilisation a précisément contribué au premier passage de la Terre vers un nouvel état, c'est-à-dire sa transition vers la première orbitale.

— **La Terre est-elle passée à la première orbitale* après le développement de la première civilisation ?**

— La première enveloppe énergétique a émergé comme une protection avant l'apparition de la première civilisation. Le besoin est de remplir cette enveloppe avec diverses énergies pour avancer la transition de la Terre vers la première orbitale.

— **Ainsi, notre planète est déjà passée plusieurs fois à de nouvelles orbitales ? La naissance de la nouvelle sixième race humaine est-elle liée à la transition de la Terre vers une nouvelle orbitale ?**

— Les civilisations ne se contentent pas de vivre et de se développer pour elles-mêmes. Elles sont une nécessité **constructive** permettant à la planète de passer à un stade supérieur de développement. Votre Terre est passée à de nouvelles orbitales après la première civilisation, puis après la deuxième… Actuellement (en l'an 2000), elle effectue sa sixième transition orbitale, correspondant à la sixième race humaine, qui exige cette sixième orbitale pour elle-même .

— **Quel est le sens du passage de la planète à l'orbitale suivante?**

— La Terre reste sur son orbite, mais le type d'énergie qu'elle produit se transforme, évoluant vers un spectre de fréquences plus élevées. Cela entraînera des changements dans tout l'ensemble : la nature, les animaux, les humains. Une nouvelle race apparaîtra, capable de supporter de nombreuses influences défavorables, car une restructuration des terres et des bassins aquatiques aura lieu. Après chaque transition vers une nouvelle orbitale, la planète entame une nouvelle étape de son développement. Ces transitions correspondent aux phases de développement des enveloppes terrestres. À chaque passage, la planète remplit une nouvelle enveloppe avec les types d'énergies requis. Mais, elle accomplit cela en coopération avec l'activité humaine.

— **Quel est le principe de la transition de la Terre vers une autre orbitale ? Comment cette transition se réalise-t-elle ?**

— Vous participez déjà à cette transition (s'adressant à Nous)*. Tous les contactés et les personnes dotées de capacités extrasensorielles y contribuent. Le principe de la transition consiste à ce que, par leur intermédiaire, une nouvelle énergie descend sur Terre, la transformant qualitativement pour l'amener à un état de fréquences plus élevées que celles qu'elle possédait à l'étape précédente. L'homme joue un rôle de médiateur entre le Système hiérarchique et votre planète, aidant à transmettre cette énergie. L'homme traite d'abord cette énergie en lui-même, la transformant en des fréquences conformes aux exigences des Supérieurs, avant de la transmettre à la Terre. Inversement, il reçoit également des énergies de la Terre, les transforme en lui-même et les transmet au Système hiérarchique sous une forme requise par Celui-ci.

— **Quelles sont les formes de transmission d'énergie à la Terre?**

— Une partie de l'énergie transformée est transmise à la planète à travers les pieds de l'homme, une autre partie à travers son activité mentale, car la pensée humaine génère également des fréquences de ce type, dont une partie est absorbée par la Terre. Une autre partie retourne bien sûr au Système hiérarchique. Ainsi, l'énergie nouvelle transformée par l'homme est transmise au Système qui l'a envoyé à la Terre. Il existe également d'autres processus de transmission.

— **En ce moment (question posée le 6 août 1999), une grande énergie se dirige vers la Terre depuis le Cosmos, ce qui entraînera divers bouleversements à sa surface. Quelle est la nature de cette énergie pour la Terre ? Peut-on la considérer comme un carburant pour elle ?**

— Oui, on peut dire qu'il s'agit d'un carburant. Cette énergie servira d'impulsion pour un nouveau stade de développement. Pour qu'un corps soit transféré d'un Niveau inférieur à un Niveau supérieur, il a besoin d'une impulsion extérieure, c'est-à-dire de l'introduction en lui d'une énergie d'un ordre supérieur. Cette énergie supplémentaire pousse littéralement le corps du bas vers le haut. Il en va de même pour l'être humain : pour le faire évoluer à un Niveau supérieur, il faut

24

également lui transmettre une énergie plus élevée, comme c'est le cas pour vous. Ainsi, périodiquement, la Terre reçoit une énergie sous forme de volumes lumineux, envoyés par les Systèmes hiérarchiques, comme en ce moment. Cette énergie pénétrera dans la Terre en douceur par les masses d'eau, mais cela entraînera des secousses dans certaines zones terrestres et d'autres manifestations négatives, même si Nous faisons de notre mieux pour atténuer son entrée.

— Donc, l'apparition de cet objet lumineux est liée au passage de la planète à une nouvelle orbitale ?

— Absolument.

— Qu'en est-il alors de l'énergie transmise par notre intermédiaire ? Vous avez dit qu'elle descendait également sur Terre à travers les contacteurs.

— La transmission s'effectue à la fois par vous et par des sources extérieures. Il existe plusieurs méthodes. Lorsque l'énergie descend par les contacteurs, elle prépare la planète à l'avance. Si l'on mélangeait immédiatement l'énergie nouvelle à l'ancienne sans préparation, cela entraînerait une grande fracture. Mais en introduisant progressivement cette énergie dans la planète, à petites doses, sur une période d'au moins quelques années — correspondant à votre activité de contact —, on obtient l'effet souhaité. La nouvelle énergie est alors ralentie par la vôtre, ou plutôt par la Nôtre, que Nous avons transmise par votre intermédiaire en petites quantités. Cela permet d'atténuer son introduction et ses conséquences destructrices.

— Avec cette énergie, un nouveau programme de développement de la Terre pour les deux mille années à venir sera-t-il également mis en place ?

— Oui.

— Savez-vous où cette nouvelle énergie s'implantera ? Dans les eaux de Russie, d'Amérique, d'Afrique ?

— Elle s'implantera dans l'océan, et Nous ferons en sorte qu'elle soit éloignée des zones habitées. L'eau a un grand pouvoir d'attraction pour les énergies subtiles, c'est pourquoi l'océan est choisi pour la descente de cette énergie. Cependant, il n'y aura pas de brusque explosion, comme dans le cas d'une météorite, car il s'agit d'une énergie subtile. Néanmoins, le niveau énergétique de l'eau augmentera, ce qui entraînera des vibrations dans la structure énergétique de la Terre, avec pour conséquence une série de tremblements de terre et divers cataclysmes. Mais Nous faisons tout pour atténuer ces effets.

— **Comment cette énergie affectera-t-elle le Système qui se trouve à l'intérieur de la Terre ?**

— Une réorganisation est en cours partout. Par conséquent, dans le Système qui vous intéresse, les ajustements seront faits selon Nos besoins. Bien sûr, il y aura des catastrophes et des cataclysmes à l'intérieur de ce Système, comme c'est le cas pour vous. Actuellement, ils surviennent déjà chez eux et chez vous. Et il y a des pertes, inévitablement, là-bas comme ici. Partout où la Terre est concernée, il y a des victimes.

— **L'énergie descendante affectera-t-elle les mondes parallèles ?**

— Absolument. Tout est en train d'être réorganisé simultanément. La nouvelle énergie traverse toutes les couches subtiles de la Terre, les modifiant. Mais cette énergie seule ne suffit pas. Son entrée n'est pas unique. Elle a commencé à arriver en 1989 et continuera à s'implanter progressivement jusqu'en 2005. De plus, chaque couche nécessite un type spécifique d'énergie pour sa restructuration, c'est pourquoi différents types d'énergie seront encore transmis à la Terre.

— **L'énergie se rapprochera-t-elle de la Terre sous forme d'objets lumineux ?**

— Les méthodes de transmission de l'énergie à la Terre varient. Pour l'être humain, cela se manifestera par divers phénomènes célestes. Si l'homme peut comprendre que ces phénomènes sont des implantations de Notre part, tant mieux. S'il ne le peut pas, il s'efforcera d'étudier ces phénomènes incompréhensibles dans les années à venir, ce qui contribuera au développement de son intellect.

— **Sur Terre, il y a des points nécessitant un apport énergétique et d'autres où se concentrent des excédents d'énergie, entraînant deux processus opposés : réception et émission d'énergie. Si l'homme est impliqué dans ces processus, comment cela influence-t-il son comportement en société ?**

— Ces deux processus augmentent l'activité des individus, ce qui se manifeste par diverses actions : révoltes (émeutes), révolutions, guerres, etc. Si, lorsque l'énergie est insuffisante dans certaines zones, ou à l'inverse en excès, cela affecte principalement l'état psychique des personnes. Par conséquent, pour qu'une personne se sente à l'aise dans un lieu donné, il est nécessaire que les énergopoints environnants soient équilibrés, sans excès ni manque d'énergie.

— Dans les zones où se déroulent des guerres, y a-t-il un manque d'énergie ou un excès ?

— Un manque. La Terre puise chez les personnes ce qui lui fait défaut, et dans ces lieux, elle absorbe leur énergie.

— Et en cas d'excès d'énergie, que se passe-t-il ?

— En cas d'excès, la planète diffuse cette énergie aux personnes. L'homme l'absorbe et la redistribue ensuite. Mais cet excès peut aussi affecter négativement sa psyché, déclenchant une intensification des actions, sous forme d'explosions dans la société. La réaction de l'homme, qu'il s'agisse d'un déficit ou d'un excès d'énergie, est toujours la même : une intensification des actions.

Le basculement de la Terre à 90 degrés

Il était intéressant pour Dieu d'examiner les théories sensationnelles des scientifiques terrestres, c'est pourquoi nous Lui avons posé la question suivante :

— Les scientifiques affirment que la Terre peut basculer au point de modifier la position de ses pôles. Est-ce possible ?

— Par rapport à quoi ce basculement, affirment-ils, se produit-il ?

— Par rapport à l'axe de rotation et à l'équateur. Les scientifiques estiment que, dans plusieurs dizaines de milliers d'années, la Terre pourrait subir un basculement de 90 degrés.

— Oui, de tels basculements se produisent.

— Pour quelle raison la Terre effectue-t-elle un basculement de 90 degrés ? Est-ce dû à l'accumulation des calottes glaciaires aux pôles, qui finiraient par déséquilibrer la planète et créer un moment propice au basculement ?

— Non, ce n'est pas une question de déséquilibre des calottes glaciaires. Un autre mécanisme est en jeu. Sur le plan physique, cela se produit parce que le centre de gravité à l'intérieur de la Terre change de position.

— Dans ce cas, la destruction de toute forme de vie est-elle inévitable lors d'un tel basculement ?

— Non, un basculement peut se produire sans qu'il soit remarqué, et sans affecter les formes de vie.

— **La vie subsistera ?**

— Oui. Jamais sur Terre tout n'a été complètement détruit. Il reste toujours des formes de vie.

— **Dans quel but notre planète effectue-t-elle un tel basculement ?**

— La Terre en a besoin en relation avec d'autres planètes. Une interaction est nécessaire entre les planètes du système Solaire, mais sous un angle différent.

Le temps sur Terre

Nous avons appris de nombreuses choses intéressantes et complexes sur le temps, mais notre exploration de ce sujet a commencé par des questions simples.

— **Sur Terre, toute forme de vie évolue en fonction du temps. Le temps est-il une forme particulière de matière ?**

— Non, ce n'est pas une matière, mais une unité de mesure spécifique, qui n'existe que chez vous. Chez Nous, tout est différent. En d'autres termes, le temps existe parce qu'il fait partie du programme de développement de la Terre et de tous les êtres vivants qui lui sont liés.

— **Pourquoi le temps terrestre se compose-t-il de trois éléments : passé, présent et futur ?**

— D'autres formes de temps ne sont pas nécessaires à l'être humain à son Niveau actuel de développement. Ces trois composantes du temps favorisent un meilleur développement de l'**Unité*** à ses débuts, lui permettant de percevoir un mouvement progressif et ciblé, de comparer les résultats obtenus, d'effectuer des rapprochements, et de diriger sa pensée sur la voie de l'évolution. Les trois composantes du temps sont les trois premières marches sur le chemin de l'évolution infinie de l'âme.

— **En quoi le présent diffère-t-il du passé ou du futur ?**

— Les gammes de fréquences ne coïncident pas, que ce soit dans une direction ou dans l'autre.

Le rôle de l'eau sur Terre

Chaque réponse de Dieu nous dévoilait quelque chose de nouveau et d'inhabituel.

— Pourquoi l'eau existe-t-elle sur Terre ? Quel rôle, inconnu des humains, joue-t-elle ?

— L'eau est un énergovecteur. Elle aide à répartir l'énergie sur la surface de la planète. Par exemple, lorsqu'une région produit beaucoup d'énergie, les rivières la transportent vers d'autres endroits où elle est insuffisante. Les mers et les océans équilibrent également l'énergie. De plus, l'eau est l'organe physique de vision de la Terre elle-même, bien que cela puisse vous paraître paradoxal. Comme tout organisme vivant, la Terre possède un organe de vision cosmique. L'œil humain a également une composition liquide. Mais pour la Terre, c'est bien plus complexe et difficile à comprendre pour la conscience humaine. De même, les yeux humains peuvent canaliser de l'énergie, bien que la source de cette énergie se situe au-delà des organes visuels.

— Qu'est-ce qui détermine l'augmentation ou la diminution des masses d'eau sur Terre ?

— Cela dépend de la modification de la quantité d'énergie que l'eau stocke. Chaque civilisation nécessite ses propres énergoréservoirs, que représente l'eau, c'est-à-dire que l'eau absorbe les excès d'énergie produits par l'humanité et le monde végétal. Elle agit comme un énergoréservoir. Par conséquent, si une civilisation produit plus d'énergie que la précédente, les énergoréservoirs, c'est-à-dire les masses d'eau, s'étendent. La couverture aquatique de la Terre augmente, et inversement. Ainsi, par exemple, la sixième race produira plusieurs fois plus d'énergie que la vôtre. La réserve d'eau disponible à l'heure actuelle sera insuffisante pour contenir cet excédent d'énergie, ce qui entraînera un retour des surplus dans les enveloppes des humains, les détruisant et causant leur mort. Par conséquent, afin d'éviter que ces excédents d'énergie nuisent aux humains, une restructuration de la surface de la Terre est nécessaire.

Ainsi, après l'an 2000, des modifications du paysage terrestre ont commencé : des côtes et des continents seront submergés, de nombreuses îles disparaîtront sous l'eau. Les côtes et les régions septentrionales seront progressivement englouties. Les continents se déplaceront, au début légèrement, puis de manière plus marquée. Une partie des terres émergées s'agrandira, tandis qu'une autre diminuera. Les étendues d'eau augmenteront considérablement pour absorber les excédents d'énergie produits par la nouvelle race, devenant ainsi de plus grands réservoirs énergétiques pour la planète. La structure des terres et des roches changera également, augmentant leur énergodensité et leur capacité à stocker de l'énergie.

Et du fait que votre planète sera reconstruite afin de créer de nouvelles conditions naturelles pour la sixième race, de nombreux cataclysmes se produiront encore pendant longtemps. Ces cataclysmes sont précisément une forme de réorganisation de l'enveloppe physique de la Terre. La sixième race devra, au début de son développement, faire face à de nombreuses influences défavorables de l'environnement.

— **À cause de ces changements, restera-t-il à nouveau un seul continent ?**

— Oui, la superficie totale des terres émergées diminuera. Finalement, dans un futur lointain, il ne restera qu'un seul continent.

— **Les scientifiques ont découvert que l'eau possède une mémoire.**

— Tout objet en possède une. L'eau a également son programme et son propre temps. Par conséquent, elle a aussi une mémoire, qui lui permet de conserver le passé et le présent, sur la base desquels se construit l'avenir. Tout avenir se fonde sur le passé, c'est pourquoi la mémoire est indispensable à tout ce qui évolue dans le temps et en dehors de celui-ci.

— **L'eau contient-elle des blocs spécifiques de mémoire ?**

— Tous les liquides ont une structure particulière contenant des éléments qui enregistrent des informations.

— **Comment l'eau absorbe-t-elle différents types d'énergie ?**

— De tous les matériaux terrestres, le liquide est considéré comme le plus énergivore. Au sens figuré, on peut imaginer que la structure de l'eau inclut de nombreux « petits aimants énergétiques » qui attirent les excédents d'énergie. Elle peut donc absorber l'énergie là où il y en a trop et la libérer là où elle est insuffisante. Les rivières, les courants marins et sous-marins dans les mers et les océans jouent ce rôle. Ainsi, lorsqu'un endroit de la Terre libère une grande quantité d'énergie, l'eau des rivières l'absorbe et, grâce aux mouvements des liquides, elle répartit cette énergie à la surface de la planète, équilibrant ainsi le bilan énergétique.

— L'eau des rivières est aujourd'hui très polluée. S'auto-nettoiera-t-elle ?

— Les sols et les terres continentales purifient l'eau des substances chimiques et des impuretés. La Terre modifie la structure de l'eau, permettant ainsi son auto-purification. Ce processus est programmé pour transformer et nettoyer l'eau. Cependant, l'eau ne peut que mémoriser et transporter l'énergie, elle ne peut rien faire d'elle-même pour se purifier.

— Les glaces aux pôles de la Terre jouent-elles un rôle dans son énergocapacité ?

— Oui. L'énergie figée est stockée là où se trouvent les masses glaciaires, car elle ne flotte pas et ne se déplace pas comme celle de l'eau. Mais cette énergie est pure.

— Pourquoi conserver cette énergie pure aux pôles opposés ?

— Cela permet d'équilibrer la Terre et de faciliter la gestion et la transformation de l'énergie. L'eau transporte une énergie déjà purifiée, tandis que la glace conserve l'énergie la plus pure à l'état figé. La glace est de l'énergie cristallisée dans son état le plus pur.

— L'énergie présente dans les mers et les océans est-elle utilisée par les Systèmes hiérarchiques ?

— Oui, il y a un échange d'énergies. Ils prélèvent certaines énergies et en restituent d'autres, mais purifiées. En effet, bien que les énergies contenues dans les bassins d'eau soient considérées comme pures pour la Terre, elles sont impures pour les Systèmes hiérarchiques, car elles appartiennent à un plan inférieur par rapport au leur. Ce qui est pur pour les humains ne l'est pas nécessairement pour d'autres. C'est pourquoi un échange réciproque d'énergies existe entre le Haut et le bas. Les Systèmes prélèvent sur la Terre des énergies qu'elle considère comme les plus pures, et en retour, ils lui transmettent des énergies déjà utilisées, mais purifiées.

— La Terre fournit-elle actuellement moins d'énergie qu'elle n'en donnera dans le prochain cycle de développement ?

— Au nouveau stade de développement, avec l'arrivée de la sixième race, la Terre augmentera considérablement sa restitution d'énergie vers le Cosmos.

— La Terre utilise-t-elle pour ses propres besoins l'énergie contenue dans les mers et les océans ?

— Elle l'exploite constamment, que ce soit à travers divers cataclysmes ou dans tout ce qui se produit à sa surface. L'énergie contenue dans l'eau alimente le règne végétal, le règne animal et, bien sûr, l'humanité. Il existe un cycle énergétique qui s'opère à la surface de la planète.

— Les humains pourront-ils utiliser cette énergie, par exemple pour leurs industries ?

— Cela a déjà été inventé, mais cette découverte n'est pas divulguée.

— Avec l'arrivée de la nouvelle race sur Terre, elle produira davantage d'énergie pour le Cosmos. Comment la qualité de cette énergie changera-t-elle ?

— Le type d'énergie restera le même, mais elle deviendra plus pure et meilleure, c'est-à-dire que son spectre se déplacera vers des fréquences plus élevées. La cinquième race humaine produit une grande quantité d'énergie brute et impure, et Nos systèmes de purification peinent à faire face à cet afflux de déchets énergétiques. Cependant, avec l'élévation du niveau de conscience humaine et grâce au processus de tri et de décodage des âmes inférieures pendant la période de transition, il sera possible de modifier la composition qualitative de la population en la rendant plus élevée et spirituelle. Nous séparerons « le grain de l'ivraie », ce qui permettra d'augmenter la proportion de personnalités élevées au sein de l'humanité. Cela, à son tour, Nous aidera à améliorer la qualité de l'énergie reçue.

Le climat

Nous avons dû adopter une perspective nouvelle sur le climat après avoir reçu plusieurs réponses de Dieu.

— Pourquoi les conditions climatiques ont-elles été créées sur Terre ?

— Le climat et la météo sont des moyens de régulation des différentes formes d'existence des plantes, des animaux et des nations, dans des limites spécifiques de la planète. De plus, pour l'humanité, le climat est une forme d'éducation.

— Qui contrôle la météo sur Terre ?

— Actuellement, tous les changements météorologiques sont dirigés par Nous, par Notre Centre. Les **Gouverneurs*** et **Déterminants*** de la Terre surveillent le climat et le modifient à l'aide de leur **ordinateur***. Auparavant, avant la restructuration de la planète, lorsque tout fonctionnait selon le programme initial, la météo était régulée par un dispositif automatique.

— Ce dispositif se trouve-t-il sur un plan subtil ?

— Oui. Pour les humains, tous Nos dispositifs automatiques restent invisibles.

— Ce dispositif est-il situé au-delà de la Terre ?

— Oui, à proximité de la Terre.

— Sur Terre, on observe souvent des vortex atmosphériques. Qu'est-ce qui provoque leur formation ?

— Les vortex sont générés par une structure subtile particulière de la Terre, avec l'intervention de ses constructions subtiles, similaires aux zones du corps humain appelées chakras. Ce sont des points où l'énergie est libérée vers le Cosmos.

— La Terre exerce-t-elle elle-même une influence directe sur la météo ?

— Oui, absolument. Comme on le sait, la différence de température génère des vents. La Terre produit principalement des cyclones et des anticyclones, créant des vortex en spirale. Tout cela provient de son fonctionnement.

— Cela entre-t-il en contradiction avec la météo générée par le Déterminant de la Terre à l'aide de son ordinateur* ?

— Non, au contraire, il existe une interconnexion. Tout fonctionne selon le programme de la Terre. La répétitivité précise des cycles climatiques, sur laquelle vous vous basez pour établir des dictons populaires, est assurée par le fonctionnement combiné de l'ordinateur et du programme terrestre. Actuellement (en 1998)*, en raison de la restructuration générale de votre planète, Nous devons intervenir pour ajuster les conditions météorologiques et les adapter à la nouvelle civilisation. En d'autres termes, Nous corrigeons le climat pour les nouvelles générations de la Terre.

— La méditation collective des humains influence-t-elle la météo ou est-ce une illusion ?

— Elle a un impact. La Terre perçoit les prières émanant des humains. Cela se fait par l'intermédiaire de son enveloppe, et ensuite, Elle détermine si Elle doit répondre à leurs demandes ou non. Elle évalue si ce que les humains désirent est bénéfique pour Elle à ce moment-là ou si cela ne l'est pas. Par exemple, si vous avez mal à la main, un signal de détresse est envoyé au cerveau par les nerfs. L'humain prend alors des mesures pour soulager la douleur. De la même manière, la Terre reçoit les signaux émis par les humains et décide ensuite de ce qu'Elle doit faire. Elle peut faciliter le processus souhaité par les humains ou bien s'y opposer si cela ne Lui convient pas.

L'expérience des Supérieurs avec la Terre

Chaque être humain se pose la question du rôle de notre planète dans l'Univers. Nous avons toujours considéré la Terre comme la plus importante et la plus significative du système Solaire, uniquement parce qu'elle abrite la vie. Mais que dirait Dieu à propos de la destinée de notre planète si nous lui posions la question suivante :

— **La Terre est-elle la planète principale du système Solaire ?**

— Non, elle n'est pas la plus importante.

— **Notre planète est un grain de sable dans l'Univers, l'une parmi des millions d'autres planètes. Pourquoi lui accordez-Vous autant d'attention en ce moment, et pourquoi dépensez-Vous autant d'énergie pour elle ?**

— Parce que c'est Notre expérience. Vous n'êtes pas seuls. Outre votre Terre, il en existe deux autres identiques à la vôtre, mais décalées dans le temps, autrement dit, on peut dire que l'une de ces Terres est votre futur et l'autre, votre passé.

— **Pourquoi avoir créé un tel décalage dans le temps ?**

— Voulez-vous dire qu'elles pourraient toutes être identiques ? — demande Dieu pour préciser.

— **Oui, — confirmons-nous.**

— Ce décalage dans le temps a été nécessaire pour mieux ajuster le programme d'évolution de votre Terre et de sa conscience.

— **Cela signifie qu'en utilisant le programme des deux autres Terres, il est possible de réguler le programme de notre planète, par**

exemple, en corrigeant le présent grâce au programme de la Terre future ?

— C'est ainsi que Nous ajustons actuellement le programme à travers vous.

— Comment se déroule le développement sur cette Terre située dans le futur ?

— Elle n'existe plus. Elle a subi une catastrophe.

— Quelle catastrophe ? Que lui est-il arrivé ?

— Une explosion nucléaire. Une guerre nucléaire — c'est la Terre du futur dans deux cents ans. Cette guerre a anéanti toute vie sur la planète ainsi que la planète elle-même. La civilisation, similaire à la vôtre, a complètement disparu. C'est pourquoi Nous souhaitons sauver votre Terre ainsi que celle qui est en décalage par rapport à vous de 18 ans dans le temps. C'est la raison de Notre intérêt accru pour votre planète. Nous ne voulons pas qu'elle explose comme celle du futur.

— Y a-t-il eu des Terres ayant réussi à passer dans le futur ?

— Non, celle-ci était la toute première. Elle a péri.

— Les planètes meurent-elles uniquement à cause d'explosions ? Quelles autres raisons peuvent causer leur destruction ?

— Les planètes peuvent mourir de maladies, car elles ont aussi leurs propres pathologies, comme tout être vivant. Dans votre système, une cause courante de mort pour une planète est l'extinction, le refroidissement et la contraction. Cela donne naissance à une masse morte, qui commence ensuite à se désintégrer.

— Pour l'âme de la planète, la forme de sa mort a-t-elle une importance ?

— Bien sûr, toute forme de mort est liée au karma de la planète et affecte nécessairement son âme.

— Que peut-on attendre pour l'humanité dans les 100 prochaines années ?

— Vous parlez en vous basant sur la Terre qui a explosé ? — demande-t-Il pour comprendre dans quel domaine nous souhaitons une prédiction : cela peut concerner l'économie, la politique, la société, etc.

— Oui, — avons-nous confirmé. — Une destruction similaire menace-t-elle l'humanité ?

— Pour l'instant, la menace existe. Mais tout dépend des humains : s'ils seront capables de détruire les armes nucléaires.

— Actuellement, travaillez-Vous aussi avec la Terre qui est en décalage sur nous dans le temps, c'est-à-dire la Terre du passé ?

— Bien sûr, Nous effectuons également une correction des programmes.

— Dans d'autres Univers, utilise-t-on le principe des doubles, comme notre Terre et celle du passé ?

— Non. Cette expérience est spécifique à votre système, tandis que dans d'autres Univers, d'autres expériences sont menées.

— L'une des Nouvelles Lois affirme que le principe des doubles est utilisé pour contrôler le développement. Ces doubles sont-ils créés uniquement pour les formes les plus importantes ?

— Oui, pour les structures les plus cruciales, afin d'éviter un résultat nul. C'est une sorte d'assurance.

— Les Substances ou les Substances Supérieures ont-elles également des doubles ?

— Non. Toutes les Substances existent toujours en un seul exemplaire, car elles restent uniques.

— Quelles autres formes, en dehors des planètes, peuvent avoir des doubles ?

— Toutes les structures importantes peuvent avoir des doubles. En plus de cela, il peut exister des conditions doubles, c'est-à-dire que, pour certains objectifs spécifiques, des conditions identiques d'existence peuvent être planifiées.

— Le double de notre Terre est-il apparu dès sa création ou plus tard ?

— Ce double a été créé à une étape spécifique de l'évolution de votre planète. Lors de l'ère des dinosaures, il n'existait pas encore. Un nouveau stade a commencé avec l'apparition de l'humanité. C'est précisément l'humanité qui a rendu nécessaire la création d'un double. Les observations sur le développement des premiers humains, de la toute première race, nous ont amenés à conclure qu'ils pouvaient s'engager sur une voie qui ne correspondait pas à Nos intentions. Une assurance était nécessaire. Nous avons constaté que l'humanité, dès ses premiers pas, introduisait des distorsions et que tout Notre projet avec elle risquait de s'effondrer. Nous avons donc décidé, après la première race, de créer un double. Ainsi, le double est apparu après la première race.

— **S'agissait-il de la Terre du futur ?**

— Oui. Elle a été utilisée pour tester des situations et apporter des ajustements au développement de votre Terre. Et, pour sécuriser davantage l'expérience, une Terre avec un retard temporel a également été créée, c'est-à-dire que cette Terre représente votre passé.

— **Les planètes doubles partagent-elles une phase commune de développement avant que leurs âmes ne se séparent ?**

— Oui, chacune suit ensuite son propre chemin.

— **À quel point les âmes choisies pour les planètes doubles sont-elles similaires ? Elles doivent se ressembler d'une certaine manière, sinon elles ne pourraient pas emprunter un chemin commun.**

— Les âmes des doubles proviennent d'un même Niveau, c'est-à-dire qu'elles ont le même Niveau de développement. Elles sont différentes en elles-mêmes, mais partagent ce Niveau. Cependant, jusqu'à cette étape, la Terre-double existait dans un autre monde, dans d'autres conditions, et avait suivi son propre chemin. Pour cette expérience, elle a été choisie en fonction d'un stade d'évolution correspondant à celui de votre Terre.

— **Donc, lorsque notre Terre aura atteint le stade d'évolution requis, elles se sépareront ?**

— Bien sûr, chacune progressera individuellement et empruntera un chemin entièrement unique.

— **Les doubles suivent des programmes similaires. Cela signifie-t-il qu'ils accumulent des énergies similaires dans leurs matrices ?**

— Oui, à ce stade, ils accumulent des énergies similaires. Mais, voyez-vous, la Terre-double est arrivée avec un type et une composition d'énergies différents dans sa matrice. En suivant un programme similaire, elle remplira ses cellules avec une quantité infime d'énergies par rapport à ce qu'elle possède déjà. Les éléments communs seront très limités en proportion de leur volume total. Si l'on combinait toutes les énergies accumulées par les deux planètes dans leurs programmes respectifs, cela remplirait une petite cellule. Ce sont ces énergies qui peuvent être comparées.

— **La correction du programme d'un des doubles accélère-t-elle leur progression mutuelle ou empêche-t-elle uniquement leur destruction ?**

— Sans aucun doute, la correction du programme d'une planète contribue au progrès de l'autre. Leur progression globale augmente si l'expérience se déroule bien. Cependant, on peut dire que les âmes de vos contemporains sont moins chanceuses que celles de la planète du passé. Ce qui constitue une erreur pour vous sera corrigé chez elles, ce qui leur permettra d'accélérer leur évolution. Ainsi, dans ce contexte, les âmes sur la planète du passé bénéficient d'un avantage dans leur développement.

— **Cela signifie que nous allons régresser tandis que leurs âmes éviteront cette régression ?**

— Oui, exactement, cela se produit grâce au décalage temporel. Mais Nous n'en resterons pas là. Par la suite, Nous ferons progresser les âmes terrestres à travers des programmes plus complexes pour atteindre le Niveau requis.

— **Les planètes doubles sont-elles dirigées par des Déterminants différents ?**

— Oui, différents.

— **Donc, des Déterminants différents dirigent deux âmes avec deux programmes identiques ?**

— Oui. Mais bien entendu, ils sont interconnectés, communiquent entre eux, se consultent sur certains points et résolvent ensemble les problèmes communs liés à la gestion des planètes.

— **La Terre du futur, qui a explosé, est-elle considérée comme une âme en dégradation ?**

— Bien sûr, elle n'a pas accompli son programme.

— **Les âmes des planètes purgent-elles leur karma ?**

— Oui, toutes les formes d'existence dans votre Système ont un karma.

* * *

— **Notre Terre est en train de se réorganiser actuellement. Des réorganisations similaires se produisent-elles sur d'autres planètes du système Solaire ?**

— Oui, certaines font l'objet d'ajustements en lien avec les changements sur Terre. Votre planète passe en ce moment sur une nouvelle orbitale, et tout votre système Solaire doit également évoluer vers une étape de développement supérieure, c'est-à-dire vers une autre orbitale.

— Les autres planètes vont-elles également monter à un stade supérieur ?

— Oui, on peut dire qu'elles monteront à un stade supérieur.

— Qui travaille avec les autres planètes du système Solaire et les autres systèmes stellaires : Vous ou les Déterminants ?

— Ce sont les Déterminants planétaires qui travaillent avec les planètes du système Solaire, et ils se soumettent à Nos directives. En d'autres termes, Nous supervisons et indiquons ce qu'il faut faire.

— Participez-Vous personnellement à d'autres expériences ou Vous concentrez-Vous uniquement sur la Terre en ce moment ?

— Nous surveillons tout ce qui se passe dans votre Univers. Cela signifie qu'un contrôle est exercé en permanence.

— Pourquoi y a-t-il alors tant de mal et d'agression sur Terre?

— Les Systèmes Négatifs du Cosmos, opposés à votre Terre, ont infiltré la planète avec des énergies étrangères, et ce, en dépit de la volonté de l'«Union»*. C'est un peu comme si des espions étrangers entraient dans votre pays contre votre volonté.

— Où se trouvent ces Systèmes Négatifs, dans quelle constellation ?

— À l'ouest de vous. On peut dire dans l'hémisphère céleste occidental.

— La Terre a-t-elle des ennemis ? Qui sont-ils ?

— L'ennemi de la Terre est quiconque cherche à s'en emparer pour servir ses propres intérêts. Il existe de tels ennemis dans le Cosmos. Ils appartiennent à un Système Négatif qui exploite les planètes pour en tirer toutes les informations et toute l'énergie, avant de les abandonner une fois inutiles.

— Et que se passe-t-il alors avec ces planètes ?

— L'âme meurt. Ils épuisent l'âme de la planète. Pour éviter que cela n'arrive à l'âme de la Terre, Nous avons tenté d'établir un contact avec elle, malgré les obstacles posés par les forces hostiles.

— **Et Vous avez réussi à établir ce contact avec l'âme de la Terre ?**

— Oui. Cela a nécessité une approche particulière.

— **Que désigne-t-on sous le nom de Lucifer ?**

— Dans votre plan terrestre, c'est un assistant du Diable.

— **Mais est-Il le dirigeant de ce Système Négatif qui souhaite s'emparer de la Terre ?**

— Il existe de nombreux Systèmes Négatifs.

— **Donc, Il est l'un d'eux ?**

— Il est lié à un certain niveau de votre Terre. Pour Nous, c'est un Niveau assez bas. Et il y en a beaucoup comme lui dans le Cosmos, avec différents Gouverneurs (dirigeants), qui les supervisent.

— **On dit aussi qu'une civilisation se trouve au cœur même de notre planète, dans son noyau. Que représente-t-elle ?**

— À l'intérieur de la Terre, il existe une civilisation qui absorbe l'énergie des humains, la traite et l'envoie à la Lune pour un traitement ultérieur. Cette civilisation reste invisible pour les humains, mais comme elle est très proche de votre matière, certaines de ses manifestations peuvent parfois être perçues par l'homme.

— **Comment s'appelle cette civilisation ?**

— Son nom n'a pas d'importance pour vous.

— **Est-elle liée à un Système Négatif de la Conscience (l'Esprit Négatif, l'Intelligence Négative) ?**

— Oui, elle est négative.

— **Pourquoi est-elle négative ?**

— Parce qu'elle agit pour les Systèmes Négatifs du Cosmos. Sa fonction consiste à travailler avec les énergies négatives des humains, en collectant l'agressivité, la cruauté, la méchanceté et d'autres émotions négatives.

— **Qui dirige cette civilisation à l'intérieur de la Terre, le Diable lui-même ?**

— Non, ses subordonnés. Ils sont très nombreux.

— **Et de nombreuses personnes sont-elles connectées à cette civilisation intérieure ?**

— Oui, certaines personnes le sont. Leur comportement montre souvent des traits répréhensibles. Ce sont en général des personnes qui commettent de mauvaises actions ou se montrent agressives envers les autres dans la société.

— **Existe-t-il des personnes connectées d'En Haut ?**

— Oui, certaines sont connectées à Nous ou à Nos Déterminants. Ce sont des individus positifs. Vous pouvez généralement déterminer, en observant le comportement des gens, qui est connecté d'en bas et qui est connecté d'en haut. Toutefois, certaines personnes sont si complexes ou dissimulent si bien leurs véritables intentions qu'il est parfois très difficile pour un humain de les reconnaître.

— **Les tremblements de terre sont-ils liés au Système Négatif situé à l'intérieur de la Terre ?**

— Oui, ils sont directement liés à lui et à son fonctionnement.

Différents types d'énergies terrestres

— **La force de gravité unit toutes les forces physiques sur Terre. Mais il existe aussi des mondes parallèles, et eux aussi sont unis par certaines forces. Quelles sont ces forces qui consolident à la fois les mondes physiques et subtils ?**

— Il existe une catégorie particulière d'énergies liantes.

— **L'amour est-il une forme particulière de force d'attraction appartenant aux énergies liantes ?**

— On peut le dire ainsi. Mais l'homme ne sait absolument rien de ces forces ni de leurs propriétés, car elles relèvent de la matière subtile.

— **L'énergie cosmique fait également partie des énergies subtiles. Qu'est-ce qui peut servir d'accumulateur d'énergie cosmique sur le plan physique ? Existe-t-il des dispositifs à cet effet?**

— L'énergie cosmique, en tant que type distinct, n'existe pas. Les humains utilisent ce terme pour désigner toutes les énergies qui parviennent à la Terre depuis l'extérieur. En réalité, il s'agit d'un spectre infini, incluant les énergies provenant d'autres planètes du système Solaire, des étoiles, ou encore envoyées par ceux qui observent la Terre. Les accumulateurs d'énergie comprennent, par exemple, les églises et les constructions triangulaires, comme les pyramides. Cela inclut toutes les pyramides, qu'elles soient régulières ou non, sans nécessité de respecter des proportions spécifiques.

— **Ce sont des concentrateurs d'énergie. Peuvent-ils aussi servir d'accumulateurs permettant d'utiliser cette énergie par la suite ?**

— L'énergie ne se contente pas de se concentrer dans ces formes, elle s'y accumule également. Cependant, pour utiliser l'énergie accumulée de manière ciblée, il faut un code spécial – un code permettant une utilisation intentionnelle de l'énergie. Mais ce code est inaccessible à l'homme, car son Niveau de conscience n'est pas encore suffisamment élevé.

— **Sur Terre, n'existe-t-il pas de dispositifs permettant d'utiliser l'énergie cosmique ?**

— Pour l'instant, il n'existe que des dispositifs permettant d'accumuler l'énergie, pas de l'utiliser.

— **Selon l'histoire humaine, il y a eu deux puissantes explosions sur Terre. Quelles étaient ces explosions ?**

— L'une d'elles est liée au météore de la Toungouska. Cependant, la chute de n'importe quel météore pouvait auparavant être perçue comme une explosion, car votre civilisation ne connaissait pas d'armes plus puissantes que les canons avant le 20e siècle.

— **Mais une légende raconte qu'après la première explosion, une obscurité a enveloppé la Terre pendant plusieurs millions d'années. Que désignait l'homme par cela ? De quel événement s'agissait-il ?**

— Cela correspondait à un changement d'époque, à une transformation de la vie. Il n'y a pas eu d'explosion à proprement parler. Durant cette période, une énergie puissante descendait sur Terre, bien plus intense que celle présente auparavant. Cette grande énergie apparaissait comme une lumière extrêmement vive. Lorsque de grandes quantités d'énergie descendent en un laps de temps relativement court, elles commencent à émettre une lumière visible. Si une personne fixe cette lumière intense, puis détourne le regard, en raison de la structure particulière de son œil, elle percevra toujours une obscurité après une telle luminosité. Concernant la durée prolongée de cette « obscurité » évoquée, l'homme a tendance à exagérer, surtout en ce qui concerne ce qui le terrifie ou lui est inconnu. Cela doit également être pris en compte.

— **Quelles autres transformations ont eu lieu lors de ce changement d'époque sur Terre ?**

— Exactement ce qui se passe actuellement pour vous : les personnes qui ne remplissaient plus leur rôle étaient retirées, car devenues inutiles, et une nouvelle race peuplait la Terre. La planète passait également à un nouvel énergoniveau, plus élevé qu'auparavant.

— Outre l'énergie cosmique, notre Terre reçoit également des énergies d'autres planètes du système Solaire. Dans quel but ?

— Ces énergies sont transformées, et il ne doit pas y avoir de pertes importantes vers l'extérieur. Le processus implique un énergoéchange interne.

— Le Soleil participe-t-il à ce processus ?

— Bien sûr. Tous les corps célestes, toutes les planètes y participent.

Les mondes parallèles de la Terre

— On nous a dit qu'en plus de l'humanité, deux autres civilisations existent sur Terre. Sont-elles énergétiques ?

— L'une d'elles est également physique, comme vous, tandis que l'autre est énergétique.

— Où se trouve la civilisation physique ? Pourquoi ne pouvons-nous pas la voir ?

— Au Tibet. Ils disposent d'une puissante protection, c'est pourquoi les gens ne les voient pas.

— S'agit-il de la Fraternité Blanche ?

— Oui.

— Nous en savons un peu à leur sujet. Et où se trouve la civilisation énergétique ?

— Sur le plan subtil, dans une autre dimension.

— Exercent-ils un contrôle sur les humains ?

— Non. Ils vivent indépendamment.

— Sont-ils également humanoïdes ou bien des êtres supérieurs à nous en développement ?

— Ce ne sont pas des humains. Et ils ne sont pas supérieurs non plus. Vous êtes au même niveau de développement.

— Quel est leur objectif sur Terre ?

— Le même que celui de l'humanité, mais sans corps physiques.

— Ont-ils la possibilité de pénétrer dans notre monde ?

— Oui, parfois ils le font.

— Ce ne sont pas ces êtres qui provoquent les phénomènes de poltergeist ?

— Non. Les poltergeists sont provoqués par les humains eux-mêmes, par leur énergie psychique.

— Peuvent-ils se matérialiser sous des formes connues pour nous ?

— Non, ils ne peuvent pas se matérialiser. Vous ne pouvez pas les voir, et vous ne les verrez pas.

— Et les humains peuvent-ils pénétrer dans leur monde ?

— Non.

— Les programmes pour les mondes parallèles de la Terre sont-ils élaborés séparément de ceux de la Terre elle-même ?

— D'abord, un objectif global pour le développement de la Terre est défini. Ensuite, en accord avec cet objectif, des programmes individuels sont développés pour chaque monde parallèle de la planète. Ces programmes sont reliés à celui de la Terre pour former une structure unique. Toute modification dans l'un des programmes influence directement ou indirectement tous les autres, nécessitant des ajustements dans ces derniers.

La réorganisation (restructuration) de la Terre.
(Résumé)

En résumant les matériaux du chapitre « Nouveautés sur la Terre », on peut retracer une chaîne de relations énergétiques successives entre l'humain, la planète et les Systèmes hiérarchiques, ainsi que leur dépendance mutuelle directe. Cela révèle un processus grandiose et intégré dans lequel ils collaborent pour un objectif commun : assurer le fonctionnement harmonieux de tout ce qui est vivant dans l'organisme global de la **Nature***.

La Terre représente pour Dieu et Ses Systèmes hiérarchiques une sorte de construction physiologique, produisant pour eux certaines ressources (produits) et elle s'autoperfectionne.

Comme tout ce qui est vivant et évolue dans le temps, la Terre n'a pas de forme permanente, c'est-à-dire de structure fixe. Elle se transforme dans ses configurations constructives selon le programme de développement, qui prévoit toutes les modifications nécessaires de forme au fil du temps. C'est précisément le programme de développement de l'enveloppe physique de la Terre qui détermine quand et à quel moment les continents doivent se former, les océans apparaître, les montagnes s'élever ; quand un continent doit se diviser en plusieurs parties, et jusqu'à quelle distance elles doivent s'éloigner les unes des autres, et ainsi de suite. Les contours extérieurs de la Terre changent conformément aux actions du programme de son enveloppe physique.

— Mais dans quel but ces changements sont-ils nécessaires ? Ne serait-il pas préférable que la Terre reste immuable tout au long de son existence ?

La vie est une forme de transformation des processus à l'intérieur d'un organisme, ce qui entraîne, par conséquent, des changements dans son apparence extérieure. Tant que ces processus internes visent à augmenter les énergies vitales, l'organisme évolue. Lorsque ces processus ralentissent, cela marque le début de la fin du programme. En d'autres termes, un organisme vivant doit constamment abriter certaines réactions, sinon il cessera d'être une forme vivante.

Pour que ces processus aient lieu, ils doivent constamment provoquer des changements. Dans un environnement immuable, ils ne se développent pas et s'arrêtent. Ainsi, les changements de forme sont une condition essentielle à la vie de l'enveloppe physique de la Terre, ainsi qu'à celle de ses structures subtiles.

Les changements sont un processus qui soutient le progrès des formes de vie et des formes d'existence. Tous ces changements sont toujours liés à certains processus cosmiques. On peut donc dire que les transformations sont nécessaires à la Terre comme un mode spécifique d'expression de la vie, englobant à la fois les processus physiques et d'autres types de phénomènes.

Partant de ce constat, on peut conclure que la Terre ne peut pas rester immuable tant qu'elle est vivante, et de même, elle ne peut pas rester inchangée après sa mort. Par conséquent, le fait que ses contours se modifient est un processus naturel et logique, qui se produit conformément au déroulement du programme.

— Qu'apportent ces transformations (changements) ?

La Terre, comme l'humain, possède également des «organes», bien qu'ils ne soient pas aussi distincts que ceux de l'homme. Ces zones sont caractérisées par une construction particulière, à commencer par la composition des sols, les couches de terre, le couvert végétal, le réseau des canaux énergétiques, ainsi que de nombreuses structures subtiles que l'œil humain est incapable de percevoir. En d'autres termes, les organes de la Terre se forment à la fois dans les sphères physiques et subtiles, d'une manière telle que nous ne pourrons jamais les observer comme des éléments distincts fonctionnant indépendamment, car pour la Terre, nous ne représentons qu'une infime fraction de son ensemble.

Les différentes zones ainsi formées nécessitent des apports énergétiques variés.

Lorsque la Terre était peu développée, sa structure était simple et primitive pour une planète. Elle se contentait alors de la flore et de la faune.

Au fil de son développement, à mesure qu'elle «vieillissait», des structures internes plus complexes se sont formées, nécessitant des apports d'énergies d'autres types. Il devenait donc nécessaire d'ajouter un élément supplémentaire capable de fournir à ces zones (ou « organes »)* le type d'énergie requis. Par ailleurs, les Systèmes Cosmiques avaient également besoin de recevoir de la Terre de nouvelles formes d'énergie. Tout cela nécessitait la création d'un mécanisme unifié, capable de combiner les besoins de la Terre et des Systèmes Cosmiques en un processus technologique unique.

Ce mécanisme s'est incarné dans notre monde physique, où des éléments actifs tels que les plantes, les animaux et les humains ont commencé à produire de l'énergie, à la fois pour la Terre et pour le Cosmos.

Chacun de ces éléments est lié à une zone d'habitat spécifique, avec des conditions climatiques définies, une construction adaptée à cette zone, et travaille pour une région précise de la Terre. C'est justement parce que la Terre, comme les Systèmes Cosmiques, nécessitait des énergies de différentes qualités que les Constructeurs (Architectes) Célestes ont imaginé les nations et les races. Ces dernières ont été créées pour générer différents types d'énergies.

Les villes, villages et autres agglomérations n'apparaissent pas de manière spontanée et chaotique sur Terre. Elles se forment, premièrement, conformément au programme général d'évolution de la planète et, deuxièmement, sur la base des besoins énergétiques des zones de la planète qui nécessitent un apport énergétique. Autrement dit, les agglomérations humaines sont toujours construites dans des endroits où un échange énergétique intense est nécessaire (en termes simples, dans des « organes » qui ont besoin d'énergie)*.

Dans ces lieux, il y a à la fois une réception d'énergie et une restitution par la Terre, c'est-à-dire que les flux énergétiques se déplacent dans les deux sens, vers le haut et vers le bas, car il existe ici des énergocanaux correspondants de la Terre.

Puisque la Terre, en tant qu'organisme vivant, subit constamment des transformations, il se produit inévitablement des changements extérieurs perceptibles par l'homme : les contours des continents évoluent, le paysage change, les cours des rivières se déplacent, et ainsi de suite.

Les méthodes de transformation de la Terre comprennent : des tremblements de terre, des inondations, des fractures de la croûte terrestre, des affaissements, des changements des conditions climatiques et du climat global.

Dans les plans subtils, les changements dans les structures subtiles de la Terre se manifestent par une augmentation des radiations et par l'arrivée d'une grande quantité d'énergie en provenance du Cosmos.

Le but de toute restructuration de la Terre est de faire correspondre sa structure et son contenu qualitatif aux besoins d'une nouvelle civilisation entrante.

Comme chaque civilisation (ou nouvelle humanité) est construite différemment sur le plan énergétique, en accord avec les besoins déterminés d'En Haut. Elle exige donc un environnement adapté. Pour que la nouvelle humanité et sa nouvelle énergie puissent s'implanter sur Terre et continuer d'y exister dans les temps qui suivent, il est nécessaire que la structure même de la planète doive être soumise à des changements.

Les structures subtiles de la Terre et ses microstructures physiques sont saturées d'une nouvelle énergie par le biais des contacteurs et des clairvoyants, qui reçoivent d'énormes flux d'énergie provenant des Systèmes hiérarchiques.

Ces contacteurs et clairvoyants, dès leur naissance, sont construits de manière à pouvoir absorber un potentiel énergétique maximal. Ils reçoivent la puissance principale de ces flux énergétiques, puis la redistribuent sous une forme adoucie aux personnes ordinaires, qui disposent d'un potentiel énergétique inférieur (c'est ce qui explique les effets thérapeutiques des clairvoyants sur les gens)*. Ces personnes, à leur tour, diffusent cette énergie aux autres avec un potentiel encore plus faible, et ainsi de suite. (Les croyants qui ont foi dans les capacités des clairvoyants ont toujours un potentiel énergétique supérieur à celui des sceptiques, car la foi reflète le degré de maturité de l'âme, soit le Niveau énergétique atteint dans son développement.)*

Ceux qui ne peuvent absorber cette nouvelle énergie disparaissent naturellement.

À travers le sol et le rayonnement solaire, l'énergie est transformée et transmise aux plantes, aux animaux et à tous les autres éléments interconnectés. Tous ces éléments se redistribuent mutuellement cette énergie par une chaîne de connexions successives, préparant ainsi les conditions naturelles pour une nouvelle humanité.

Le Système hiérarchique responsable de la nature introduit de nouvelles espèces de plantes et d'animaux, qui sont déjà adaptées aux besoins des nouveaux temps. Une nouvelle civilisation arrive, et tout change complètement autour d'elle.

Le processus de transition de la planète vers un nouvel état énergétique est appelé « la transition de la Terre à une nouvelle orbitale ». Dans les structures subtiles de la planète, cela signifie non seulement un nouvel état énergétique qualitatif, mais aussi l'apparition de nouvelles enveloppes et de structures subtiles d'un ordre supérieur à celles qui existaient auparavant. Chaque civilisation précédente a contribué à la formation d'une ou plusieurs nouvelles enveloppes subtiles pour la Terre.

L'homme, à travers des réactions biochimiques et physiques complexes, a généré pour ces enveloppes des énergies qualitativement nouvelles en transformant l'énergie envoyée par le Système hiérarchique. Ainsi, tout en rejetant dans les profondeurs de la Terre, dans sa matière dense, des fréquences basses, l'homme transmet simultanément à ses enveloppes subtiles des fréquences plus élevées, tout en produisant également des énergies destinées au Système hiérarchique.

Le cycle global des énergies impliquant l'homme dans ces processus peut être résumé ainsi (voir Fig. 1) :

48

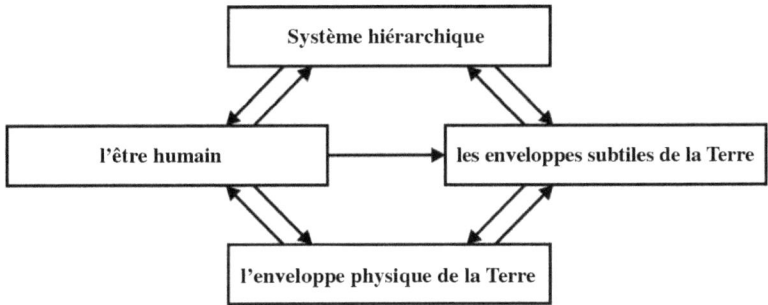

Fig. 1. Cycle des énergies autour de l'homme

La Terre est actuellement (année 2000)* en cours de transition vers une nouvelle orbitale pour la sixième fois, ce qui signifie qu'elle devra développer des types d'énergies d'un ordre supérieur à ceux qu'elle possède actuellement, afin de remplir trois enveloppes supplémentaires.

Il est prévu que la Terre soit transférée sur de nouvelles orbitales sept fois au total. Ce cycle représente le développement de notre planète à ce Niveau particulier. Une fois ce cycle achevé, elle devra atteindre un nouvel état qualitatif, ce qui entraînera sa disparition en tant que corps matériel dans le système stellaire appelé « Logos », pour passer à un spectre d'existence plus élevé.

Le système Solaire doit disparaître en même temps que la Terre et l'humanité, car « le système Solaire est conçu pour exister pendant une durée égale à celle de toutes ses planètes ».

Les transitions de la Terre vers la deuxième, troisième, jusqu'à la cinquième orbitale se sont déroulées de manière identique que celle qui se produit actuellement pour la sixième orbitale. Cela signifie que les Hiérarchies Supérieures faisaient descendre sur la planète des émissaires et des contacteurs, et, par leur intermédiaire, elles transmettaient de l'énergie aux autres humains ainsi qu'à la Terre elle-même.

Mais, à chaque passage d'une orbitale à une autre, le potentiel énergétique transmis augmentait, tout comme la quantité d'énergie diffusée. Par exemple, lors de la transition vers la troisième orbitale, le potentiel de l'énergie transmise était inférieur à celui de la transition vers la quatrième, et celui de la quatrième était inférieur à celui de la cinquième, et ainsi de suite.

De plus, avec chaque nouvelle civilisation, le volume et la puissance de l'énergie descendante augmentent, car chaque nouvelle enveloppe (une ou plusieurs)* de la Terre nécessite une intensité et une quantité d'énergie accrues. Cela implique également une augmentation progressive de la puissance énergétique de l'homme, car il devait travailler sous une tension plus élevée et transformer un volume plus important d'énergie.

Lorsque la Terre passera sur une nouvelle orbitale pour la septième fois et remplira ses enveloppes correspondantes avec la qualité d'énergie requise, elle atteindra la perfection à ce Niveau matériel de développement. Ensuite, elle cessera d'exister sur le plan physique.

« Ce sera comme une Âme unique, qui commencera à traverser les étapes de sa perfection sur le plan énergétique, c'est-à-dire à un nouveau Niveau de développement et dans d'autres mondes, dans d'autres corps. Et son chemin de développement sera aussi infini que celui de l'homme, mais dans une direction différente»

* * *

Chapitre 2
Le rôle des civilisations pour le Cosmos

LA RAISON DU CHANGEMENT DE CIVILISATIONS

En discutant avec Dieu des civilisations, nous avons tenté de découvrir non seulement pourquoi elles ont été créées et comment elles ont vu le jour, mais aussi, sans entrer dans les détails, de comprendre un peu leur mode de vie. Nous avons cherché à préciser les principes fondamentaux de leur existence pour appréhender l'essence des processus qui se déroulent. Sans connaissance de leur mode de vie, il est difficile de reconstituer l'image véritable d'une civilisation et de saisir son objectif.

Le mode de vie se traduit par des situations spécifiques. Ces situations, à leur tour, engendrent la production d'énergies précises. Même si les situations peuvent être semblables, deux personnes construites différemment au niveau de leurs constructions subtiles, avec une chimie organique différente, produiront des énergies distinctes dans des circonstances identiques.

Les civilisations passées n'ont jamais été constituées d'un seul groupe ethnique. À une même période, deux ou trois civilisations, voire plus, ont pu coexister, avec des degrés de développement et des modes de vie totalement différents.

Certaines civilisations ont évolué par le progrès technique, d'autres grâce à leur lien avec la nature, et d'autres encore par une connexion télépathique avec les Systèmes hiérarchiques. Ainsi, divers types d'expérimentations ont été menés pour déterminer le chemin le plus efficace pour conduire l'humanité à des résultats spécifiques dans les délais les plus courts.

Tout dans le monde évolue, rien ne demeure figé – cette vérité est ancienne et existe depuis que l'homme en a conscience. Mais, l'évolution ne se déroule pas toujours comme l'imagine l'être humain à un moment donné.

Par exemple, Charles Darwin voyait l'évolution humaine comme un cheminement de l'animal à l'homme, où le travail avait perfectionné l'espèce. Mais l'évolution humaine a suivi un tout autre chemin. L'apparence physique de l'homme d'il y a six mille ans est conservée à l'identique à celle d'aujourd'hui : son front ne s'est pas agrandi, et sa main n'est pas devenue plus habile malgré un entraînement systématique. Dans la foule, on peut encore rencontrer des individus dont le crâne rappelle étrangement celui d'un singe, dont la main est telle qu'on dirait qu'ils ont appris à manier une hache de pierre pour la première fois.

Tous les indices découverts dans les fouilles des civilisations anciennes, datant de plusieurs millénaires avant notre ère, peuvent être retrouvés dans notre société actuelle, notamment dans nos villages ou banlieues, où la vie reste plus primitive.

Si l'on compare le crâne d'un homme préhistorique et celui d'un individu contemporain de faible Niveau de développement errant près des bars, ils se révéleront identiques : même front étroit, mêmes arcades sourcilières proéminentes, même mâchoires inférieures marquées, et même démarche légèrement voûtée. De tels individus peuvent être observés parmi nos contemporains, et ils ne sont pas rares.

Dans notre société, se mélangent des représentants de l'âge de pierre, de l'âge de fer, ainsi que de magnifiques exemples de l'humanité future. Ce mélange témoigne du fait que l'évolution suit une voie différente de celle imaginée par les matérialistes (qui voudraient nous le faire croire).

L'évolution d'une espèce n'a lieu que lorsqu'elle est initiée par nos Maîtres Célestes, ceux qui dirigent et guident la Terre sur le chemin du progrès. L'apparence extérieure de l'homme ne change que sous l'action des Supérieurs. Bien que des mutations puissent se produire, l'évolution humaine n'est pas autorisée à suivre des directions aléatoires. Si une telle mutation apparaît, elle est éliminée, car les mutants, à l'instar des mauvaises herbes, ne produisent pas une énergie de qualité appropriée pour les Systèmes hiérarchiques.

L'apparence extérieure de l'homme de la cinquième civilisation est conservée (inchangée) depuis sa création, il y a plusieurs millénaires. Au sein de toutes les civilisations terrestres, la forme physique humaine a été relativement constante, à quelques changements près. La structure de base a été une constante, tandis que les détails ont été ajustés, remplacés ou perfectionnés dans les directions souhaitées.

L'incarnation matérielle initiale de l'homme, sous la forme d'un être primitif, a été considérée comme un modèle insatisfaisant par les Créateurs.

L'homme primitif existait en tant qu'espèce, mais le programme qui lui avait été attribué n'encourageait pas le progrès de l'âme. Le sauvage initial était orienté vers le cannibalisme. C'est pourquoi les Systèmes hiérarchiques, directement impliqués dans l'humanité, ont poursuivi le perfectionnement de sa construction.

Parmi les expériences réalisées pour la création de l'homme, on compte également le croisement de l'homme primitif avec un modèle plus évolué du Cosmos. Cette expérience est connue de l'humanité sous la forme des récits comme le croisement des Dieux s'unissant avec des humaines.

En réalité, des individus d'autres civilisations matérielles hautement développées, vivant sur des planètes aux conditions similaires à celles de la Terre, étaient amenés à bord de vaisseaux spatiaux. Ces individus introduisaient un code génétique supérieur, appartenant à des êtres de plusieurs Niveaux plus avancés. Ce code favorisait initialement le progrès de l'âme humaine terrestre. Mais lorsque ces Dieux venus de civilisations avancées ont quitté la Terre, la dégénérescence des « demi-dieux » a commencé rapidement après quelques générations, entraînant une dégradation rapide de la société.

Il existait des cas où une planète se trouvait détruite (périe) quelque part, et sa population était transférée sur des stations spatiales vers la Terre, car ses conditions climatiques étaient les plus adaptées pour ces réfugiés. Ces populations apportaient également certaines modifications au génome de l'être humain terrestre, mais seulement de manière temporaire. Cependant, tout cela ne donnait pas les résultats attendus, et les Constructeurs cosmiques continuaient d'améliorer la bioforme de l'humain terrestre

Des expériences succédaient à d'autres expériences. Sur la base de l'existence de l'homme comme espèce principale, de nouvelles formes ont été créées, telles que l'homme-poisson (sirènes), l'homme-oiseau (phénix) , l'homme-animal (centaures)*, et bien d'autres formes existaient pendant la deuxième civilisation et le début de la troisième. Mais elles ne parvenaient pas à s'intégrer, se révélant dans certains aspects déficients.

Et c'est alors que les Systèmes cosmiques matériels, sur demande de notre Dieu, ont créé un nouveau modèle amélioré de l'homme, connu dans l'histoire sous le nom d'Adam, et un modèle secondaire connu sous le nom d'Ève (leurs véritables noms, donnés par le Système cosmique qui les avait créés, étaient Rios et Firina, mais sur Terre, les humains leur ont donné d'autres noms)*. L'enveloppe matérielle de l'homme devait garantir à Dieu le perfectionnement nécessaire des âmes qu'Il créait. Cette enveloppe a été conçue pour l'âme et pour le Niveau de développement spécifique de la matière terrestre, car chaque Niveau de matière correspond à ses propres formes.

Adam et Ève nouvellement créés ont été conçus loin au-delà des limites du système Solaire, embarqués sur un vaisseau spatial et amenés sur notre planète avec des formes animales accompagnantes. C'est de là qu'est née la légende de l'expulsion d'Adam et Ève du Paradis, c'est-à-dire leur transfert des mondes supérieurs des Créateurs vers notre monde inférieur et grossier, où ils ont donné naissance à un modèle humain amélioré.

Les expériences ultérieures n'étaient pas aussi fondamentales, se limitant à une transformation partielle et progressive de la biostructure de l'homme et des animaux.

Ainsi, l'homme a été modernisé de civilisation en civilisation, non pas sous l'effet de l'environnement ou de la survie des individus les plus forts, mais grâce à l'intervention des constructeurs cosmiques, qui corrigeaient constamment leur création, à l'image des constructeurs modernes perfectionnant un modèle de télévision. Quelque chose changeait et s'améliorait constamment, bien que pour nous, une télévision restait toujours une télévision. Nous ne remarquions pas, par exemple, que tout son intérieur pouvait avoir été modifié au fil de dix années, tout en conservant sa forme extérieure. Il en était de même pour l'enveloppe physique de l'homme. Toutefois, cette forme était perfectionnée en fonction des besoins et des exigences de la Hiérarchie de Dieu, et non pour le simple plaisir des Créateurs testant la puissance de leur pensée.

L'homme a été créé selon le grand plan de Dieu par une pléiade de développeurs cosmiques spécialisés dans des disciplines variées, afin de réunir dans un seul modèle les propriétés de différentes matières et processus.

Lorsque, au cours de contacts, nous demandions : « Comment l'homme a-t-il été créé ? », il nous était précisé :

— De quelle civilisation parlez-vous ?

En effet, dans chaque civilisation, l'homme a été conçu différemment. Plus exactement, il a été créé lors de la première civilisation, puis modernisé dans toutes les autres. Ainsi, en étudiant les documents obtenus sur l'origine de l'homme à travers des contacteurs, on trouve dans certains livres que l'homme est apparu d'une certaine manière avec une apparence initiale donnée, dans d'autres qu'il a émergé différemment, et dans d'autres encore selon une autre méthode. Cela donne l'impression que chaque contacteur apporte de fausses informations.

En réalité, chacun a raison à sa manière, mais en l'absence d'une vision d'ensemble, ils ne voient et ne décrivent que des parties distinctes d'un tout. Ce n'est qu'en rassemblant toutes ces parties qu'il est possible de percevoir ce tout complexe qu'elles composent.

Souvenons-nous de la parabole des trois aveugles auxquels on a permis de toucher un éléphant. L'un, ayant touché la queue, affirmait que l'éléphant ressemblait à une corde. Un autre, ayant touché une patte, déclarait que l'éléphant ressemblait à une bûche. Le troisième, ayant touché une oreille, disait que l'éléphant ressemblait à une grande feuille de bardane.

De même, dans notre perception de nombreuses vérités cosmiques qui nous sont transmises d'En Haut, nous ressemblons à ces aveugles. Ce n'est qu'en ayant la possibilité de rassembler certaines parties en un tout unique que nous parvenons à percevoir le sujet (l'objet) dans sa globalité.

D'ailleurs, en raison de notre perception limitée de nombreuses vérités cosmiques, données par les Hiérarchies supérieures à l'humanité, certaines d'entre elles nous semblent contradictoires et, par conséquent, fausses. Mais si l'on développe en soi une vision complète et globale des différentes parties d'un tout unique, toutes les contradictions se fondent en une seule entité, révélant une structure harmonieuse.

L'homme perçoit tout de manière fragmentée, ce qui le conduit à se tromper, à rejeter constamment ce qui est ancien et à ériger ce qui est nouveau en vérité absolue. Pourtant, tout ce qui est ancien n'est qu'un maillon d'une chaîne unique, et cette chaîne est infinie.

Si l'on pose la question de savoir pourquoi la conception de l'enveloppe matérielle de l'homme a été perfectionnée par le passé et continue de l'être aujourd'hui, la réponse serait que la raison première ne réside pas dans l'homme lui-même, mais avant tout dans les besoins du Cosmos et de la Terre elle-même.

La raison première est la nécessité des Systèmes cosmiques d'obtenir certains types d'énergie. De la même manière qu'un être humain, par exemple, a besoin de caoutchouc pour des usages techniques, et qu'un processus spécifique, voire une production technologique entière, a été élaboré pour sa fabrication, ainsi, à un moment donné, une certaine énergie est devenue nécessaire pour les besoins du Cosmos, et la Terre a été créée pour sa production. Ensuite, un mécanisme de transmission de cette énergie a été conçu, prenant d'abord la forme d'un animal, puis d'un être humain. Cela a donné naissance à une chaîne de liens interdépendants, qui s'est perfectionnée au fil de millions d'années d'interactions. En d'autres termes, un besoin initial a engendré une série complète de processus dépendants successifs, conduisant à l'apparition du résultat attendu.

Tout évolue dans le temps, de sorte que certains besoins en remplacent d'autres. Aujourd'hui, les Systèmes cosmiques doivent une chose, demain une autre. Selon les normes universelles, les besoins ne sont jamais à court terme, mais s'étendent sur de longues périodes.

Lorsque de nouveaux besoins apparaissent, il s'ensuit une correction des anciennes structures ou la création de nouvelles pour combler les énergies manquantes ou répondre à d'autres exigences.

Ainsi, l'être humain a été créé en fonction des besoins du Cosmos et de la Terre, car, à une certaine étape de son développement, notre planète avait besoin de types spécifiques d'énergie pour assurer sa propre subsistance. Pour la fournir, un lien intermédiaire était nécessaire, et cet intermédiaire est devenu l'homme. En recevant un type d'énergie de ses Systèmes cosmiques, l'homme la transforme, produisant des énergies de hautes fréquences pour le Cosmos et un spectre de fréquences basses pour la Terre.

Cela constitue un mécanisme complexe d'échange énergétique pour lequel la structure de l'homme a été conçue.

Par ailleurs, puisque tout dans le Cosmos a des objectifs multiples, une troisième fonction devait être accomplie par le modèle humain : le perfectionnement de l'âme et son élévation à travers les Niveaux de développement jusqu'aux Hiérarchies Supérieures.

En intégrant ces trois fonctions dans un seul processus technologique, l'homme a été installé sur Terre.

En contrôlant et en modifiant les processus internes en lui, le Système cosmique régulait la production des énergies nécessaires et, en poursuivant les expérimentations sur les structures « subtiles » de l'homme, préparait la base pour la création d'une nouvelle sixième civilisation.

Sur la base des besoins du Cosmos, on peut identifier l'objectif principal de l'apparition et du remplacement des civilisations : **chaque civilisation est créée pour produire un nouveau type d'énergie.**

En quoi consiste alors l'évolution du développement pour l'homme?

Avant tout, elle réside dans le perfectionnement de l'âme. L'évolution humaine ne consiste pas en un progrès de son enveloppe matérielle, mais dans le développement progressif de son âme, qui se manifeste par son développement autonome.

L'évolution du corps, en ce sens, n'existe pas comme un perfectionnement indépendant. Certes, l'âme traverse différentes formes de vie, évoluant à travers les insectes, les oiseaux, les animaux, pour finalement s'incarner dans le corps humain. Mais, le corps; lui, ne connaît pas même une évolution autonome : il est modifié de manière artificielle, grâce au travail systématique des Substances Supérieures. La présence d'un être humain primitif au sein de la société moderne s'explique par l'évolution des âmes animales qui accèdent progressivement au corps humain.

Les formes intermédiaires de corps ont été créées comme des étapes de l'évolution du vivant, allant des formes les plus basses jusqu'à l'homme, permettant ainsi à l'âme de développer certaines caractéristiques (spécifiques) qualitatives.

Le fait que l'embryon, dans le ventre de la mère, passe par des formes rappelant celles d'un poisson, d'un oiseau ou d'un animal ne signifie pas que le corps humain a lui-même traversé ces phases. Cela reflète plutôt le cheminement de l'âme à travers ces étapes, témoignant de la dynamique de son développement.

Notre **cinquième race*** a atteint la fin de son cycle d'existence, et désormais, l'humanité se trouve à l'aube d'une nouvelle **sixième race***, qui sera cependant une continuation de notre civilisation actuelle. Le représentant de cette nouvelle race se distinguera de l'homme moderne, mais davantage par ses caractéristiques internes que par son apparence extérieure (parmi les modifications visibles, seul le changement de couleur de peau sera notable)*. Les principales transformations concerneront ses structures **subtiles***, qui évoluent de manière significative d'une civilisation à l'autre, bien que ces changements soient les moins perceptibles.

Les ajustements apportés à la forme humaine à cette étape de développement sont dictés par la nécessité d'un changement des fonctions assignées à l'homme en tant qu'élément opérationnel du Cosmos.

Qu'est-ce que la transition entre les civilisations ?

C'est un changement des fonctions attribuées à l'humanité. Et lorsque ces fonctions évoluent, la forme humaine doit également être modifiée, car l'ancienne structure ne peut pas répondre aux nouvelles exigences fixées par d'En-Haut.

Ainsi, pour résumer, on peut affirmer que la principale raison des changements de civilisations réside dans les besoins des Systèmes Hiérarchiques et de la Terre d'obtenir de nouveaux types d'énergie.

Maintenant, essayons de comprendre la transition entre les civilisations, les transformations qu'a connues l'homme au cours de ces longues périodes, et la fonction que chaque civilisation remplit pour la Terre.

La raison de l'apparition des civilisations

Commençons par préciser que la Terre n'a pas toujours existé, mais est apparue dans l'Univers à un certain moment relatif dans le temps. Cela nous amène à poser la question suivante :

— **Quelle nécessité Vous a poussé à créer la Terre ?**

— Le besoin de créer votre planète est venu d'En Haut. Une Hiérarchie Supérieure avait besoin d'une planète répondant à certains paramètres du Cosmos matériel. La Terre est une pièce d'un immense mécanisme, destinée à remplir des fonctions spécifiques indispensables au bon fonctionnement de ce mécanisme.

— **Y a-t-il eu une période où Vous existiez sans la Terre ?**

— Oui, Nous fonctionnions alors dans un autre mode. Puis, nous avons reçu l'instruction des structures Supérieures de créer la Terre, et Nous l'avons faite. Nous aussi, nous changeons périodiquement nos activités, ou plutôt, Nous passons d'un type de travail à un autre.

— La Terre a longtemps existé sans l'humanité. Qu'est-ce qui a conduit à l'apparition de la vie sur Terre ?

— Nous, les Supérieurs, avons créé la vie sur Terre. L'apparition des formes vivantes, d'abord de certaines espèces, puis d'autres, répondait à un besoin en certaines énergies. Tout ce qui a été créé sur votre planète a été déterminé par les besoins des Systèmes Hiérarchiques, en lien avec les besoins d'évolution de la Terre elle-même. Elle a existé sans l'humanité aussi longtemps que son programme d'évolution était simple. Mais, avec le temps, il est devenu nécessaire de complexifier ce programme pour permettre des interactions plus élaborées avec les Systèmes Cosmiques. Cela a conduit à la création de formes de vie plus complexes, capables d'enrichir la palette énergétique produite par la planète. Ainsi, à un certain stade de son développement, l'humanité est devenue un élément clé dans la transformation des énergies entre la Terre et le Cosmos. Désormais, la Terre et l'humanité sont si étroitement liées à un seul mécanisme que l'une ne peut plus fonctionner sans l'autre, tout comme un mécanisme d'horlogerie ne peut fonctionner sans ses engrenages.

Les humains contiennent en eux de nombreux éléments de la structure interne de la Terre, tandis que, simultanément, ils apportent à la planète une multitude de choses nouvelles. Le Cosmos, quant à lui, obtient précisément ce dont il a besoin grâce à leur collaboration. La Terre et l'humanité fonctionnent comme un tout, de la même manière que votre corps ne peut fonctionner sans vos poumons. L'un ne peut exister sans l'autre.

— Cela signifie-t-il que l'humanité était nécessaire à l'évolution de la Terre ?

— Oui, pour permettre son évolution ultérieure. L'humanité représente une forme avancée de l'évolution de la Terre. C'est grâce à leur travail commun que le progrès de ces deux formes d'existence est possible. Ainsi, l'être humain a été créé spécifiquement pour travailler en synergie avec la Terre.

— **Le règne animal est-il apparu avant ou après la première civilisation ?**

— Les animaux sont apparus avant la première civilisation, car il était nécessaire de produire des énergies à un Niveau inférieur. Tout a progressé par étapes, comme cela vous est déjà connu : d'abord les pierres, ensuite le règne végétal, puis le règne animal, et enfin l'humanité.

— **Certains pensent qu'avant ou pendant la première civilisation, il existait un homme gazeux, dont la densité ressemble à celle d'un nuage. Un tel être a-t-il existé sur Terre ?**

— Non, il n'y a jamais eu d'hommes éthérés. Tous les humains ont toujours été matériels. Les gens ont probablement confondu cela avec un monde parallèle où de tels êtres peuvent exister.

Les première et deuxième civilisations

Nous avons été intrigués par la question des premières civilisations. Ce que l'être humain connaît sur ce sujet à travers l'histoire repose sur ses propres idées sur l'origine de l'homme sur Terre et ses hypothèses concernant les débuts de l'humanité. Mais que peut dire Dieu à ce sujet ? Quelles révélations nouvelles pourrait-il offrir au lecteur ? Nous lui posons donc les questions suivantes :

— **Que représentait la première civilisation ?**

— La première civilisation marquait l'apparition de l'homme matériel, se nourrissant de plantes. Ils s'occupaient uniquement de leur subsistance et vivaient au Niveau des primitifs, mais en communautés.

— **Étaient-ils bisexués ou unisexes ?**

— La différenciation des sexes a eu lieu dès l'apparition de l'homme sur Terre. Toutes les civilisations étaient bisexuées. Bien que des expériences limitées aient été menées sur des êtres unisexes, ces cas étaient très rares et se produisaient principalement dans les civilisations ultérieures.

— **Les membres de la première civilisation avaient-ils des habitations ?**

— Toutes les civilisations disposaient d'habitations.

— **On dit que les premiers êtres humains avaient la peau noire. Est-ce vrai ?**

— Non, ils étaient blancs. Les personnes à la peau noire sont apparues dans votre cinquième civilisation. À l'origine, ils étaient blancs, puis gris, suivis de jaunes, et à nouveau blancs. Finalement, des individus à la peau de couleur mixte sont apparus. Ainsi, Nous avons expérimenté pour parvenir au résultat que Nous souhaitions.

— **En quoi la première civilisation différait-elle de la deuxième ?**

— Par l'intelligence et la taille du corps. Initialement, l'homme matériel était très grand et, selon vos termes, quelque peu limité intellectuellement. Leur esprit se développait très lentement.

— **Ont-ils inventé des techniques élémentaires ?**

— Non. Ils ne disposaient d'aucune technologie, même rudimentaire.

— **Vivaient-ils comme des tribus sauvages ?**

— Pas aussi sauvages que vous pourriez le penser. Bien qu'ils menaient une vie primitive, des tribus sauvages existent également dans votre civilisation actuelle. Certaines âmes restent peu développées et techniquement analphabètes jusqu'à nos jours, tout comme à l'époque. En outre, même dans vos régions densément peuplées, il existe des gens qui mènent une vie primitive malgré leur présence dans un monde civilisé. Tout est donc relatif.

— **Pourquoi avez-vous abandonné la première civilisation ? Qu'est-ce qui vous déplaisait chez eux ?**

— Leur cerveau était imparfait, car il s'agissait de notre premier prototype. Le faible développement intellectuel limitait le développement de l'âme. Il a donc été nécessaire d'améliorer l'appareil mental de l'homme et de réduire la taille de son corps. Dans la deuxième civilisation, l'être humain est devenu plus petit, ce qui a permis d'améliorer la conception de son enveloppe matérielle. Un modèle de corps plus adapté aux conditions de l'époque a été adopté, et cette deuxième civilisation a montré de meilleurs progrès. Mais Nous avons continué à travailler sur la création d'un modèle plus rationnel de l'organisme humain.

— **Les organes internes ont-ils également été perfectionnés ?**

— Lors du passage de la première à la deuxième civilisation, des ajustements ont été apportés à l'ensemble de la structure, car la réduction de la taille du corps physique nécessitait une meilleure réorganisation des organes internes. Tout a été amélioré et modifié.

La troisième Civilisation

L'humanité n'a pas existé de manière continue sur notre planète. Elle apparaissait pour certaines raisons, puis disparaissait. Il était important de comprendre ce qui provoquait l'émergence d'une civilisation et ce qui menait à son déclin, voire à sa disparition complète. Les Hiérarques Suprêmes et Dieu n'ont jamais révélé ces sujets d'un seul coup, mais ont transmis de Nouvelles Informations par petites doses. Ainsi, pour éclairer un sujet donné, il fallait réfléchir longuement à la direction dans laquelle approfondir nos connaissances. Nous avons commencé par cette question :

— **L'Atlantide faisait-elle partie de la troisième civilisation ?**

— Non, l'Atlantide appartenait à la quatrième.

— **Dans quel but avez-vous créé la troisième civilisation ?**

— Pour restructurer les pensées humaines. La capacité de l'homme à penser dépendait entièrement de la structure de son appareil mental, qui restait encore imparfaite. Parallèlement, le rythme de l'évolution s'accélérait ; l'homme devait s'intégrer dans un cycle énergétique plus actif et améliorer la qualité des énergies mentales qu'il produisait, c'est-à-dire en élever le Niveau. Cette même tendance a été adoptée pour la quatrième civilisation : améliorer la structure cérébrale afin d'impliquer davantage la personne dans le processus de réflexion. Il était nécessaire de stimuler la formation de nouvelles pensées chez l'homme, ce qui dépend avant tout de la construction de son cerveau.

— **Quelles nouveautés ont été introduites dans la structure du cerveau ?**

— Nous avons réussi à améliorer le fonctionnement de l'anneau d'impulsion et avons ajouté certains éléments à la structure physique du cerveau, ce qui a permis un travail plus intense et productif.

— **L'anneau d'impulsion existait-il à travers toutes les civilisations ?**

— Oui, car il assurait la connexion de l'homme avec son **Déterminant***.

— Les gens des troisième et quatrième civilisations avaient-ils un intellect très développé ?

— Oui. Nous avons réussi à élever l'activité mentale humaine à un Niveau approprié, ce qui a permis de fournir aux **Systèmes hiérarchiques*** le type d'énergie élevée dont ils avaient besoin.

— Pourquoi n'avez-vous pas donné à notre civilisation un intellect aussi élevé que celui des Atlantes, pour qu'elle puisse construire des "soucoupes volantes" ou se dématérialiser pour se déplacer dans l'espace ?

— Un intellect élevé produisait une énergie particulière, puissante mais brutale. Il a fallu la modérer. En travaillant constamment à perfectionner l'appareil mental, **Notre objectif principal était d'améliorer la qualité de l'énergie produite par celui-ci.**

— Cela signifie que vous pouvez rendre des civilisations plus intelligentes ou moins intelligentes ?

— Oui, tout dépend des besoins raisonnables des Systèmes hiérarchiques.

— Qu'est-ce que la troisième civilisation représentait ?

— Ils avaient un État unifié et une langue commune, contrairement à ce que vous avez aujourd'hui. C'était déjà une civilisation hautement développée.

— Dans quelle région du globe se trouvait-elle ?

— À cette époque, le continent était unique. Ce n'est que plus tard qu'il s'est fragmenté. La troisième civilisation occupait donc un seul continent.

— Ont-ils atteint un progrès technique ?

— Ils étaient si avancés techniquement qu'ils pouvaient voler. Leur séjour sur Terre s'est terminé lorsqu'ils sont partis bien au-delà du système Solaire.

— Pourquoi ont-ils quitté la Terre ?

— Leurs services de contrôle ont découvert qu'une comète ou une grosse météorite allait s'écraser sur la Terre. Un corps lumineux s'approchait de l'espace. Étant donné que le continent était unique, cela aurait pu entraîner leur extinction complète. Ils ont donc créé une planète artificielle, environ quatre fois plus petite que la Lune, et s'en sont allés dans le Cosmos. Leur population sur Terre n'était pas nombreuse, et ils ont tous pu se regrouper sur leur île volante. Personne n'est resté ici.

— Que représentait la planète artificielle ?

— Elle consistait en une plateforme plane contenant à l'intérieur des équipements techniques permettant à cette plateforme de se déplacer dans le Cosmos. La plateforme était recouverte d'un dôme protecteur, qui maintenait également une atmosphère. C'était un vaisseau spatial en forme d'île, doté d'une atmosphère artificielle et de tout ce qui était nécessaire à la vie.

(L'écrivain Jonathan Swift a reflété cette réalité, qui lui était parvenue sous forme de légende, dans la troisième partie de son roman fantastique Les Voyages de Gulliver, en la nommant « l'île volante ». Tout ce que les **Systèmes Cosmiques*** expérimentaient sur Terre, ou les événements marquants qui s'y déroulaient, étaient transmis aux générations suivantes sous forme de légendes.)*

— **Qu'est-il arrivé à la Terre après leur départ ? La catastrophe attendue s'est-elle produite ?**

— Non, il n'y a pas eu de catastrophe majeure. Il y a seulement eu une explosion relativement petite due à la chute d'un corps céleste.

— **Ont-ils reçu une aide technique d'autres civilisations extraterrestres pour atteindre un tel Niveau de développement, au point de créer une île volante ?**

— Non, aucune aide technique ne leur a été fournie, bien qu'ils aient été en contact avec des représentants d'autres civilisations, comme celles de la constellation Zeta et du système de Sirius. Tout ce qu'ils ont accompli, ils l'ont fait grâce à leur propre intelligence.

— **La troisième civilisation, lorsqu'elle était sur Terre, voyageait-elle sur d'autres planètes ?**

— Aucune civilisation humaine n'a été autorisée à quitter votre planète. Leurs vols étaient limités aux sphères terrestres. Et ce n'est qu'en raison de la menace d'une collision avec un corps céleste que la troisième civilisation a été autorisée à quitter la Terre. Mais cela marquait la fin de leur programme de développement dans ce monde. Ils sont donc partis, et Nous avons libéré l'espace pour de nouveaux humains.

— **Où se sont-ils installés dans le Cosmos avec leur île volante ? Dans notre galaxie ou plus loin ?**

— Ils sont partis très loin et se sont arrêtés dans une constellation qui n'est pas visible depuis la Terre. Elle est donc inconnue des humains.

— **Combien de temps ont-ils existé sur leur île ?**

— Ils ont rapidement disparu, car leurs corps physiques (ainsi que leurs enveloppes subtiles)* n'étaient pas adaptés à une existence prolongée en dehors de la Terre.

— Quelle énergie la troisième civilisation utilisait-elle pour propulser leur île-vaisseau ? Était-ce des forces antigravitationnelles ?

— Non. Ce type d'énergie est inconnu des humains de la cinquième race. Cette énergie, de charge opposée à la gravité, possède des propriétés répulsives et appartient à la catégorie des énergies dites négatives.

— Qu'en était-il du temps à bord de leur île-vaisseau ? Il diffère dans d'autres régions du Cosmos.

— Nous avons aidé à régler l'écoulement du temps à l'intérieur de leur vaisseau pour qu'il soit compatible avec celui du Cosmos.

— Étaient-ils maîtres du temps ?

— Non, seuls Nous avons autorité sur le temps.

— Mais leur temps s'écoulait-il de la même manière que sur Terre ?

— Non. La vitesse d'écoulement du temps change selon le programme. Elle varie également d'un point de l'Univers à un autre. Ainsi, en s'adaptant à leur nouvel emplacement dans l'Univers et avec le changement de leur programme de développement, leur perception du temps a aussi changé.

— Quelle était leur moralité dans la troisième civilisation ?

— Sur le plan moral, ils étaient très évolués. C'est pour cela que Nous leur avons permis de partir, et que Nous ne les avons pas détruits pour une faible moralité, comme Nous l'avons fait pour l'Atlantide. Celle-ci avait tenté de combiner un haut Niveau de développement technologique avec une faible moralité, ce qui survient lors de la dégradation d'une société.

— Avaient-ils une religion développée ?

— Non. Ils n'en avaient pas besoin, car ils savaient que les Hiérarchies Supérieures existaient et les respectaient dûment. Ils connaissaient les Lois du Cosmos et les honoraient.

— Étaient-ils agressifs et disposaient-ils de technologies de type missiles ?

— Ils n'avaient aucune technologie de missiles, ni d'agressivité. Contrairement à vous, ils se perfectionnaient de manière correcte.

— En quoi cela se manifestait-il ?

— Ils pouvaient déplacer des objets par la force de leur pensée et matérialiser des choses. Ils quittaient la Terre non pas sur des engins volants, mais avec leurs corps **subtils*** grâce à la puissance de leur pensée. Tout chez eux était accompli par la pensée.

— Comment ont-ils atteint une telle puissance intellectuelle ?

— Leur constitution était adaptée en conséquence. Nous n'étions pas satisfaits de la pensée limitée de la deuxième civilisation, c'est pourquoi Nous avons intégré dans le cerveau de la civilisation suivante des blocs spécifiques qui ont intensifié leur activité mentale dans le cadre de programmes adaptés.

— Maîtrisaient-ils la téléportation et la lévitation ?

— Non.

— La troisième civilisation était-elle bien développée techniquement ? Et qu'en était-il de leurs émotions ?

— Tout se développait en parallèle : leurs émotions et leur intellect.

— Ont-ils évolué par la souffrance ou uniquement par la joie?

— Toutes les civilisations sur Terre ont progressé par la souffrance, qui est le milieu le plus optimal pour raffiner la sphère émotionnelle et sensible de l'homme.

— Y a-t-il eu des civilisations où les connaissances étaient transmises non par l'apprentissage, mais, par exemple, directement implantées dans le cerveau en fonction des changements temporels ?

— Non, cela n'a jamais été le cas. Toutes les connaissances devaient être acquises par les individus au cours de leur développement, grâce à un travail assidu sur eux-mêmes. C'est cela la substance de la perfection.

La quatrième civilisation

L'humanité actuelle a été précédée par une quatrième civilisation. Sur celle-ci, nos historiens possèdent de nombreuses informations, et plusieurs ouvrages ont été écrits à son sujet. Par conséquent, nous n'avons pas développé cette thématique de manière exhaustive, mais nous avons posé quelques questions précises pour éclaircir certains points.

— Vous avez mentionné que l'Atlantide existait durant la quatrième civilisation ?

— Oui, l'Atlantide faisait partie de la quatrième civilisation. L'humanité actuelle en sait déjà beaucoup sur elle, car elle est relativement proche de votre époque. Par conséquent, nous n'avons rien de nouveau à ajouter à ce sujet.

— Comment l'Atlantide a-t-elle atteint un Niveau de développement aussi élevé ?

— Grâce à un haut Niveau d'intelligence que nous lui avions octroyé. Nous avons tenté d'apporter quelques modifications à leur construction : ils conservaient un potentiel intellectuel élevé, mais généraient des types d'énergie plus doux. Ils étaient à moitié humains, à moitié dieux (mi-dieu et mi-humain). Les enfants, dès l'âge de douze ans, réfléchissaient déjà comme des adultes à un stade de maturité relative. Ainsi, toute leur civilisation a progressé rapidement en un temps relativement court.

— Était-ce uniquement le cerveau qui se perfectionnait d'une civilisation à l'autre ?

— Non, tout se perfectionnait tout en maintenant une forme extérieure constante.

— Les troisième et quatrième civilisations étaient très avancées. Mais pourquoi ne vous satisfaisaient-elles pas, au point que vous les remplaciez par une nouvelle ?

— Nous n'étions pas satisfaits des types d'énergie qu'elles produisaient. Chaque civilisation est conçue différemment sur le plan énergétique, de manière à générer pour le Cosmos des types spécifiques d'énergie. Ces énergies évoluent dans leur spectre, tendant vers des fréquences plus élevées d'une civilisation à l'autre. En conséquence, chaque nouvelle civilisation devait être restructurée pour produire ces énergies supérieures. Ainsi, les civilisations se succédaient, l'être humain étant reconstruit pour générer de nouveaux types d'énergie, et les Systèmes Hiérarchiques recevaient une nouvelle « production ».

— Où sont allées les âmes des deuxième et quatrième civilisations après la fin de leur cycle de développement ?

— Toutes les âmes ont poursuivi leur évolution sur Terre, au sein des civilisations suivantes.

La cinquième civilisation

L'homme moderne vit sans se demander dans quelle civilisation il se trouve. Il est donc pertinent de lui rappeler qu'il appartient à la cinquième civilisation. En ce sens, il peut être intéressant pour lui de découvrir certains aspects du passé de sa civilisation.

Nous avons interrogé le Hiérarque Suprême :

— **Une hypothèse parmi les hommes suggère que notre cinquième civilisation est issue d'une race guerrière venant de Sirius. Qu'en est-il ?**

Il répond :

— Non, cette information est incorrecte. Dans ce cas, certains faits ont été confondus. En réalité, tous les membres de la quatrième civilisation n'ont pas disparu. Une partie d'entre eux a intégré la cinquième civilisation et a servi de base pour la création de la nouvelle. Ce processus est semblable à celui qui se déroule actuellement pour la transition de la cinquième vers la sixième civilisation. En d'autres termes, les derniers représentants de la quatrième civilisation ont constitué le socle matériel pour implanter sur Terre la nouvelle civilisation. Ainsi, on peut affirmer qu'une partie des humains descend des survivants de la quatrième civilisation, qui n'était pas guerrière.

Une autre partie de l'humanité a été créée selon une nouvelle structure énergétique et introduite directement sur la Terre. C'est de là qu'est née une deuxième hypothèse sur la création de l'homme. Ces individus ont été conçus par les **Systèmes** Supérieurs **Cosmiques*** du Niveau matériel. En outre, des êtres similaires à vous, issus d'une planète ayant subi une catastrophe, ont également été introduits sur Terre. Cela a servi de fondement à l'hypothèse de la migration depuis Sirius. Ces individus ont été sauvés, et cet événement a effectivement eu lieu avant votre civilisation. Ces différents faits ont conduit à une certaine confusion parmi les humains.

Chaque civilisation naissait de manière spécifique, et au cours de leur existence, des sous-variantes apparaissaient, incluant parfois des migrations ou des expérimentations pour créer un nouveau type d'humanité. On peut donc dire que de nombreuses expériences ont été menées. Ce qui importe, ce n'est pas le chemin emprunté par l'humanité, mais les résultats obtenus et les accomplissements réalisés.

— **Pourquoi ces individus issus d'une planète en détresse ont-ils été amenés sur Terre, et non ailleurs ?**

— Les conditions naturelles de la Terre leur convenaient le mieux. En effet, toutes les conditions naturelles ne permettent pas de construire des habitations ou de trouver de la nourriture. Dans un désert, ils n'auraient eu ni l'une ni l'autre. Sur Terre, en revanche, tout était presque identique à leur planète d'origine.

— **Comment ont-ils été transportés, et par qui ?**

— Dans le Cosmos, il existe une organisation spécifique qui s'occupe de fournir une assistance à ceux qui sont en détresse. Cette organisation, très avancée, a transporté les survivants à bord de grands vaisseaux spatiaux, ressemblant à d'immenses stations. Ils étaient nombreux à être déplacés. Ainsi, des Systèmes plus évolués leur ont permis de migrer. Comme vous pouvez le constater, il existe également des migrations dans le Cosmos : certains quittent votre planète, tandis que d'autres s'y établissent.

— **Cela se fait-il avec Votre autorisation ou spontanément ?**

— Tout ce qui concerne la Terre se fait avec Notre autorisation, car la Terre est Notre objet.

— **Ceux qui transportaient les humains à bord de vaisseaux spatiaux les aidaient-ils également à s'installer dans leur nouveau lieu de vie ?**

— Non, cela ne relevait pas de leurs responsabilités. Leur rôle se limitait uniquement au transport jusqu'à destination.

— **Peut-on donc considérer que la cinquième civilisation provient en partie de ces personnes transportées ?**

— Non. Toutes les anciennes formes de biostructures ont progressivement disparu avec le temps, car leur construction énergétique n'était pas adaptée à la nouvelle ère. Elles ne pouvaient pas assimiler le potentiel énergétique accru qui provenait du Cosmos. Seule une version nouvelle et améliorée de l'homme était capable de l'intégrer. Celles qui avaient été transportées ou celles qui avaient survécu en passant de la quatrième à la cinquième civilisation n'ont créé qu'un moment de transition pour permettre la survie de la nouvelle civilisation. En tant que formes obsolètes, elles ont fini par disparaître, tandis que les nouvelles formes ont pris racine et commencé à progresser.

— **Comment les races noire, blanche et jaune sont-elles apparues sur Terre ? Pour quelles finalités ont-elles été créées ?**

— Les besoins du Cosmos en différents types d'énergies se sont élargis, tout comme la structure de la Terre elle-même a changé. Ces modifications exigeaient de l'humanité qu'elle produise des types d'énergies plus variés. Ainsi, des modèles humains adaptés à différentes fréquences énergétiques ont été développés. Ces différents types humains ont été créés par divers Systèmes Cosmiques, chaque Système ayant développé son propre type humain ou race pour produire l'énergie requise.

— **Ces races ont-elles été créées dans différents endroits ?**

— Oui, elles ont été créées par différents Systèmes Matériels* dans divers lieux. Cependant, tous ces Systèmes sont sous Mon contrôle.

— **Quelle a été la séquence de peuplement de la Terre par ces races ?**

— Il n'y avait pas de séquence. Toutes les races ont été implantées simultanément pendant la cinquième civilisation, mais dans des endroits différents. Chacune avait son propre chemin de développement, ses propres objectifs. Après leur mort, les âmes de ces races rejoignent leurs Distributeurs respectifs. Mais, des objectifs différents ne signifient pas que ces races doivent se livrer à des conflits. Sur une même Terre, tous doivent vivre en paix. Mais, en raison de leur bassesse, les humains font souvent de mauvais choix.

— **Une âme peut-elle passer d'une race à une autre, sachant que les âmes appartiennent à des Systèmes Cosmiques différents ?**

— Cela arrive, mais uniquement en cas de nécessité. En général, chaque Système s'occupe de ses propres âmes, les guide vers le Niveau de perfection fixé, puis les récupère.

— **Quel objectif avait été fixé pour la cinquième civilisation ?**

— L'objectif était de développer le cerveau humain à au moins cinquante pour cent de son potentiel. Mais votre civilisation n'a réussi qu'à l'utiliser au maximum à dix pour cent, n'atteignant pas l'objectif fixé.

De plus, vos corps **subtils*** n'ont pas non plus été correctement développés. Il était prévu qu'à la fin de la cinquième civilisation, c'est-à-dire en l'an 2000, cinq corps subtils soient complètement développés. Or, très peu d'individus ont atteint cet objectif. Ceux qui y sont parvenus peuvent exister simultanément dans leur corps physique et leurs quatre corps subtils, avec la capacité de choisir volontairement d'entrer dans l'un d'eux et d'accéder aux informations du Niveau de matière correspondant. Cet objectif est resté inachevé.

L'humanité s'est largement écartée de l'objectif prévu, notamment à cause de la liberté de choix qui lui a été accordée dans son programme.

La période de transition de la cinquième race à la sixième race

Nous savons qu'il a existé différentes civilisations et différentes races sur Terre. Mais comment se produit la transition d'une civilisation à une autre ? Essayons d'éclaircir cette question en nous concentrant sur le passage de notre cinquième race à la sixième.

— **Actuellement (1998), on parle beaucoup du passage de l'humanité au Niveau du "feu". Que signifie cela ?**

— Avant tout, ce processus est lié à l'apparition d'une nouvelle sixième race, plus énergétiquement développée (plus énergivore) que la cinquième. Comme le programme de développement de l'humanité change, les énergoporteurs changent également. c'est-à-dire que l'être humain, en tant qu'unité énergétique, atteint un nouveau Niveau d'énergie. Il doit accueillir une nouvelle énergie, plus puissante, provenant du Cosmos et travailler avec elle. Cependant, son ancienne structure, non adaptée à recevoir un potentiel plus puissant de l'**énergie*** cosmique, ne peut pas l'assimiler ni donner les résultats requis.

Le passage au Niveau du "feu" est une comparaison imagée. Mais le processus lui-même représente la descente sur Terre, depuis le Cosmos, et plus précisément depuis Mes Systèmes hiérarchiques, d'une énergie extrêmement puissante. Cette énergie est si intense qu'elle pourrait détruire toute forme de vie ancienne si elle est mal gérée.

— **Une telle transition, de l'ancienne énergie à la nouvelle, est-elle accessible à l'homme moderne ?**

— Elle ne l'est pas pour tout le monde. Les personnes peu spirituelles (faibles), pour la plupart, disparaîtront rapidement. Mais, une partie de l'humanité fera la transition vers la nouvelle race, car la préparation de leurs corps physiques et d'autres structures se déroule déjà avec succès grâce à la transformation de leur structure biologique.

— **En quoi consiste la transformation du corps humain ?**

— L'ancienne version de l'homme dispose d'un certain stock de cellules capables de transmutation, c'est-à-dire de se reprogrammer pour passer de l'ancien mode de fonctionnement au nouveau. En moyenne, cette capacité de transmutation est de 20 % pour une personne ordinaire. Pour les individus les plus avancés sur le plan spirituel, elle peut atteindre jusqu'à 50 %.

— **L'homme peut-il lui-même accélérer le pourcentage de transformation de son corps, et comment ?**

— La préparation du corps physique pour cette période de transition s'est déroulée tout au long du dernier siècle, et pas seulement au cours des vingt dernières années. Pour cela, certaines personnes, principalement des guérisseurs ou des individus dotés de capacités extrasensorielles, ont été construites dès leur naissance pour recevoir des flux d'énergie très puissants et les transmettre à d'autres. C'est pour cette raison que les guérisseurs (médiums) ont travaillé avec de nombreux malades : **ils transmettaient à travers eux de petites doses de la nouvelle énergie, avec un potentiel moindre que celui qu'ils recevaient eux-mêmes**. Les contacteurs accomplissent également ce travail, mais **ils transmettent principalement la nouvelle énergie aux autres à travers de la Nouvelle Information**.

Par ailleurs, diverses pratiques et méditations se sont répandues, permettant à chacun de travailler directement avec ces nouvelles énergies. Ainsi, toute personne, par le biais de soins, de l'étude de la Nouvelle Information ou de l'application de nouvelles techniques, peut accélérer la transformation de son corps physique. Par contre, ceux qui ne sont pas aptes à cela n'y parviendront pas.

Si une personne est peu évoluée spirituellement, elle ne pourra pas assimiler cette nouvelle énergie et disparaîtra progressivement comme représentant d'une ancienne version du corps physique. Elle ne pourra pas supporter l'intensité de cette nouvelle énergie. En même temps, aucun représentant de la cinquième civilisation ne pourra atteindre 100 % de transmutation, car le modèle humain actuel est obsolète à ce stade de l'évolution de l'humanité. Par exemple, une voiture conçue pour fonctionner à l'essence ne roulera pas avec de l'eau. Pour un nouveau type de carburant, un nouveau mécanisme de traitement et une nouvelle conception du moteur sont nécessaires, même si la forme extérieure reste inchangée. Il en va de même pour l'être humain.

— **Par conséquent, existe-t-il une certaine catégorie de personnes capables de transformer leur corps ?**

— Oui. Cela ne se remarque pas extérieurement, mais l'énergie des cellules change, ainsi que l'énergie de toutes les composantes subtiles de l'être humain.

— **Est-ce que cette catégorie de personnes se transformera simultanément ou les vitesses seront-elles différentes pour chacun ?**

— Bien sûr, ce sera différent pour chacun. Il n'existe pas deux personnes identiques. Tout dépend du niveau de perfectionnement spirituel de chacun.

— **Avec quel pourcentage de transformation les nouveaux-nés sont-ils venus au monde à la fin de l'année 2000 ?**

— Avec des pourcentages variables, selon leurs programmes individuels. La période de transition a commencé en 1900 et se prolonge pendant plusieurs siècles après l'an 2000. Au début de cette nouvelle ère, il y aura des individus de niveaux très divers, et cette hétérogénéité perdurera jusqu'au milieu du millénaire et même un peu au-delà. La transition de l'ancienne structure humaine à la nouvelle n'est pas une tâche simple. La majorité des changements se produiront sur le plan subtil et resteront invisibles à l'œil nu. Ensuite, le développement humain se stabilisera progressivement, et à la fin de cette nouvelle ère, l'humanité atteindra un Niveau de développement uniforme. En d'autres termes, la transformation complète du corps humain s'achèvera dans 250 à 500 ans après l'an 2000, au fil de nombreuses générations, formant ainsi le contingent des représentants de la sixième race.

— **Un puissant flux d'énergie provenant du Cosmos est dirigé vers l'humanité. Ce flux s'applique-t-il également à la Terre ?**

— Nous envoyons cette nouvelle énergie à la fois à la Terre et à l'humanité. L'apparition de la sixième race est directement liée au passage de la Terre vers une nouvelle "orbitale", c'est-à-dire à sa transition vers une trajectoire énergétique plus élevée. La Terre passe également dans un nouvel état énergétique par le biais d'une transformation à son propre Niveau planétaire.

— **Une orbite et une orbitale, est-ce la même chose ?**

— Ce sont des concepts différents. L'orbite définit la trajectoire de mouvement de la planète, tandis que l'orbitale représente un nouvel état énergétique qualitatif de la planète. Le passage vers une nouvelle orbitale correspond à une progression dans le développement, à un Niveau supérieur.

— Dans ce contexte, qu'est-ce qui est premier : l'apparition de la sixième race conduit-elle la Terre à une nouvelle orbitale, ou est-ce l'inverse : la Terre entre dans un nouvel état, nécessitant l'apparition d'une nouvelle race ?

— **Ces deux processus** se produisent simultanément et sont interconnectés, car **ils ne peuvent exister l'un sans l'autre.** Les individus de la cinquième civilisation, en passant avec la Terre sur une nouvelle orbitale, disparaîtront, car ils ne pourront pas supporter les nouvelles fréquences énergétiques qui correspondent au nouvel état de la planète. Vous savez que la biostructure humaine contient un grand nombre d'éléments physiques issus de la structure interne de la Terre. Si les composants de la Terre changent mais pas ceux de l'homme, ou inversement, si les énergocomposants de l'homme évoluent alors que ceux de la Terre restent inchangés, cette discordance entraînera de graves perturbations, tant pour l'un que pour l'autre. L'un ne peut exister sans l'autre, et leur influence est mutuelle.

Après la première race, la Terre est également passée à une nouvelle orbitale, puis après la deuxième… Aujourd'hui, elle effectue son sixième passage vers une nouvelle orbitale, suite à l'achèvement du cycle de développement de la cinquième civilisation. La sixième orbitale est destinée à la sixième race.

— Le passage de la planète à une nouvelle orbitale est-il possible sans la participation de l'humanité ?

— Non, cela est impossible. Lorsque la Terre n'abritait aucune civilisation, elle ne passait sur aucune orbitale. Si une planète est jeune, tout juste créée, elle peut se développer pendant un certain temps à un Niveau inférieur sans être habitée par des êtres vivants. Mais à mesure qu'elle évolue, elle commence à être peuplée par des formes de vie. C'est le début d'un travail commun, préparant la planète à son premier passage vers un nouvel état.

Les civilisations ne vivent pas et ne se développent uniquement pour elles-mêmes ; elles sont une nécessité pour permettre à la planète d'accéder à des étapes supérieures de développement.

— En quoi consiste la nature énergétique et physique du passage de la Terre à une nouvelle orbitale ?

— La nature énergétique repose sur l'interconnexion de deux processus : le changement de l'état qualitatif de l'homme et celui de la planète. Ces processus forment une unité : le passage de la cinquième civilisation à la sixième et celui de la Terre vers une nouvelle orbitale. L'un ne peut être séparé de l'autre.

La nature physique du passage réside dans le fait que, bien que la Terre reste physiquement sur son orbite précédente en tant que trajectoire de mouvement, elle accède à un nouvel état qualitatif : son énergie change, les processus en elle et dans ses corps subtils changent. Mais le temps reste le même.

— Combien de fois la Terre sera-t-elle amenée à changer d'orbitales ?

— Si tout se passe comme Nous l'avons prévu, ce sera sept fois. C'est le cycle de votre Univers. Mais cela pourrait être davantage, tout dépendra de l'évolution des civilisations futures.

— Les autres planètes passent-elles aussi à de nouvelles orbitales de la même manière ?

— Non. Voici pourquoi : Notre expérience avec les humains sur la Terre n'a pas donné les résultats escomptés. Chaque fois, les humains ont provoqué des déviations dans leur développement qui ne Nous étaient pas utiles. C'est pourquoi Nous avons constamment perfectionné notre expérience de civilisation en civilisation. À ce jour, cette expérience se poursuit. Une fois qu'elle sera achevée, le processus de développement montrera la voie à suivre pour l'avenir. Sur les autres planètes de votre système, tout se déroule normalement. Tout est en ordre partout, sauf sur Terre.

— Si l'on suppose que la Terre parvient à un développement harmonieux, qu'atteindra-t-elle lors de son septième passage à une nouvelle orbitale ?

— La Terre atteint un état de perfection

— Et qu'adviendra-t-il d'elle après cette septième orbitale ?

— Elle n'existera plus sur le Niveau matériel. Elle deviendra une âme unifiée, entamant de nouvelles étapes de perfectionnement sur le plan énergétique, et bien sûr, dans d'autres mondes, dans d'autres états énergétiques de planètes, autrement dit dans d'autres corps. De tels corps existent déjà actuellement, même si vous ne pouvez les voir. Ainsi, dans l'ensemble, c'est un chemin de développement long et global.

* * *

Chapitre 3
La race d'or

LA SIXIÈME RACE (LA RACE D'OR)

Chaque civilisation recèle de nombreux mystères. Les scientifiques ne peuvent que deviner comment se sont déroulées les voies de leur développement, tandis que les Créateurs possèdent leurs propres explications basées sur la connaissance véritable. Nous avons donc commencé par une question simple :

— **Peut-on dire que la sixième race tire son origine de la cinquième ?**

— Oui, la nouvelle race émerge sur la base de l'ancienne par une transformation de la structure énergétique du corps. Il faudra plusieurs siècles avant que la structure interne soit complètement reconstruite et que Nous obtenions ce qui est nécessaire. La physiologie humaine elle-même changera, tout comme son mode de vie.

— **La sixième race ressemblera-t-elle à notre cinquième race?**

— On ne peut pas comparer les races entre elles, car elles sont différentes dans leur construction, même si extérieurement cela vous semblera imperceptible. Tout est différent chez elles : la qualité de leur énergie, leurs programmes, leur mode de vie. Voyez-vous, la raison est la suivante : lorsque Nous avons besoin d'obtenir des âmes d'une qualité particulière, Nous construisons de manière spécifique la structure de leurs corps et créons une civilisation ou une race avec un mode de vie correspondant. Chaque civilisation Nous a fourni un type d'âme précis. Ensuite, elle devenait inutile et était détruite physiquement. Mais les âmes elles-mêmes, avec les énergies requises dans leurs matrices, continuaient à se perfectionner. Et le type d'énergie acquis poursuivait son développement, mais à un Niveau plus élevé. De la même manière, lorsque Nous avons eu besoin de votre énergie, Nous avons créé l'homme de la cinquième race. Maintenant, il faut quelque chose de nouveau, et Nous avons modifié la construction de l'être humain pour qu'elle corresponde aux fonctions assignées au représentant de la sixième race. Les changements sont donc constants, et une race ne peut être comparée à une autre tant elles sont spécifiques et distinctes.

— **Pourquoi appelez-vous la sixième civilisation une race ?**

— Une civilisation est une structure sociale plus ou moins hétérogène, divisée en nations, peuples et autres sous-groupes. La nouvelle sixième race représentera une nation unifiée. Les divisions en groupes et sous-groupes cesseront. Toute la société formera une seule entité — une nation unique, un peuple unique, ce qui devrait contribuer à mettre fin aux guerres. Bien sûr, cela ne se produira pas immédiatement, mais progressivement.

— Combien de temps existera la sixième race ?

— Elle pourrait durer un millénaire, si tout se déroule sans écarts par rapport au programme. Sinon, cela pourrait être plus long. Le programme complet est conçu pour deux mille ans.

— Les civilisations suivantes évolueront-elles plus rapidement?

— Oui. L'accélération se produira, car au fil des transitions des âmes d'une civilisation à une autre, leur Niveau de développement augmente. Dans la sixième race, des âmes avec un plus grand volume de connaissances antérieures entreront, et elles nécessiteront un rythme de développement accéléré.

— Et lors du passage à la septième race, l'accélération du développement sera encore plus importante ?

— Oui, l'accélération augmentera. Cependant, c'est pour l'instant une hypothèse théorique. La pratique apporte ses ajustements. Donc, pour être précis — Nous ne savons pas encore ce qu'il adviendra de votre Terre à l'avenir. Cela pourrait même ne pas se produire. Les êtres humains montrent constamment des écarts vers la dégradation, c'est pourquoi Nous vous observons et réfléchissons à la suite à donner à la Terre. Tout dépend des êtres humains eux-mêmes et de la direction que prendra leur développement.

— Si le rythme de développement s'accélère, le processus de réincarnation changera-t-il également ?

— Oui, les âmes participeront plus fréquemment au cycle de la vie et de la mort. Dans la sixième race, la durée des incarnations et leur nombre changeront, car les âmes seront plus évoluées et se réincarneront plus souvent, en restant moins longtemps dans le plan subtil. En d'autres termes, elles mourront et se réincarneront presque immédiatement dans un nouveau corps. Et comme les représentants de la nouvelle race seront très évolués, leur charge augmentera : une seule personnalité pourra accomplir le programme de quatre personnes de votre civilisation, car elles devront réaliser leurs objectifs en quelques vies seulement, et non en dizaines ou centaines d'incarnations comme auparavant. La sixième race progressera dans son développement bien plus rapidement que la cinquième, non seulement parce que des âmes plus perfectionnées participeront au processus, mais aussi parce que Nous leur avons intégré un mécanisme accéléré pour accomplir leur programme. Nous leur avons offert des capacités extrasensorielles et des aptitudes liées au monde subtil, afin qu'elles atteignent plus rapidement leurs objectifs.

— **L'objectif du développement humain reste-t-il le même, mais perfectionné ?**

— Non. Les représentants de la sixième race auront un objectif différent. Mais ils devront d'abord atteindre celui de la cinquième race, car votre civilisation n'a pas accompli cet objectif.

— **Ils atteindront notre objectif, et quel nouvel objectif leur sera ensuite assigné ?**

— Ils devront développer huit corps subtils, huit enveloppes, et acquérir des connaissances liées à ces corps subtils. Leur cerveau devra également se développer, atteignant au moins 90 % de ses capacités, car la septième race devra le développer à 100 %. Mais, les prémices (débuts) de ce développement doivent commencer dès maintenant, à partir de l'an 2000, afin que les générations futures puissent perfectionner le cerveau à 100 %. Vous savez que la cinquième civilisation, qui devait développer le cerveau à 50 %, ne l'a en moyenne développé qu'à 6 %, avec des cas isolés atteignant 10 %. Ses lacunes sont donc considérables.

— **Si une personne de la sixième race doit combiner trois ou quatre programmes, comment cela influencera-t-il son comportement ? Aura-t-elle du temps libre ?**

— Elle deviendra plus active. Cependant, du temps libre lui sera nécessairement accordé. Un individu sans temps libre n'est pas un être humain, mais un robot. Dans Mes mondes, il y aura toujours du temps libre. L'individu apprendra à mieux utiliser cette liberté et à ne pas la consacrer uniquement aux plaisirs, mais à son propre perfectionnement. Il travaillera ainsi à la fois sur le plan physique et sur le plan spirituel, en mobilisant toutes ses enveloppes. L'objectif des nouveaux programmes complexes est d'amener l'être humain à travailler sur chaque plan qui lui est accessible. Mais cela concerne un avenir lointain. Mais, Nous nous dirigeons vers cela.

— **Ces trois ou quatre programmes se dérouleront-ils successivement ou simultanément ?**

— Simultanément, c'est-à-dire que l'être humain pourra travailler dans plusieurs directions à la fois.

La nature

La nature, bien que familière, recèle de nombreux mystères. À ce sujet, nous avons interrogé Dieu :

— **Comment la mise en œuvre pratique du programme de modification des conditions naturelles sur Terre pour la sixième race est-elle réalisée ?**

— Chaque civilisation, en raison de sa structure énergétique particulière, nécessite un environnement adapté à ses besoins. Si l'énergie de l'être humain change, il faut en premier lieu modifier la structure même de la planète afin que cette énergie puisse s'adapter et perdurer sur Terre. Les structures subtiles et les microstructures physiques de la planète sont saturées d'une nouvelle énergie, transmise directement par l'homme de la cinquième civilisation, notamment par les contacts, les médiums et les récepteurs qui absorbent d'immenses flux d'énergie cosmique pour les redistribuer aux autres êtres humains et aux animaux. Les êtres humains, en s'imprégnant de cette nouvelle énergie, apportent après leur mort, par la décomposition de leur corps, une énergie transformée et assimilée dans leurs cellules. Ainsi, la composition énergétique des sols et de leurs éléments constitutifs évolue, ce qui entraîne une transformation de la base énergétique du règne végétal et animal. C'est ainsi que la base qualitative du plan terrestre sera reconstruite.

Par ailleurs, actuellement, une radiation très élevée atteint la Terre. Elle diminuera par la suite pour se stabiliser à un niveau normal. Mais, cette énergie intense, que Nous déployons sur la planète, entraînera des mutations dans la structure de tous les organismes vivants. De nouvelles espèces de plantes apparaîtront, tout comme de nouveaux animaux. Ces mutations résulteront de l'impact de cette nouvelle énergie, complétée par l'effet initial de la radiation. Mais les radiations n'affecteront d'abord que les mutations, puis elles s'arrêteront et se transformeront en formes stables du monde animal et végétal.

— **Le paysage terrestre sera-t-il modifié ?**

— Oui, absolument. Les conditions naturelles, telles que la température de l'environnement et la végétation naturelle, ne changeront que légèrement. Mais, les paysages eux-mêmes subiront des transformations, processus qui a déjà commencé. La surface terrestre diminuera, tandis que les étendues aquatiques augmenteront. Ces changements initiaux de la surface terrestre se produiront par le biais de cataclysmes. L'an 2000 marquera le début des transformations majeures, qui se poursuivront dans le temps. Beaucoup de terres seront submergées. Mais, dans un siècle, tout se stabilisera : les ouragans destructeurs, les tremblements de terre et les inondations cesseront.

— **Dans quel but la superficie des océans augmentera-t-elle ?**

— Tout cela est lié aux transformations énergétiques. La nouvelle sixième race générera une énergie immense, ce qui nécessitera une augmentation des énergoréservoirs. L'eau, dotée d'une grande énergocapacité, jouera le rôle de stockage d'énergie à un Niveau accru. Ainsi, l'augmentation des surfaces aquatiques correspond à l'accroissement des énergoréservoirs de la Terre. Chaque changement des conditions naturelles est actuellement lié à l'apparition de cette nouvelle race.

— **La voûte céleste changera-t-elle pour la sixième race ?**

— Oui, mais légèrement. D'ailleurs, elle a déjà commencé à changer. Les scientifiques américains ont observé des déplacements d'étoiles : certaines ont disparu, tandis que d'autres sont apparues. La transition de la Terre vers une nouvelle orbitale, symbolisant la transformation de son état énergétique, entraînera des modifications dans l'échange énergétique entre les corps célestes. De nouvelles formes d'énergie à haute fréquence seront nécessaires, impliquant également de nouveaux émetteurs de haute fréquence. Ces besoins seront à l'origine des changements dans le ciel terrestre.

Les changements de l'être humaine

L'avenir est toujours incertain. Mais parfois, il est possible d'en apprendre un peu plus à son sujet à travers les « paroles » de Dieu. Nous avons décidé de poser quelques questions, non pas pour nous-mêmes, mais pour l'humanité tout entière.

— **Actuellement (en 1999), la population mondiale est en diminution, bien que l'humanité dans son ensemble soit très nombreuse, avons-nous dit à Dieu. Dans le futur, comme Vous l'avez mentionné auparavant, il est prévu de ne conserver qu'un tiers de la population terrestre. Dans quels corps progresseront alors les âmes restantes ?**

— Une partie des âmes sera **décodée*** (supprimée). Une petite partie s'élèvera au Niveau inférieur de la Hiérarchie, tandis que la majorité sera transférée dans des mondes inférieurs. Quant à celles qui répondent aux critères qualitatifs requis, elles passeront dans la sixième race. Dans cette nouvelle race, un cycle intensif de renouvellement des âmes se produira : certaines partiront, et d'autres viendront immédiatement les remplacer. Mais, ces âmes naîtront déjà dans des corps nouveaux et perfectionnés, préalablement imprégnés et saturés d'énergie issue de la Terre. Cette énergie accrue sera transmise génétiquement au corps physique. Cela n'existait pas dans la cinquième race, car il n'y avait pas de source d'énergie suffisante. Mais à partir de l'an 2000, ce processus commencera à se mettre en place.

— **Pourquoi est-ce nécessaire ?**

— Dans les nouvelles conditions, où tout ce qui existe sera doté d'une énergie plus élevée, il sera plus facile pour l'être humain de vivre. Par exemple, si des messagers comme vous, des personnes dotées d'une énergie accrue, sont incarnées dans des corps physiques insuffisamment préparés — comme c'est le cas actuellement, vos corps étant inadéquatement adaptés —, cela entraîne une « combustion » de la matière et divers troubles physiques. De même, ces déséquilibres se produiront chez d'autres individus. Une énergie plus puissante commencera à percer les enveloppes matérielles. Cela ne se produira plus avec la nouvelle race. **Nous établissons une nouvelle fondation génétique énergétique** qui soutiendra le corps physique au niveau d'énergie très élevé. Cela permettra de créer un potentiel énergétique plus important pour le corps physique. L'âme, qui arrivera dans un corps préparé, possèdera également un immense énergopotentiel, et ces deux entités seront en parfaite adéquation. Cela permettra à l'âme de vivre de manière très harmonieuse et sans douleur, ce qui éliminera naturellement de nombreuses maladies affectant l'enveloppe extérieure.

— **Vous avez mentionné que certaines âmes de la cinquième race passeront dans la sixième. Quels critères de développement seront pris en compte pour cela ?**

— Étant donné que la sixième race sera davantage spirituelle, seules les âmes ayant atteint un certain Niveau de développement spirituel et intellectuel pourront y entrer. L'être humain devra être globalement développé. Les âmes qui n'auront pas atteint les critères requis seront dirigées vers des mondes inférieurs, car elles ne seront pas capables de supporter les charges et les responsabilités qui incomberont à l'être humain du futur.

— **En quoi l'homme de la sixième race différera-t-il de celui de la cinquième race ?**

— Les humains auront une connexion plus étroite entre leur corps matériel et leurs enveloppes subtiles. Des changements se produiront dans la structure même des enveloppes subtiles : leur nombre augmentera, passant de sept à neuf. Cela entraînera la maîtrise de capacités telles que la lévitation, la télépathie, la sortie du corps physique et d'autres aptitudes qui, à l'heure actuelle, ne sont qu'à l'état embryonnaire. Mais, ces capacités ne se révéleront pas de manière aléatoire ou sur simple volonté, mais conformément à un programme précis.

L'horizon de l'être humain s'élargira et une personne (sans instruments)* pourra percevoir des objets dans le Cosmos qui ne sont pas perceptibles pour votre contemporain. De plus, les humains de la sixième race seront capables de voir les mondes parallèles de la Terre et ceux parallèles à l'existence cosmique. Par conséquent, ils pourront observer d'autres formes de vie. Tout cela sera rendu possible grâce à leur capacité à sortir du corps physique. Ces humains pourront voyager dans des états subtils, se dématérialiser dans l'espace et maîtriser d'autres compétences encore incompréhensibles pour l'humanité actuelle. La sixième race est conçue pour une existence complexe.

— **Pourront-ils percevoir les fréquences infrarouges et ultraviolettes ?**

— Oui, bien sûr, car leurs facultés se raffineront. Bien que cela soit déjà accessible à certains représentants de la cinquième race, le spectre de perception de la sixième race sera plus large. De plus, certains d'entre eux pourront voir à travers des objets matériels comme à travers du verre transparent. Toutes ces nouvelles capacités seront possibles grâce aux modifications des structures subtiles de l'être humain. Et puisque leur constitution différera de celle des individus de la cinquième race, leur alimentation évoluera également en partie. Leur régime consistera principalement en aliments d'origine végétale, du poisson (au début), ainsi qu'en une abondance de produits issus des mers et des océans. Mais, le point essentiel est que, parallèlement à leur nourriture matérielle habituelle, ils recevront un supplément énergétique de leur Déterminant, envoyé depuis le Cosmos. Toutefois, seuls les individus des septième et huitième races passeront entièrement à ce nouveau type d'énergie.

— **Dans la cinquième race, l'être humain a déjà considérablement développé son enveloppe astrale. Continuera-t-elle à se perfectionner dans la nouvelle race, et cela impliquera-t-il un développement des arts qui influencent cette enveloppe ?**

— Pendant un certain temps, dans la sixième race, il subsistera encore d'autres Niveaux de développement. Par conséquent, au début, il sera nécessaire d'avoir des arts pour perfectionner leurs enveloppes, car celles-ci ne seront pas encore au Niveau requis.

Le mal et les guerres

— **Actuellement, les relations entre les humains sont loin d'être idéales : il existe de la méchanceté, de l'envie. Ces traits seront-ils éradiqués dans la prochaine race ?**

— Dans un futur proche, ces traits persisteront sur le plan terrestre, mais dans une moindre mesure. En outre, leurs fondements changeront, tout comme leurs modes d'expression. L'humain commencera à envier non pas tant les biens matériels, mais davantage les qualités spirituelles. Les caractéristiques négatives auront donc une autre base.

— **On dit que dans la sixième race, les forces du mal changeront de tactique et commenceront à agir par le charme et l'amour. Actuellement, par exemple, elles agissent par la tromperie et l'agression.**

— Le Diable commence toujours par le charme et termine par le mal.

— Quels seront les objectifs du mal dans la nouvelle race ?

— Ils resteront les mêmes que dans la cinquième race : soumettre autant d'individus que possible, les détourner du chemin véritable qui mène à la Hiérarchie positive, et attirer le plus grand nombre d'âmes dans leur Système négatif.

— Si les forces du mal persistent, y aura-t-il encore des guerres sur Terre ?

— Lors de la toute première phase de développement de la société, ce qui, selon votre calcul, représente une période de cent à deux cents ans, ou au maximum trois cents ans, les guerres continueront. Cela s'explique par le fait que la nature humaine ne sera pas encore suffisamment transformée, et qu'avec elle, de nombreuses qualités négatives de la cinquième race seront transmises. Cependant, avec l'introduction de nouveaux programmes et d'un nouvel environnement de vie, ces traits seront progressivement éliminés.

— Cela sera-t-il lié à la disparition des États (Nations) ?

— Cela sera lié à l'établissement sur Terre du véritable royaume des humains, tel qu'il devrait y être, ainsi qu'à l'éradication du Diable sur Terre. En d'autres termes, il faudra éliminer les sources qui alimentent Son Système. L'exclusion définitive du Diable devra impérativement avoir lieu au cours de la sixième race. Cette race devra l'expulser totalement en détruisant en elle-même tout ce qui constitue sa base. Cela sera, avant tout, lié à la perfection de l'âme humaine et à une prise de conscience de soi si élevée que les tentations et plaisirs bas deviendront inutiles à l'homme. Ils seront rejetés par son âme et deviendront aussi répugnants pour lui que la consommation de viande crue l'est pour un être humain civilisé. Ce qui est un mets délicieux pour un sauvage suscite du dégoût chez une personne hautement civilisée. Et cela représente déjà un progrès de l'âme.

À la fin de la sixième race, l'homme devra atteindre un tel Niveau de développement que tous ces plaisirs, qui suscitent encore des émotions positives chez un individu moyen actuel, provoqueront un rejet chez un être hautement évolué. Lorsque le mal disparaîtra de l'âme humaine, il disparaîtra également de la Terre. C'est la chose principale que l'humanité devra comprendre.

L'organisation sociale

— À quoi ressemblera la vie sociale dans cette nouvelle civilisation ? Sur quoi sera-t-elle fondée ?

— La cellule familiale restera le fondement de la société, comme une unité de cet immense organisme. Les familles existeront tant que l'homme restera sous sa forme actuelle. Les idéaux supérieurs (les plus élevés) demeureront, mais ils prendront des formes plus réalistes. L'homme saura vers quoi tendre et pour quelle raison. La société continuera de reposer sur l'amour, le respect mutuel et des objectifs communs, mais ces principes se manifesteront à un Niveau supérieur. Toutefois, les relations familiales seront ajustées.

— L'État existera-t-il encore dans la sixième race ?

— Au début, l'État subsistera pendant un certain temps. Il sera nécessaire pour maintenir l'ordre parmi les différents peuples. Mais, la structure qualitative de la société évoluera tout au long du millénaire. Les nations et ethnies ne subsisteront qu'au début de la sixième race. Ensuite, les anciennes formes disparaîtront naturellement, laissant place à une nouvelle race. La Terre accueillera une seule nation ou, simplement, une seule race, limitée dans son expansion territoriale, car une grande partie des terres sera recouverte par les eaux. Ainsi, il n'y aura qu'une nation unique sur Terre, une race unique, et donc, l'État deviendra obsolète. Pour cette raison, il n'y aura plus de guerres, car il n'y aura personne contre qui se battre. Et bien sûr, il ne faut pas oublier la conscience élevée des humains eux-mêmes. Avec le temps, un nouvel ordre social émergera.

— Qui sera à la tête de la nouvelle race : une femme ou un homme ?

— Pendant un certain temps, à partir du deuxième millénaire (l'an 2000), les dirigeants changeront fréquemment. Actuellement, ce sont les hommes qui gouvernent. Mais après un certain laps de temps, ils seront remplacés par des femmes, qui dirigeront la société pendant un certain temps, avant que les hommes ne reprennent les rênes.

Le fait est que, selon le programme du Niveau précédent sur lequel la Bible a été écrite, Nous avons mis les hommes à la tête. C'est pourquoi la Bible a été écrite pour ces hommes. Ils devaient atteindre un haut Niveau de développement et utiliser leur cerveau à 50 %, et non à 6 %, comme c'est le cas aujourd'hui. Mais ils n'ont pas réussi à atteindre le Niveau prévu il y a deux mille ans.

Cela a conduit à une dégradation généralisée. Les relations familiales ont également évolué de telle manière que les femmes portent le poids de leur mari et de toute la famille, ce qui n'est pas conforme aux Lois Bibliques. Par conséquent, à l'approche de l'an 2000, les femmes ont pris la première place, bien que cela n'ait pas été initialement prévu.

Ainsi, au début de la prochaine ère, les femmes domineront pendant environ quatre à cinq cents ans, voire moins, selon la manière dont les hommes « se redresseront » et comment l'humanité évoluera. La liberté de choix étant donnée, l'humanité continuera à en user, bien que les programmes deviennent légèrement plus stricts. En conséquence, le pourcentage de libre arbitre diminuera pour corriger les dérives de la cinquième race. En raison de tout cela, les femmes dirigeront pendant la première moitié du prochain millénaire. Mais ensuite, les hommes acquerront les qualités qu'ils auraient dû posséder auparavant, et ils les développeront en quantité suffisante pour combler les lacunes tant au niveau personnel que social. Cette race s'élèvera correctement et portera avec honneur le nom de race d'Or.

— **Sera-t-elle appelée la Race d'Or ?**

— Oui. Elle a déjà reçu ce nom, mais pour l'instant, elle ne l'a pas encore pleinement mérité.

— **Quelles sont les qualités de la Race d'Or ?**

— Ce sera une race dotée d'une énergie très élevée par rapport à toutes les civilisations précédentes. Autrement dit, la population de la Terre diminuera de deux tiers (2/3) par rapport à aujourd'hui, mais elle produira deux à trois fois plus d'énergie pour le Cosmos, c'est-à-dire pour des Systèmes hiérarchiques spécifiques. Un individu travaillera à lui seul comme trois ou quatre membres de votre race actuelle. C'est précisément pour cette raison qu'il a été nécessaire d'augmenter considérablement la superficie des mers et des océans, qui serviront de réservoirs pour évacuer les excès d'énergie. Dans un premier temps, alors que la superficie des océans ne sera que légèrement augmentée, les humains commenceront à utiliser l'or et les pierres avec une structure cristalline rigide pour disperser l'excès d'énergie.

Ainsi, au début, l'énergie des humains sera absorbée et stockée dans les métaux précieux et les pierres. C'est pourquoi les gens les révéreront. Mais si, aujourd'hui, les humains ne savent pas pourquoi l'or est considéré comme un métal précieux parmi d'autres, dans la sixième race, ils comprendront la vérité sur son utilité et celle des bijoux. L'idolâtrie à leur égard cessera, et les humains apprendront à apprécier leurs véritables propriétés.

— **Quelles sont ces propriétés ?**

— L'or est un accumulateur et un conducteur d'énergies subtiles. C'est pourquoi les coupoles des églises devaient être en or. Dans la sixième race, les humains découvriront de nombreuses nouvelles propriétés de l'or et des pierres précieuses.

— **L'or absorbera-t-il l'énergie des humains ?**

— Il absorbera et stockera leurs excès d'énergie.

— **Si la sixième race produit beaucoup d'énergie, disposera-t-elle de méthodes spécifiques pour cela ?**

— Il n'y aura pas de méthodes particulières. Le corps humain commencera à produire trois à quatre fois plus d'énergie, et tout cela sera réalisé grâce à leur structure spéciale et grâce au programme établi pour eux. Bien sûr, leur apparence extérieure restera similaire à la vôtre actuelle, mais leur **potentiel de puissance*** augmentera considérablement (plusieurs fois), tout comme le **pompage d'énergie*** de leurs enveloppes subtiles. Et au-delà de la quantité, la qualité de l'énergie produite deviendra primordiale. Elle évoluera pour répondre aux standards exigés par Nous (dont Nous avons besoin).

— **La qualité de l'énergie produite par l'humain dépendra-t-elle d'un mode de vie correct ou de la construction améliorée de son être ?**

— Les deux aspects sont importants. Plus précisément, un mode de vie correct découle de **la construction améliorée, laquelle dépend du Niveau de développement de l'âme**. Ainsi, si la construction de l'enveloppe extérieure et des composantes subtiles change avec le passage d'une civilisation ou pour d'autres raisons, le mode de vie de l'être change en conséquence. Les méthodes d'alimentation, les habitations, et même l'organisation des villes et l'environnement changeront. Dans la sixième race, davantage de forêts et de végétation seront plantées.

La production

Dans chaque civilisation, la vie sociale et industrielle se déroule à sa manière : les technologies, les matériaux utilisés par les humains sont modifiés, les relations mêmes entre les différentes couches de la société changent. Ainsi, à l'aube de la naissance d'une nouvelle race, une question raisonnable s'est posée :

— La nouvelle race se développera-t-elle à travers les relations productives (industrielles) ou agricoles ?

— Durant la période de transition, les deux subsisteront. Les humains ne pourront pas produire quoi que ce soit individuellement, c'est pourquoi les grands sites de productions collectives continueront d'exister pendant trois à cinq siècles. Par la suite, elles ne seront plus nécessaires.

— Avez-Vous des exemples similaires sur d'autres planètes ?

— Sur des planètes semblables à la Terre ? Oui, Nous en avons.

— Si les productions (industrielles) persistent, l'exploitation d'humains par d'autres dans le cadre des anciennes relations productives continuera-t-elle ?

— Jusqu'au milieu du millénaire, l'exploitation du travail d'autrui se maintiendra. Mais, parallèlement, le libre esprit créatif et l'harmonie avec la nature prendront de l'ampleur. Les humains ne peuvent pas encore imaginer d'autres voies de développement et ignorent que la nature contient tout ce qui est nécessaire pour vivre. Ces ressources peuvent être utilisées sans techniques complexes ni grandes productions. En exploitant correctement les ressources naturelles, une personne pourrait vivre seule, sans dépendre de la société ni d'un toit.

— La technologie terrestre et spatiale continuera-t-elle à se développer dans la nouvelle race ?

— Oui, elle continuera de s'améliorer jusqu'à ce que les humains développent les capacités que Nous leur avons programmées. Les humains surpasseront les générations actuelles en termes de développement et d'énergopotentiel. À l'heure actuelle, les individus ordinaires sont comparables, en termes de développement, à des ordinateurs. Par conséquent, les ordinateurs dominent les individus moins évolués. Dans la nouvelle race, les humains les surpasseront largement, même si les ordinateurs progresseront également, mais dans une moindre mesure. Ils ne seront plus en mesure de les dominer. La connexion avec la nature et sa compréhension se développera vers la fin de la sixième race. Jusque-là, les humains continueront de s'intéresser à la technologie. Mais, une technologie plus avancée, notamment spatiale, sera alignée sur la nature et exploitera son énergie pure.

La nature offrira des opportunités permettant aux appareils de fonctionner grâce à des substances naturelles. Les humains apprendront à utiliser des ressources invisibles pour eux aujourd'hui. Vers la fin de la sixième et le début de la septième race, les humains maîtriseront ces capacités, ce qui leur permettra de manipuler les propriétés naturelles. Ils pourront se déplacer avec ou sans leur corps, transporter des objets, et la nécessité de la technologie disparaîtra entièrement. À l'heure actuelle, de tels cas isolés terrifient les gens et les rendent fous. Pourtant, ces manifestations sont normales et constituent les caractéristiques naturelles des humains du futur.

— **Donc, lorsque les ressources terrestres actuelles seront épuisées, l'humanité trouvera de nouveaux types d'énergie ?**

— Dans un premier temps, elle utilisera les anciennes sources d'énergie, car les nouvelles nécessiteront également des moyens techniques puissants, que les humains ne posséderont pas au début de la nouvelle ère. Mais ensuite, Nous les guiderons et les aiderons.

— **Quelles seront les forces motrices du développement de la société ?**

— La force motrice de la société sera une nouvelle religion, c'est-à-dire un domaine de Nouvelles Connaissances spécifiques. Elle favorisera l'avancement de l'individu vers son objectif.

— **Dans cette nouvelle société, des règles spécifiques seront-elles introduites pour honorer les Supérieurs et Dieu ?**

— Oui, l'ancienne religion s'effacera progressivement, car de nouveaux individus dotés d'une conscience renouvelée apparaîtront. Ils comprendront la véritable nature des phénomènes dans le Cosmos. Les lois et règles de soumission dans les Hiérarchies du Cosmos leur seront révélées, ainsi que les principes de vénération et de soumission envers les Supérieurs, parallèlement aux Lois et règles de gestion des subordonnés.

— **Quel objectif principal l'humanité poursuivra-t-elle dans la sixième race ?**

— L'objectif principal sera la perfection de l'âme. Cela reste constant pour toute civilisation.

La famille

Le temps apporte de la nouveauté non seulement au paysage environnant, mais aussi à la vie de l'homme, à son quotidien et à sa sphère sociale. Chaque siècle imprime une teinte particulière aux relations familiales. Nous savons bien comment elles se sont développées dans le passé, mais qu'en sera-t-il dans l'avenir ? Nous avons posé cette question à Dieu.

— Vous avez dit que les relations familiales dureront dans la prochaine race. Sur quoi reposera la famille : sur l'amour, des relations économiques ou d'autres objectifs ?

— L'amour demeure essentiel dans les relations entre les individus, et le mariage doit être fondé sur cette base.

— Quels objectifs principaux le mariage poursuivra-t-il dans la race d'Or ?

— L'objectif principal sera le perfectionnement mutuel des partenaires. L'objectif de la procréation et de l'éducation d'une descendance digne demeure également.

— Quels paramètres seront pris en compte d'En Haut pour choisir les couples ?

— Le Niveau d'énergie sera pris en compte, et donc le Niveau de développement des deux, ainsi que le degré de spiritualité. De nombreux paramètres seront pris en compte. Chaque individu bénéficiera d'un programme et d'un accompagnement personnalisé.

— Actuellement, nos mariages mélangent des individus très évolués et d'autres moins. Cette tendance se poursuivra-t-elle ?

— Les nouvelles relations sociales transformeront considérablement les interactions humaines. Les relations conjugales évolueront aussi. La famille deviendra plus stable et plus solide, car sans cette base, il est impossible de construire une société pérenne. Les relations familiales se fonderont sur des partenaires de Niveau similaire, ce qui permettra d'éviter les mariages instables. La nouvelle race sera composée d'âmes plus mûres que celles de la cinquième race, et ces âmes auront développé des capacités telles que la « vision » du partenaire et des autres individus. Bien que tous ne possèdent pas cette capacité, au moins un des deux membres du couple l'aura.

En outre, leur intuition et leur perception des structures énergétiques des êtres seront développées. Ces individus uniques, dotés soit de télépathie, soit d'intuition, soit d'une logique analytique poussée, pourront comprendre la véritable essence d'une personne et éviter d'unir leur vie à quelqu'un dont l'essence serait incompatible.

Évidemment, différentes méthodes seront proposées pour évaluer la compatibilité des futurs conjoints. Le choix du partenaire optimal dépendra de l'expérience et de la maturité de l'âme de chacun. Les mariages inadaptés ne se produiront plus. Si, exceptionnellement, un individu choisissait un partenaire inapproprié, son Déterminant lui enverrait des signes pour souligner leur incompatibilité. Cela élèvera considérablement la qualité des relations familiales.

— **Les mariages devront-ils durer toute une vie, ou pourra-t-on les rompre en fonction des circonstances ?**

— La dissolution (divorce) du mariage disparaîtra d'elle-même. Dans la race dorée, les individus atteindront un niveau de développement tel que s'ils s'unissent, ce sera pour la vie. L'incompatibilité entre partenaires sera évidente dès la première semaine de leur rencontre. Avant même de se marier, ils percevront leurs divergences. Ainsi, au moindre ressenti d'inadéquation, ils se sépareront immédiatement, sans prolonger la relation inutilement. Par conséquent, tous les désaccords et ruptures auront lieu avant l'union officielle.

— **Si une personne constate qu'elle ne peut pas atteindre la perfection avec son partenaire choisi, pourrait-elle rompre un tel mariage ?**

— Un tel mariage ne se concrétisera pas. Dès la première rencontre, tout sera clair. Les individus de la sixième race cesseront de se tromper dans le choix de leur partenaire.

— **Quelles seront les évolutions concernant les enfants ? Naîtront-ils de manière traditionnelle ?**

— La physiologie de la naissance restera identique à celle de la cinquième race. Mais, le développement des enfants suivra une autre voie. Leur jeunesse, telle qu'elle est actuellement programmée jusqu'à 14 ans, sera supprimée. En d'autres termes, la période consacrée aux jeux d'enfants et aux jouets, considérée comme une perte de temps inutile, sera éliminée. Nous avons conclu que ces activités contribuent peu au développement et gaspillent une quantité précieuse de temps lors de chaque réincarnation. Une telle perte de 14 années est inacceptable pour Nous. C'est pourquoi Nous modifions le programme de l'enfance dans la nouvelle race.

— **Comment se déroulera alors le développement de l'enfant?**

— Jusqu'à l'âge de deux ans, l'enfant se concentrera principalement sur la maîtrise de son corps physique, comme actuellement. Tout le reste sera modifié. Extérieurement, l'enfant se développera de manière similaire, mais son comportement évoluera en accord avec le nouveau programme intégré. Les enfants seront extrêmement intelligents, leur intellect sera très développé. Imaginez un enfant de trois ans raisonnant comme un adolescent de quatorze ans. Leur développement intellectuel accéléré débutera dès la naissance. Ainsi, à l'âge de 14 ans, ils auront déjà atteint une maturité complète sur le plan de la conscience.

— **Et après quatorze ans, comment leur développement progressera-t-il ?**

— À partir de quatorze ans, ils recevront une éducation universitaire ainsi que d'autres formations spécialisées, y compris au niveau académique. L'école elle-même changera. Elle deviendra comme une académie contemporaine. Nous avons déjà mené des expériences similaires sur des enfants dans votre race, et vous les avez appelés prodiges. C'étaient Nos, pourrait-on dire, échantillons expérimentaux. Ils n'ont pas réussi à s'intégrer dans votre société ni à trouver leur place dans la vie à cause de leur inadéquation avec leur environnement. Pour eux, seule la phase de l'enfance était testée, tandis que la vie adulte n'avait pas d'importance. Ces prodiges ont obtenu de bons résultats, que Nous avons décidé d'utiliser par la suite.

— **Une surcharge psychologique peut-elle se produire avec un tel programme chargé pour un enfant ?**

— Non, il n'y aura aucune surcharge, car le potentiel énergétique des âmes utilisées pour cela est plus élevé que celui de l'homme moderne. À leur Niveau, ces charges sont tout à fait normales. Comparé à eux, l'homme actuel est comme un nourrisson. De plus, il existe d'autres planètes où une telle enfance a été testée dans le cadre d'un programme entièrement déployé (développé), et les résultats dépassent largement ce que Nous avons obtenu sur Terre. Dans ces civilisations, les enfants et les adultes sont très intelligents, ce qui leur permet de réaliser un bond considérable dans leur développement. Si Nous comparons leur civilisation à la vôtre, les personnes de votre planète sont insignifiantes, presque inexistantes.

— S'agit-il de ces êtres qui visitent notre Terre dans des engins volants ?

— Non, ce ne sont pas eux. Bien qu'il existe des civilisations matérielles très intelligentes, elles ne viennent pas de cette planète. Quant à celles mentionnées, elles ne vous ont jamais visités, car elles n'ont rien à faire ici. Toute civilisation hautement développée ne s'intéresse pas nécessairement à une civilisation peu développée.

La vieillesse

La vieillesse a toujours pesé sur l'homme. Elle le rend impuissant, malade, faible, le forçant à quitter une vie active pour mener une existence misérable dans l'inaction. Il Nous semble que les humains perdent ainsi des décennies, alors que sans vieillesse, ils pourraient les consacrer à leur propre développement et à celui des autres. C'est pourquoi Nous avons décidé d'interroger Dieu à ce sujet.

Le dialogue avec Lui se poursuit :

— Que dites-Vous de la vieillesse ?

— La vieillesse n'existera plus. Nous avons conclu que le modèle humain le plus économique est celui de l'âge moyen. Dans la race d'Or, l'apparence prédominante sera celle d'une personne âgée de trente ans, ce qui offrira à l'homme plusieurs avantages pour son perfectionnement. La vieillesse était nécessaire à l'homme de la cinquième race comme mesure éducative supplémentaire pour développer des qualités telles que la compassion envers les faibles, le respect envers les aînés, etc.

La vieillesse permettait à l'homme de revoir toute sa vie sous un angle nouveau. Ce que la jeunesse ne pouvait pas offrir à la compréhension, la vieillesse le donnait. En d'autres termes, la vieillesse était une méthode éducative stricte pour des individus peu développés, ayant peu de compréhension de la vie et étant trop égoïstes.

Pour une personne plus évoluée, ayant parcouru un chemin évolutif suffisamment long, la vieillesse ne sera plus nécessaire, car son Niveau de conscience est élevé et les qualités nécessaires ont déjà été acquises par son âme. Dans les Mondes Supérieurs, le concept même de vieillesse n'existe pas, car toute Personnalité Supérieure devient plus puissante, plus belle et plus sage avec l'âge, à l'inverse de votre réalité physiologique, où le vieillissement aboutit au contraire à un affaiblissement. Mais, avec l'entrée de l'homme dans un nouveau cycle de développement, le besoin de vieillissement du corps a disparu.

De plus, Nous économisons l'énergie dépensée pour les processus de vieillissement. En effet, pour vieillir un corps matériel selon un programme, c'est-à-dire passer d'un organisme jeune à un organisme âgé en inversant tous les processus vers le déclin, des dépenses énergétiques colossales sont nécessaires. Mais pour l'éducation de l'homme, Nous avons accepté de telles dépenses. C'est pourquoi un modèle de race humaine sans vieillesse devient économiquement avantageux pour Nous.

— **Vous supprimerez la vieillesse, mais les maladies resteront-elles dans la nouvelle race ?**

— Au départ, elles resteront. Mais, la morbidité des organes internes consomme également beaucoup d'énergie, ce qui devient économiquement désavantageux. Les maladies sont nécessaires à un faible Niveau de développement, car elles forcent l'individu à se découvrir et à découvrir les autres, et elles activent sa personnalité dans ses activités. Grâce aux maladies, des domaines de connaissance tels que la médecine et des industries auxiliaires se sont développés. Les maladies ont également contribué au perfectionnement spirituel en cultivant des qualités telles que la miséricorde, et à l'augmentation de l'intelligence, car l'homme cherchait à se comprendre lui-même ainsi que les causes des maladies.

L'homme de la sixième race surpassera intellectuellement de loin son prédécesseur, rendant le chemin de développement à travers les maladies obsolète. L'homme aura une autre compréhension et des voies de progression complètement différentes lui seront offertes. Tout changera. Mais cela reste encore très lointain. Beaucoup de temps s'écoulera avant que l'humanité n'atteigne ce Niveau. Mais, il est possible que l'absence de vieillesse et de maladies ne se concrétise pas dans la sixième race, mais dans la septième, en fonction de l'évolution. Tout dépendra de l'homme lui-même.

— **Quelles maladies disparaîtront, et lesquelles continueront d'exister dans la sixième race ?**

— La peste, le choléra et la tuberculose, qui reposent sur une énergie très basse des individus, disparaîtront complètement. Les maladies dues au froid resteront. Quant aux maladies des organes internes, elles persisteront jusqu'à environ la moitié de la nouvelle race, avant le début du prochain Niveau de développement. Les autres maladies subsisteront presque toutes, mais leur nombre commencera à diminuer. Parallèlement, aux côtés des individus en bonne santé, continueront d'exister des malades, mais les stades des maladies deviendront de moins en moins graves. Cependant, avec le temps, les maladies disparaîtront, car le Niveau de développement futur de l'homme lui permettra de réguler entièrement son état physique.

— **Mais alors, le principe des réincarnations deviendra-t-il obsolète ?**

— Pas dans la sixième race. Mais dans la septième race, cela deviendra possible, car l'homme aura une compréhension différente de sa vie et de sa mission. Si une personne souhaite continuer d'exister, elle vivra aussi longtemps que nécessaire, car elle commencera à comprendre véritablement pourquoi elle a été envoyée ici et s'efforcera d'acquérir les qualités nécessaires. Par conséquent, elle cherchera à accomplir plus rapidement son programme personnel, à atteindre ses objectifs et à revenir auprès de Nous. L'objectif sera de faire progresser la conscience de l'homme jusqu'au Niveau presque équivalent à celui des Déterminants. Un tel individu sera capable de gérer sa propre mort : l'accélérer ou la retarder. S'il souhaite quitter définitivement son corps physique, il le fera ; et s'il souhaite le quitter temporairement, il en sera également capable. Il maîtrisera librement l'entrée et la sortie de son corps physique.

La moralité

Depuis toujours, le comportement humain a été restreint par certaines règles. L'homme n'a jamais été totalement libre dans ses actions. Ces restrictions sont perçues comme des normes morales et éthiques. Mais d'où viennent-elles, et dans quel but ? Ces normes subsisteront-elles dans les races futures ? Nous avons décidé de poser la question à Dieu.

— **Comment les normes morales évolueront-elles dans la race d'Or ?**

Dieu répond :

— La moralité et l'éthique constituent une organisation sociale des masses humaines. Avec le temps et selon le Niveau de développement de la société, elles changent. Chaque siècle a ses propres normes morales, car elles régulent les relations internes au sein du milieu social. Au début du prochain siècle, la moralité et l'éthique resteront au Niveau de l'époque actuelle (1998), mais à partir du milieu du deuxième siècle, elles s'élèveront brusquement. En effet, d'ici la fin du siècle suivant, toutes les âmes inférieures cesseront de se réincarner sur Terre, ayant achevé leur cycle. La planète ne comptera plus que des représentants de la sixième race. Et comme ce seront des âmes plus élevées par rapport aux âmes de la cinquième race, elles auront besoin de normes morales et éthiques plus élevées. Dans cent ans, les gens auront changé qualitativement de 50 à 70 %, ce qui modifiera leur comportement et leurs aspirations internes.

— **Quelle sera la principale qualité des individus de la sixième race ?**

— Ce sera évidemment un sens élevé de la responsabilité, tant pour leurs paroles que pour leurs actes, ainsi qu'un fort sentiment du devoir.

Les septième et huitième civilisations

— **Que pouvez-vous dire des septième et huitième civilisations sur Terre ?**

— N'anticipons pas trop, car ces civilisations pourraient ne jamais exister, comme Nous l'avons déjà mentionné. Tout dépendra du développement de la sixième race, qui sera le facteur déterminant de tout ce qui suivra. Mais pour faire court, le mode de vie des peuples des septième et huitième civilisations sera totalement différent de celui des peuples de la cinquième race. Il n'y aura ni maisons, ni industries sur Terre, seulement des forêts et de l'eau. Contre les intempéries, les gens pourront se protéger grâce à leur haute énergie, en créant avec leur aide autour d'eux des sphères protectrices qui les mettront à l'abri de tous les facteurs défavorables. De plus, ils apprendront, plus tard, également à maîtriser les phénomènes météorologiques, ce qui leur permettra de contrôler le climat selon leurs préférences. Évidemment, ces transformations ne seront ni chaotiques ni localisées, mais prendront la forme d'une action collective coordonnée selon les lois du développement de la société unifiée, coordonnant les changements météorologiques et climatiques, où les désirs, les opportunités et les objectifs communs de développement de l'ensemble de la société sont pris en compte.

— À quoi les gens des septième et huitième races consacreront-ils leur vie ? Quelle sera leur activité principale ?

— Ils n'auront pas besoin de travaux physiques lourds. Avec la transformation de la structure énergétique du corps, leur mode de vie changera complètement. Ils se consacreront uniquement au perfectionnement de leur âme. Leur structure énergétique sera si affinée qu'ils n'auront plus besoin de nourriture grossière. Leur alimentation se limitera à l'eau et à certains types de végétation, principalement des feuilles.

La durée d'existence des civilisations

— Quelle a été la durée d'existence des civilisations passées ?

— Les intervalles de temps ont été variés. En soi, le temps ne signifie rien pour vous, car votre vie est très courte en comparaison. Mais Nous pouvons donner des repères globaux. La première civilisation a existé peu de temps, car elle présentait de nombreux défauts nécessitant des ajustements. La deuxième a duré plus longtemps, la troisième a eu une durée intermédiaire. Nous équilibrions ainsi le temps d'existence. La quatrième civilisation a duré plus longtemps que la troisième. La durée d'existence des civilisations formait pratiquement une courbe ondulante.

— De quoi dépendait la durée de leur existence ?

— De nombreux facteurs. C'était Notre expérience. Elle était testée, ajustée, perfectionnée. Mais tout cela converge vers une seule finalité : répondre aux besoins du Cosmos.

— Quel type de civilisations a besoin de plus de temps pour évoluer : les inférieures ou les supérieures ?

— Dans le monde matériel, il existe une relation inverse : plus une civilisation est basse en termes de développement, plus elle nécessite de temps pour évoluer. Dans le monde subtil, sur les échelons de la Hiérarchie, c'est l'inverse : plus un Niveau est bas en développement, moins il subsiste longtemps. Plus on monte dans l'échelle hiérarchique, plus l'existence est longue. Les Supérieurs sont éternels.

* * *

L'OR ET LES PIERRES PRÉCIEUSES DANS LA RACE D'OR

La sixième race sera appelée « Or » parce qu'elle correspondra à ce nom aussi bien dans son sens littéral que symbolique. Cette race est censée commencer autour de l'année 2000. Pourquoi portera-t-elle un nom aussi beau et évocateur ? Essayons de résumer les informations à ce sujet et de mettre en lumière les points essentiels.

La race d'Or portera ce nom à tous les égards. Premièrement, cette race possédera une multitude de propriétés inhabituelles, dont nous n'avons qu'une vague idée aujourd'hui : télépathie, lévitation, intuition développée, un intellect très élevé (à titre de comparaison, l'intellect humain actuel représente 6 %, tandis qu'il atteindra 90 % chez eux)*, clairvoyance, capacités extrasensorielles, et bien d'autres encore.

Deuxièmement, ce sera la race la plus énergétique ayant jamais existé sur Terre. Chaque individu produira trois à quatre fois plus d'énergie qu'un représentant actuel de la cinquième race. Cette forte production énergétique nécessitera l'évacuation des surplus d'énergie vers certains récepteurs naturels : les mers et les océans comme maxi-réservoirs de grande capacité, et l'or ainsi que les pierres précieuses comme mini-réservoirs de petite capacité.

D'où découle une troisième raison pour laquelle la sixième race sera appelée « Or » : elle portera des bijoux en or et vénèrera ce métal.

La véritable valeur de l'or et des pierres précieuses augmentera à nouveau, c'est-à-dire que les bijoux seront massivement vénérés, mais ils ne seront pas appréciés pour leur beauté extérieure, mais pour leur contenu intérieur. Les gens comprendront enfin la vérité - à quoi servent les bijoux et quelles sont leurs propriétés. Mais la fonction la plus importante que les métaux et les pierres précieuses rempliront sera de collecter l'énergie excédentaire des personnes, de la disperser dans les composants subtils de leurs structures et de la stocker dans leurs potentiels capacitifs.

Une partie de l'énergie produite par l'être humain sera transmise aux Systèmes hiérarchiques, tandis qu'une autre partie restera sur Terre. Cela augmentera l'énergocapacité de la Terre elle-même, enrichira l'énergocontenu de ses enveloppes subtiles et, par conséquent, chaque particule de la planète passera à un état plus énergétiquement saturé. En somme, tout comme les humains, la planète évoluera énergétiquement.

* * *

Si la Terre change sur le plan énergétique, ces transformations affectent tout ce qui l'entoure, y compris les êtres humains, les plantes et les pierres. Cela soulève les questions suivantes :

— **À quelles fins l'or et les pierres précieuses devraient-ils stocker l'énergie humaine ?**

À cette question, Dieu a donné la réponse suivante :

— L'homme a l'habitude d'accumuler des biens matériels, mais désormais, en acquérant de l'or et des pierres précieuses, il accumulera non pas des objets de luxe, mais son énergie, ses richesses énergétiques. L'être humain scellera les excédents de sa propre énergie dans des bijoux en or. L'or commencera spontanément à absorber l'énergie excédentaire lorsqu'elle apparaît. Ces excédents seront stockés par l'or jusqu'à un certain moment, et ils pourront être à nouveau sollicités en cas de besoin.

Lorsque, par exemple, une personne est fatiguée, malade ou qu'elle a besoin d'énergie supplémentaire pour une autre raison, il lui suffira de porter un bijou en or pour retrouver immédiatement l'état qu'elle connaît après un repos. Une récupération de ses forces se produira. Les gens de la sixième race apprendront à utiliser l'énergie accumulée dans l'or et les pierres précieuses. Les individus de la cinquième race, quant à eux, ne sont pas suffisamment énergétiques ; ils ne savent donc ni les charger, ni les utiliser correctement par la suite. Les humains de la sixième race déchargeront leurs excédents d'énergie dans ces objets, comme dans une tirelire, et les utiliseront en temps voulu.

— **Mais pour investir de l'énergie dans l'or ou l'en extraire, faut-il prononcer des paroles ou des codes spécifiques ?**

— Non, il n'est pas nécessaire de réciter quelque chose comme vos incantations. Tout fonctionnera automatiquement. L'or s'intégrera à vous, à votre aura, il percevra cette aura, car lui aussi est vivant.

— Peut-on utiliser des pierres artificielles pour collecter les excédents d'énergie ?

— Les pierres artificielles ne conviennent pas. Les véritables propriétés sont détenues par les pierres précieuses naturelles. Cependant, si une personne possède une énergie très puissante, elle pourra charger aussi des pierres artificielles. Mais les diamants, et particulièrement les brillants, sont extrêmement énergétiques.

— Et l'ambre ?

— C'est une pierre faible pour les énergies subtiles. Il faut se baser sur la dureté des pierres : plus une pierre est dure et solide, plus elle peut contenir d'énergie. Les pierres dures sont les plus énergétiques.

— Quelle est l'énergocapacité de l'argent comparée à celle de l'or ?

— L'argent est beaucoup moins puissant que l'or. Toutefois, il possède des propriétés curatives et désinfectantes. L'argent est destiné à d'autres usages.

— Le qualité de l'or a-t-elle de l'importance ?

— Plus l'or est pur, avec moins d'impuretés, plus ses qualités sont élevées. L'or idéal est le plus pur. Plus la qualité est élevée, plus sa puissance est grande.

— Le poids d'un objet en or a-t-il une importance ?

— Oui, le poids et le volume sont significatifs. Ils influencent les caractéristiques de la capacité des objets en or. Ainsi, plus le poids et le volume d'un objet en or sont importants, plus il pourra accumuler d'énergie.

— Les objets en or peuvent-ils se saturer d'énergie jusqu'à une limite ou est-ce illimité ?

— Jusqu'à un certain point. Leur capacité est limitée par le titre, le poids et le volume de l'objet. Quel est votre titre le plus élevé pour l'or?

— Neuf cent cinquante-six.

— À titre de comparaison, prenons l'échelle du millième, l'échelle qui détermine jusqu'à combien d'unités vous pouvez charger de l'or avec votre matériau le plus élevé. Selon cette échelle, un objet en or pesant un gramme peut être chargé d'une énergie allant jusqu'à mille. Supposons que vous disposiez maintenant d'une énergie égale à cent selon l'échelle acceptée. Si vous portez constamment un objet en or, sa capacité sera constamment réalimentée par votre énergie, et l'accumulation se fera jusqu'à ce qu'elle atteigne mille. Si le matériau de l'or est moindre, alors sa capacité maximale diminue en conséquence à 583, 375, les objets en or accumuleront moins d'énergie. Le poids et le volume affectent les caractéristiques de capacité de manière directement proportionnelle.

— **Comment l'aura de l'or agit-elle sur celle d'une personne ?**

— L'interaction s'effectue sur le plan énergétique. Toutefois, il est important de savoir à qui appartient l'or et sur quelle aura il agit. Les résultats peuvent être opposés, car si l'or vous appartient, il interagira avec votre aura d'une certaine manière. Mais si vous le retirez et le donnez à quelqu'un d'autre, il interagira avec l'aura de cette personne d'une façon totalement différente, et le résultat peut être inattendu.

— **Expliquez comment, par exemple, il interagit avec mon aura, et ensuite comment il agit lorsque je le transmets à quelqu'un d'autre ?**

— Si l'or vous appartient, il est conseillé de le porter en permanence, en ne l'enlevant que la nuit. Ainsi, vous entrerez en contact optimal avec l'objet en or, avec son aura. L'or « ressent » subtilement (bien que ce soient des liens purement physiques)* votre état et la présence de votre énergie subtile. En cas de déficit énergétique, qui se manifeste par de la fatigue, l'or ajoutera de l'énergie à des points spécifiques de votre aura, équilibrant ainsi votre énergie. En d'autres termes, il vous alimentera au moment opportun comme une batterie d'énergie subtile.

Mais si vous accrochez votre objet en or sur une autre personne, cela peut être dangereux pour elle, car l'énergie d'une personne ordinaire est inférieure à la vôtre, et votre objet a accumulé un potentiel très puissant, qui pourrait gravement lui nuire en perforant son aura. Bien sûr, ce cas s'applique aux personnes dotées d'une énergie accrue, comme les contacteurs et les médiums.

— **Et si l'on souhaite apporter une aide énergétique à quelqu'un, est-il possible de transmettre son or à cette personne ?**

— L'or ne doit pas être transmis, tout comme il ne doit pas servir à transmettre son énergie. L'or doit toujours rester individuel, et il est recommandé de le porter pour améliorer sa propre santé. Si vous voulez utiliser votre énergie élevée pour aider d'autres personnes, il vaut mieux utiliser des pierres pour cela. Les personnes dotées d'une énergie très élevée (comme les contactés ou les médiums) devraient charger des pierres artificielles solides pour les autres, ainsi que des pierres naturelles comme le cristal, le quartz, ou les diamants. Il est même possible d'utiliser du marbre ordinaire, mais il doit être pur et sans impuretés.

Pour maintenir sa santé personnelle, il est conseillé à chaque individu de porter des bijoux en or personnalisés. Ceux-ci sont particulièrement bénéfiques pour les contacteurs et les personnes qui interagissent avec eux, car l'or absorbera les excès d'énergie envoyés par le Cosmos au contacté ou à d'autres personnes. Par exemple, le contacté ne "brûlera" pas, et les personnes interagissant avec lui recevront dans leurs réserves une énergie supplémentaire qui sera déjà re-polarisée selon leurs qualités individuelles. Cette énergie contribuera alors à améliorer leur santé.

Comme l'or absorbe les excès d'énergie de certaines personnes sous la forme d'une énergie spécifique, le vol d'objets en or appartenant à des individus à fort potentiel énergétique peut représenter une menace pour la santé des individus à faible potentiel énergétique, c'est-à-dire ceux qui volent ces bijoux ou ceux qui les portent par la suite. En effet, la différence entre les énergies des uns et des autres est très grande, et une charge plus puissante peut perforer des enveloppes énergétiques plus faibles, ce qui entraîne divers problèmes de santé.

— Les gens possèdent des niveaux d'énergie différents. Comment cela se reflète-t-il sur l'or ?

— Justement, comme chaque personne est unique et que la qualité de l'énergie de l'une diffère de celle d'une autre, les bijoux en or doivent avoir un seul propriétaire. Même qualitativement, l'énergie d'une personne peut ne pas convenir à une autre.

— Comment peut-on déterminer quelle pierre convient le mieux à une personne sur le plan énergétique ?

— Cela peut être comparé aux signes du Zodiaque. Mais après l'an 2000, toute l'astrologie prendra une tout autre direction, donc il sera nécessaire d'apporter des ajustements pour les individus modernes.

— En quoi les pierres précieuses diffèrent-elles des pierres ordinaires ?

— Par leur capacité énergétique à accumuler la puissance.

— Pourquoi certaines pierres peuvent-elles influencer l'état d'une personne ?

— C'est dû à leur structure, c'est-à-dire qu'elles sont spécialement conçues pour réaliser le cycle des énergies entre le Cosmos et la Terre à travers l'homme.

— En quoi l'âme d'une pierre ordinaire diffère-t-elle de celle d'une pierre précieuse ?

— Si l'on examine la hiérarchie des âmes des pierres, les pierres ordinaires se situent tout en bas. Plus une pierre est précieuse, plus elle est élevée dans cette hiérarchie. En d'autres termes, les âmes des pierres précieuses ont parcouru un chemin d'évolution beaucoup plus long et sont donc plus développées, tandis que les âmes des pierres ordinaires ont encore très peu évolué.

* * *

Chapitre 4
Les mystères des principes divins

LA CONVERSATION AVEC DIEU SUR LES BASES MORALES DU COMPORTEMENT

Ce chapitre présente nos dialogues avec Dieu sur les thèmes de la moralité et des fondements éthiques de la société, tout en apportant des précisions sur certains aspects de la vision du monde de l'homme moderne.

La vie suit son cours, les Lois régissant l'existence des êtres humains changent. Ce qui, il y a deux mille ans, paraissait barbare est devenu aujourd'hui une norme de comportement. À l'inverse, ce qui était alors accepté comme une norme est désormais considéré comme une aberration. Ainsi, les codes des canons humains, bien qu'ils semblent parfois immuables, subissent constamment des transformations : tantôt ils élèvent la moralité, tantôt ils abaissent les mœurs. Cependant, la tendance générale du développement humain reste celle qui a été définie dans la Bible pour les deux millénaires écoulés.

L'ère des Poissons est cependant révolue, et l'humanité est entrée dans une nouvelle ère : celle du Verseau. Par conséquent, les Lois et normes de comportement au sein de la société changent également. L'époque exige l'introduction de grands bouleversements dans la vie, obligeant l'humanité à reconsidérer nombre de ses opinions établies et figées sur le monde, la place de l'homme dans l'Univers, et à se rapprocher d'une vie Cosmique réelle. Il s'agit de se percevoir non pas dans une existence humaine primitive, mais dans les processus complexes du macrocosme et du microcosme, afin de comprendre la vérité des réalités existantes.

Puisque nous évoquons la vérité, commençons par elle. Lors de l'un de nos contacts avec Dieu, nous Lui avons posé la question suivante:

— Pouvez-Vous, s'il vous plaît, nous expliquer la différence entre les notions de « vérité » et de « véracité » ?

Dieu a répondu :

— La vérité englobe toute la réalité multidimensionnelle : sa structure matérielle et son contenu spirituel. Absolument tout ce qui existe indépendamment de nous constitue la Vérité, que chacun cherche à connaître, mais dont on n'atteint jamais une compréhension et une réalisation complètes. La vérité est trop vaste et infinie pour cela. L'homme ne peut en saisir qu'une petite partie, jamais l'ensemble dans sa totalité.

Par conséquent, toute vérité est toujours relative, car elle est vraie par rapport à quelque chose de spécifique, mais pas par rapport à tout le reste. Plus on s'éloigne, moins cette vérité est perçue comme vraie pour un individu ou pour tout autre être. C'est pourquoi la notion de « véracité » s'applique toujours à quelque chose de plus petit, de plus particulier, et constitue elle-même une partie d'un tout plus grand, à savoir la Vérité.

La Vérité, c'est l'Univers lui-même, c'est l'Absolu, en tant que Perfection Suprême, qui comprend toute la Grande Structure. La véracité, en revanche, n'en est qu'une certaine partie. La véracité peut être plus ou moins grande, tandis que la Vérité reste constante, omniprésente et immuable. Ainsi, la véracité est toujours une composante du tout, c'est-à-dire de la Vérité. À l'heure actuelle, l'homme ne peut comprendre que cinq pour cent de la Vérité de la Création (Méga-Univers), mais à mesure qu'il se perfectionnera, ce pourcentage augmentera, et sa conscience s'élargira.

— **Dans une légende, il est dit que, lors de la fête de la Transfiguration du Seigneur, le Christ a révélé à Ses disciples la Vérité Suprême. En quoi consiste cette Vérité Suprême ?**

— La Vérité Suprême réside en Moi, en Dieu. Mais, bien sûr, elle dépend largement de la compréhension de celui à qui elle est expliquée. La vérité peut être interprétée de différentes manières, selon la conscience de l'homme ou de la **Substance*** à qui elle est révélée.

— **En fait, la vérité peut être totalement différente ?**

— Tout dépend du Niveau de l'homme ou de la Substance qui découvre cette vérité. Le mot « vérité » est un mot **absolu*** et un concept absolu. Elle se révèle à un certain Niveau, car c'est seulement à partir de ce Niveau de développement que cet **Absolu*** devient visible. Ainsi, si la vérité est exposée à une **entité*** (ou **essence**)* se situant à un Niveau de développement inférieur, elle sera déformée et ne constituera plus une vérité dans sa réalité. Autrement dit, **la vérité ne peut être comprise qu'à partir d'un certain seuil.**

— **Les gens s'attachent avec ferveur à l'image de Dieu forgée il y a deux mille ans et refusent de Le reconnaître dans Ses habits** contemporains. **L'Église nie les contacteurs et ne croit pas qu'il soit possible de parler avec Dieu par ce moyen. Pourquoi en est-il ainsi ?**

— Il faut tenir compte de l'éducation des terriens, qui s'est effectuée à travers la Bible pendant deux mille ans. Durant toute cette période, les anciens dogmes ont prévalu (dominé), maintenant les gens dans des cadres moraux précis, sans leur permettre de s'en écarter. Ces dogmes établis étaient nécessaires pour une époque donnée, car le cerveau humain était alors si peu développé qu'il était incapable de comprendre quoi que ce soit par lui-même. Pour cette raison, à cause de son développement insuffisant, l'homme était incapable de comprendre la vérité sur lui-même et sur ce qui l'entoure.

Nous lui avons donc offert une version allégorique de la Bible, simplifiée et adaptée à son mode de vie primitif. Les gens se sont habitués à l'image de Dieu construite au cours de ces deux millénaires, c'est-à-dire à l'ancienne représentation. Il leur est difficile de comprendre Dieu tel qu'Il se manifeste aujourd'hui, car cela implique de renoncer aux dogmes enracinés du passé, de reconsidérer beaucoup de choses en eux-mêmes et autour d'eux, et d'atteindre un Niveau de **conscience cosmique**, ce qui est loin d'être à la portée de tous.

— Dans quelle mesure l'affirmation « chaque être humain est Dieu » est-elle vraie, et si elle l'est, en quoi l'homme est-il Dieu ?

— L'homme est Dieu dans une partie de lui-même, c'est-à-dire dans son âme.

— Mais à l'heure actuelle, cette « partie » est immature, et il lui faudra beaucoup de temps pour s'élever jusqu'au véritable Dieu.

— Le chemin de l'évolution est infini, et chaque particule immature est Dieu, qui se perfectionne dans son développement. Cette cellule spirituelle a été créée par Moi et atteindra, dans le futur, Mon Niveau. L'homme doit aspirer à devenir Dieu, mais pas dans le sens où il serait adoré par tous les autres, mais dans le sens de ses propres capacités créatives et de l'épanouissement maximal de son intellect. Telle est sa mission, dont il doit se souvenir dans cette vie et dans toutes les suivantes.

— Que signifie l'expression « fusion avec Dieu » souvent utilisée par les religieux ? Et comment une personne peut-elle atteindre cette fusion ?

— La fusion avec Dieu, pour une personne ordinaire, signifie qu'elle atteint un niveau supérieur de conscience ou de perception. Cela peut être accompli de trois manières : par la méditation ; par l'ancienne méthode utilisée par vos ancêtres : la prière ; par l'acquisition de connaissances cosmiques et supérieures. La troisième méthode est plus progressive pour la période actuelle du développement humain et inclut l'étude des nouvelles sciences et des ouvrages des contacteurs sur l'état actuel du monde. À travers les contacts directs, une nouvelle information correspondant à l'étape de progression actuelle de l'humanité est transmise. Mais, chaque Niveau de développement permet de se rapprocher du monde Supérieur. Chacun doit se souvenir que **le chemin vers Moi passe par l'auto-perfectionnement**.

— **Un individu peut-il, par un travail acharné sur lui-même, « ouvrir » un canal de communication avec les Hiérarchies Supérieures de Votre Système ?**

— Tout dépend des efforts de la personne. Elle peut ouvrir un canal, mais pas vers les Hiérarchies Supérieures, seulement vers le **Déterminant*** de son Niveau. Chaque individu peut accéder uniquement à son propre **Niveau***. Les Hiérarchies Supérieures sont bien trop élevées pour lui, et il est énergétiquement impossible pour une personne ordinaire d'atteindre Leur Niveau. Mais, Eux peuvent parfois descendre vers une personne à des fins précises.

— **Nous comprenons qu'il faut un très long temps pour atteindre Votre Niveau, et l'expression « fusion avec Dieu » a été acceptée de manière conventionnelle pour désigner l'objectif que l'homme doit viser. Mais peut-on alors considérer comme une « fusion avec Dieu » le passage dans la sphère de l'association hiérarchique « Union » et le séjour ultérieur dans le monde subtil ?***

— Encore une fois, tout dépend de la personne et de ce qu'elle a accompli sur Terre. Le passage dans l'association « Union » n'est accordé qu'après qu'un individu ait atteint un certain degré de développement. Autrement, qu'y ferait un primitif parmi des individus hautement civilisés ? Cela ne l'intéresserait pas, car tout lui semblerait incompréhensible, et Ils ne tireraient aucun plaisir de la communication avec une intelligence primitive, ce qu'il pourrait représenter pour eux.

— **C'est sans doute pour cela que l'essentiel de l'élévation spirituelle de l'homme consiste à se rapprocher intérieurement de Nos Enseignants ?**

— Absolument. Chaque personne doit s'efforcer d'accumuler des richesses spirituelles, car elles la rapprochent des mondes supérieurs. Atteindre le Supérieur signifie parcourir un chemin qui enrichit l'âme de qualités spirituelles élevées. La spiritualité est la somme des qualités humaines supérieures, développées à travers les actes, les pensées, les sentiments et l'acquisition de Nouvelles Connaissances.

— **Combien de temps une personne doit-elle se développer pour acquérir les qualités nécessaires à l'ascension vers les mondes Supérieurs ?**

— L'humanité dispose de cent Niveaux de développement sur Terre. Un individu peut passer un Niveau au cours de plusieurs vies, mais avec de la persévérance, il peut accélérer son avancement et accomplir un Niveau en une seule incarnation. Habituellement, au stade initial, le développement est toujours lent, mais ensuite, la personne peut accélérer son progrès et compléter un Niveau en une vie. Atteindre le Supérieur, en termes numériques, signifie atteindre le Niveau cent du plan terrestre. Cela suffit pour quitter définitivement la Terre. Ensuite, l'âme évoluera dans un autre monde ou sur une autre planète d'un Niveau supérieur, et son développement continuera à s'élever davantage. Si l'on parle maintenant de fusion totale avec Dieu, cela peut se produire après que l'âme a parcouru tous les Niveaux terrestres et de nombreux Niveaux de Ma Hiérarchie.

— **Certaines personnes affirment avoir ressenti un sentiment d'unité avec l'Univers. Comment une personne ordinaire peut-elle ressentir un lien indissociable avec lui ?**

— Cela peut être fait par la force de l'imagination : une personne doit se représenter mentalement dans l'Univers.

— **On peut le représenter, mais comment le ressentir ?**

— Cela peut être ressenti dans un état de méditation.

— **Est-ce le seul moyen de ressentir cela ?**

— Oui, pour un Niveau ordinaire de développement humain.

— **Et pourra-t-il atteindre cet état ?**

— Son **Déterminant*** l'aidera. Les sentiments varient d'une personne à l'autre, et ce qu'une personne est capable de ressentir, une autre ne peut pas encore le percevoir. Il lui faudra de nombreuses vies pour parvenir à ces sensations. Ainsi, une personne peut ressentir son unité avec l'Univers si elle a évolué jusqu'à cet état. Mais si quelqu'un désire ardemment ressentir un tel sentiment et s'efforce de toutes ses forces pour y parvenir, son Déterminant peut lui accorder cette expérience comme un certain stimulant au développement, même si la personne n'a pas encore atteint ce Niveau. Beaucoup de choses sont données à l'homme comme une avance, mais cela contribue au progrès de sa personnalité. Ayant fait l'expérience du nouveau, il aspire davantage à l'auto-perfectionnement.

— **Les humains utilisent une autre expression : « atteindre l'état spirituel de feu ». Est-ce cela dont nous avons parlé ?**

— Oui, c'est exactement cela : l'état de feu. Atteindre le plus haut Niveau signifie accéder aux énergies de feu. En haut règnent la Lumière et le Feu.

— **Que signifie pour l'homme l'Amour Divin ? Est-ce une norme suprême d'amour, ou bien simplement une énergie particulière et rien de plus ?**

— Le sentiment d'amour est, avant tout, un type particulier d'énergie que toutes les âmes ne possèdent pas. Une telle qualité, et donc cette énergie, se développe au cours du processus d'évolution, à travers de nombreuses situations et des relations complexes. En ce qui concerne l'Amour Divin, c'est une énergie très puissante qui s'étend à tout ce qui existe dans Mes domaines et même à plusieurs Univers. Pour le plan terrestre, l'Amour Divin englobe de nombreux aspects et sert de modèle (norme) suprême d'évolution des sentiments, vers lequel l'homme doit aspirer. Ce modèle supérieur se manifeste par l'amour envers toute forme de vie. Aimer absolument tout est un principe fondamental de développement dans Ma Hiérarchie, car l'amour soutient la vie des autres. L'amour aide à vivre et à survivre. Et surtout, il procure de la joie et un état élevé à l'âme qui aime. En aimant, elle se sent bien ; elle éprouve du bonheur. Cela signifie, au niveau physique, que l'âme se remplit d'un type particulier d'énergie appartenant aux énergies créatrices supérieures du Cosmos. En enveloppant tout et chacun d'amour, en aidant les autres à vivre et à s'améliorer, Mon Amour contribue à renforcer et à faire prospérer Mes mondes. Autrement dit, l'Amour les fortifie et les amplifie, contrairement, par exemple, à la haine qui détruit tout, affaiblit le monde et conduit à sa disparition. C'est pourquoi l'Amour Divin est l'état naturel de toute Personnalité Supérieure qui suit le chemin de l'évolution et de l'expansion de ses frontières.

Avec la force et la contrainte, il est impossible d'étendre les mondes, car toute contrainte engendre de l'opposition, ce qui mène à la destruction, à l'affaiblissement et, en fin de compte, à la réduction des frontières. Seul l'Amour Universel, qui favorise l'épanouissement de chacun, contribue à la prospérité de l'ensemble.

— Pourquoi existe-t-il, chez les humains, une notion telle que la « punition divine » ? Pouvez-Vous personnellement punir quelqu'un ?

— La « punition divine », dans la compréhension humaine, est une sanction inattendue mais méritée. En réalité, Je ne punis personne. Mais, la Loi de cause à effet agit dans Mon monde, selon laquelle chacun reçoit ce qu'il a mérité par ses incarnations passées. De plus, des épreuves sont imposées à l'homme, qu'il doit apprendre à surmonter pour renforcer sa force d'esprit. Ces épreuves envoyées ne doivent pas être confondues avec des punitions, qui sont reçues conformément à ses dettes karmiques.

— Le principe « à chacun selon ses mérites » existe-t-il dans le Cosmos ?

— Oui, il existe, mais cela dépend de l'aspect observé. Dans la **Hiérarchie***, chacun occupe exactement sa place, son **Niveau***, en fonction de son développement atteint, ni en dessous, ni au-dessus, car la Loi régit l'attribution des positions dans la Hiérarchie selon les caractéristiques énergétiques de chacun.

— Comment ce principe se manifeste-t-il sur Terre ?

— Chacun reçoit ce vers quoi son âme tend. Par exemple, une personne hautement spirituelle se verra offrir davantage d'opportunités pour son développement spirituel qu'une autre moins évoluée, tandis que cette dernière sera confrontée à davantage de tentations. Encore une fois, chacun obtient son destin selon ses actes passés.

— Une personne qui emprunte la voie de la dégradation quitte le chemin de l'évolution. Faut-il lutter pour elle ?

— Absolument, il faut impérativement empêcher sa dégradation. Il faut se souvenir qu'une âme pour laquelle on ne se bat pas revient au

Diable. Toutes les âmes déchues Lui reviennent. Il est donc essentiel de lutter pour chacun.

— **Doit-on toujours empêcher la dégradation d'un individu ?**

— Oui, dans tous les cas.

— **Les humains ont un dicton : « Ne gêne pas le pécheur qui glisse en Enfer. »**

— C'est un dicton stupide, incorrect. C'est précisément ce genre de pensées qui conduit de nombreuses âmes vers le Diable plutôt que vers Moi. Les humains ont beaucoup de dictons erronés, et il faut sentir avec son âme ce qui est juste ou faux

— **Les gens disent souvent : « La route de l'Enfer est pavée de bonnes intentions. » Cela signifie-t-il que si quelqu'un souhaite faire le bien, mais ne le fait pas pour une raison ou une autre, cela favorise sa dégradation ?**

— Dans le sens où vous comprenez cet adage, il est incorrect. Le simple fait de penser ou de vouloir faire quelque chose de bien est déjà excellent. Mais, cet adage se réfère à autre chose. Il arrive que quelqu'un fasse quelque chose qu'il considère bon pour un autre, mais cela produit finalement un résultat négatif. Par exemple, des parents font beaucoup de bien pour leur enfant et cherchent souvent à satisfaire tous ses désirs. Mais au final, l'enfant devient égoïste. Dans ce cas, les parents bloquent son programme, imposant ce dont il n'a pas besoin, et allongent le chemin évolutif de son développement, car l'enfant ne développe pas les qualités qu'il est censé acquérir. Ainsi, une bonne intention peut donner un résultat négatif.

— **Ne doit-on pas imposer des choses superflues à un enfant ?**

— Non. Il faut l'orienter, avec sagesse et sans insistance, une direction qui favorise le développement de son âme.

— **Les Écritures disent : « Demandez et il vous sera donné. » Est-ce que ce que l'homme demande dans sa prière lui est toujours accordé ?**

— Une demande de la part de l'homme est perçue par son Déterminant. Si ce dernier juge opportun de la satisfaire, il soumet la demande de son disciple à l'examen des Supérieurs, qui peuvent l'approuver ou la rejeter. Toute demande nécessite du temps pour être réalisée. Le contenu de la demande a également de l'importance. Si elle concerne quelque chose de peu significatif ou en accord avec son programme, le Déterminant peut lui-même la satisfaire.

— **Quels principes guident le Déterminant pour décider d'exaucer une demande ou non ?**

— On examine le déroulement futur des événements et le programme de celui qui formule la demande.

— **Vérifie-t-on si l'accomplissement de la demande causera du tort ou apportera un bienfait ?**

— Non, cela concerne un recalcul du programme de la personne : certaines situations diminueront, d'autres augmenteront ; ce qui est demandé doit être équivalent à ce qui sera donné en retour.

— **Cela signifie donc que, pour ce qu'il demande, l'homme doit offrir quelque chose en échange ?**

— Oui. Il doit fournir un équivalent énergétique en contrepartie de la satisfaction de sa demande. Cette énergie doit être rendue à travers une situation particulière. Les situations varient et génèrent des énergies différentes, selon les émotions qu'elles suscitent. Rien n'est donné gratuitement ou sans compensation.

— **Les musulmans sacrifient des animaux lors des fêtes. Quelle est la base énergétique de ce rite ? Est-ce simplement un symbole de l'offrande de ce qui est précieux à leurs yeux, ou y a-t-il autre chose?**

— C'est un rite très ancien. Il existait aussi autrefois dans le christianisme. À l'origine, il portait bien le sens dont vous parlez. Mais, de tels rites sont désormais obsolètes. Les rituels doivent aussi évoluer. Mais les musulmans ont refusé de remplacer cet ancien rite par un nouveau.

— **Les gens disent : « Dieu ne fait pas de défauts », c'est-à-dire que tout ce qui est créé par Lui est parfait et irréprochable. Cette affirmation est-elle correcte ?**

— Non, elle est incorrecte. Vous le savez bien. Tout ce qui est créé nécessite, avec le temps, une amélioration constante. Ce qui est créé ne peut pas rester éternellement parfait, car il est conçu pour une période et des conditions d'existence spécifiques. Mais si le temps passe et que tout change autour, alors toutes les créations demandent des ajustements, des améliorations ou un remplacement complet par un nouveau modèle.

— **Dans notre religion, il est d'usage de prononcer des louanges à Dieu. Cela est-il lié à certains processus énergétiques ?**

— Les processus énergétiques sont bien sûr impliqués. Mais l'objectif principal de ce rituel est d'éduquer l'homme à respecter le Suprême. Le type primitif d'humain qui existait il y a deux mille ans, et qui ne connaissait pas encore les subtilités de la moralité, devait acquérir les bases des notions de bien et de mal, du haut et du bas, de ceux qu'il faut révérer et de ceux dont il faut se méfier. Il était nécessaire d'éduquer l'homme, et les premières leçons de moralité sont venues de la religion. Quant à la base énergétique de la louange, on peut dire que lors des prières de louange, les flux d'énergie sont dirigés vers le haut, contrairement aux prières où l'homme demande pardon pour ses fautes. Dans ce dernier cas, les flux d'énergie sont dirigés à l'intérieur de l'homme pour purifier ses canaux énergétiques. Chaque prière, qu'elle soit de louange ou non, transmet de l'énergie. Cependant, la qualité de l'énergie produite par une personne lorsqu'elle prie dépend d'elle-même et de son Niveau de développement.

— **Les prières de louange ont-elles aujourd'hui la même importance qu'avant ?**

— Là encore, tout dépend de la personne, de ses qualités spirituelles et de sa conscience. Il est possible de ne pas prononcer (louer) Dieu verbalement, mais simplement de respecter et de vénérer les Suprêmes Divins. Cela relève de la conscience de chacun. On peut porter dans son cœur une profonde révérence pour le Suprême Divin. L'essentiel est de mieux Nous connaître et de croire en Nous. Aujourd'hui, la Foi est nécessaire. Cependant, la louange au Suprême Divin reste un signe de respect et de vénération.

— **Aujourd'hui, l'homme a-t-il besoin de plus de connaissances ?**

— Il a besoin de connaissances, de Foi et de la vérité sur son existence. L'homme doit connaître le monde réel et ne pas se couper de lui en s'enfermant dans l'illusion de l'unicité du monde physique et de sa place en son sein. Dans la sixième race, la Vérité sera déjà nécessaire. Et cette Vérité lui sera révélée dans une nouvelle religion.

Jésus-Christ

Maintenant que le Christ a accompli sa mission avec l'écoulement du deuxième millénaire, Dieu, qui L'a envoyé sur Terre, révèle certains mystères liés à Sa vie et à Sa mort.

Bien sûr, nous ne nous sommes pas fixés pour objectif de connaître tous les détails de la vie personnelle de Jésus, car notre but était différent. Mais, nous avons posé des questions qui nous intéressaient et avons obtenu des réponses.

La question principale que nous souhaitions éclaircir était : qui était le Maître Céleste du Christ, Son mentor et guide ? Car "Dieu" est un nom codé attribué aux chrétiens. Chaque nation a son propre nom codé terrestre, correspondant à la fréquence des vibrations sonores spécifiques qu'elle doit produire. Ce nom rassemble un type particulier d'énergie. Les combinaisons de lettres codées telles que Allah, Bouddha, Krishna, etc., sont données aux humains.

Mais, en plus de son nom terrestre, Dieu a également un nom cosmique, connu uniquement des initiés. Ce nom cosmique ne porte pas un potentiel énergétique moyen adapté à chaque nation, mais une énergie plus élevée. Encore une fois, ce nom cosmique est destiné uniquement aux humains, car dans Son Monde Supérieur, les Personnalités Supérieures (Élevées), y compris Dieu Lui-même, ne sont pas nommées par des expressions littérales ou numériques, mais lumineuses. Mais peut-on comprendre, en tant qu'humains, ce qu'est un nom lumineux et combien il est plus puissant que Son nom terrestre ?

Cependant, les humains restent ce qu'ils sont, et même le nom cosmique littéral de Dieu ne peut pas être connu de tous, mais seulement des initiés. Ce nom ne doit pas être divulgué, et c'est pourquoi nous le laissons sous silence. Dieu nous a cependant révélé Son nom cosmique en répondant à cette question :

— Quel Déterminant a guidé le Christ au cours de Sa vie terrestre ?

— C'est Moi, Y... (note de traduction "Й" en russe) (et Il prononce Son nom cosmique)*. C'est Moi qui ai guidé le Christ, Moi qui ai créé la religion.

— Selon la Bible, Moïse a également été guidé par Dieu. Était-ce Vous ?

— Non, Moïse avait son propre Déterminant.

— La Bible dit que Moïse a été guidé par Dieu Sabaoth.

— Oui, le Déterminant lui a donné ce nom. Chaque Déterminant est à la fois un Dieu et un Maître pour l'homme. Mais tous les Déterminants Me sont soumis.

— Où se trouvent actuellement les âmes des prophètes tels qu'Élie, Mahomet et d'autres qui ont guidé les peuples ?

— Chacun d'eux se trouve dans son propre Système hiérarchique, qui Me sont également soumis. Chacun des anciens prophètes poursuit son chemin de développement dans ces Systèmes.

— Ces âmes se réincarnent-elles encore en tant qu'humains ?

— Non. Elles ont dépassé le Niveau de développement humain et n'ont plus rien à accomplir ici. Bien sûr, elles pourraient jouer un rôle dirigeant sur Terre, mais une telle tâche ne leur est pas assignée. Toute mission est définie par le Haut en fonction des besoins de la Terre ou des Systèmes hiérarchiques.

— Et Dieu Jéhovah, adoré par les Témoins de Jéhovah, est-il un Déterminant du même Niveau que Sabaoth ?

— C'est une version altérée de Mon nom cosmique.

— Qui était l'âme du Christ avant son incarnation terrestre ? Avait-Il déjà été incarné ici avant de recevoir Sa grande mission ?

— Non, le Christ ne s'était jamais incarné sur Terre auparavant. C'était Sa première et dernière mission sur votre planète.

— Jésus avait-il un père biologique ?

— Bien sûr qu'il en avait un. Les hommes ont idéalisé Sa naissance.

— L'âme de Sa mère, Marie, s'est-elle réincarnée sur Terre ?

— Oui, elle s'est réincarnée. Elle a de nouveau accompli une mission spirituelle, vivant cette fois en tant que nonne dans un monastère.

— Les gens débattent encore aujourd'hui (en 1998)* : le Christ était-il marié ? Excusez cette question indiscrète, mais cela intéresse beaucoup de monde.

— Oui, Il avait une compagne.

— Était-ce Marie-Madeleine ?

— Non, cette femme est inconnue. Elle était constamment à Son côté, dans Son entourage, et L'accompagnait partout. Avec Lui se trouvaient les douze apôtres, et elle était toujours avec eux.

— Leur relation était-elle conjugale ou amicale ?

— Conjugale, validée dans les Cieux. Ainsi J'en ai décidé, — disait-Il en insistant majestueusement sur le pronom « Je ».

— Où était le Christ avant l'âge de trente ans ? S'était-Il rendu à Shambhala ?

— Avant Ses trente ans, Il vivait une vie ordinaire. À trente ans, Son programme de mission s'est activé. Concernant Shambhala, Il s'y est rendu, mais pas avec son corps physique, seulement avec son esprit. Son âme a visité ce lieu.

— Le Diable a tenté le Christ dans le désert avec la richesse et le pouvoir, cherchant ainsi à le faire pécher à travers ces moyens. Cela faisait-il partie de son programme ?

— Oui, tout était programmé.

— Pourquoi ces épreuves étaient-elles nécessaires s'Il était votre Messager ?

— Pour des tests, pour le perfectionnement de son âme. Il fallait vérifier s'Il tiendrait bon, s'Il ne renierait pas.

— Y a-t-il eu des cas où des messagers ont renié ?

— Oui, avant Lui, il y en a eu.

Plus tard, lors d'une conversation avec le Diable, nous avons cherché à clarifier qui précisément avait tenté le Christ. En tant que messagers, nous parlions non seulement avec Dieu, mais aussi avec le Diable. Dieu organisait ces séances de communication pour nous tester. D'un côté, Il vérifiait si nous succomberions à Ses tentations, et de l'autre, à travers la connaissance des opposés, nous devions apprendre à discerner et ressentir ce qui était positif ou négatif, ce qui conduisait au bien ou au mal. Ces contacts avec le Diable nous ont aussi permis d'apprendre beaucoup de choses nouvelles et de voir le monde de son point de vue. Ainsi, dans certains dialogues, nous avons la mention :

À nos questions, le Diable répond :

— Dites-nous, dans le désert, était-ce Vous ou l'un de Vos subordonnés qui a tenté Jésus ?

— Non, c'était Moi, a répondu le Diable avec fierté. Le Christ devait uniquement interagir avec les Suprêmes.

— En quoi consistait la tentation du Christ ?

— Il devait faire un choix : soit opter pour une mort douloureuse, soit passer de Mon côté et vivre en tant que roi.

— **Donc, la principale tentation concernait la prolongation de sa vie future ?**

— Oui. Et aussi la richesse.

— **Cela nous attend-il aussi ?**

— Non, pour vous, ce sera différent. Dieu ne permettra tout simplement pas de vous tenter entre la vie et la mort. Vous n'êtes pas envoyées pour cela. Vous êtes peu nombreux et avez d'autres objectifs.

— **Pourquoi tous les messagers parlent-ils d'abord avec Dieu, puis avec Vous (le Diable) ?**

— Ils apprennent l'essence du bien et du mal au Niveau de développement où ils se trouvent.

— **Où se trouve actuellement l'âme de Jésus ?**

— Je ne m'intéresse pas à cela, a répondu le Diable froidement.

— **On dit que le Christ connaissait son programme. Mais si c'était le cas, pourquoi Lui donnait-on encore des tentations ?**

— Comme tout homme, Il devait passer des épreuves de Foi, de loyauté envers Dieu, et de réalisation de Son objectif. Il fallait aussi vérifier s'Il pouvait, tout en étant sur Terre, passer de Mon côté.

— **Après le Christ, avez-Vous communiqué avec d'autres personnes ? Avez-Vous eu des contacts avec des humains ?**

— Des contacts ? Vous savez, il n'y a pas eu de tels humains sur Terre capables de communiquer directement avec le Diable ou avec Dieu. Les humains avaient des potentiels faibles. Ils n'auraient pas pu Nous supporter.

— **Donc, une telle communication directe n'a eu lieu qu'après deux mille ans, c'est-à-dire avec nous ?**

— Oui. Mon dernier dialogue avec des humains remonte au Christ et à ses apôtres.

— **Avec lesquels de ses apôtres avez-Vous parlé ?**

— Avec tous. Ils étaient tous des contacteurs, absolument tous. J'ai aussi tenté de les attirer de Mon côté.

— **Avez-Vous réussi à en convaincre un, comme Pierre ou Judas ?**

— Aucun, dit-il avec une intonation montrant clairement son déplaisir face à l'échec de ses efforts pour attirer quelqu'un de son côté. Judas, après sa mort, a pris conscience de sa culpabilité, a expié son péché par ses propres souffrances, mais il n'est pas venu vers Moi.

*   *   *

Nous avons ensuite poursuivi notre conversation avec Dieu.

Nous étions curieux à propos des miracles accomplis par le Christ, alors nous avons demandé :

— Comment le Christ accomplissait-il ses miracles ?

À nos questions, Dieu répond :

— Une programmation spéciale avait été mise en place pour cela. Dans chaque miracle, des moyens techniques du plan subtil étaient impliqués. Cela nécessitait des calculs précis et beaucoup de travail des Systèmes hiérarchiques. Le Christ réalisait le miracle, mais les Systèmes préparaient le miracle. Chacun d'eux demandait un travail énorme et des dépenses énergétiques considérables.

— Comment le Christ ressuscitait-il les morts : ramenait-Il l'âme dans le corps, ou bien la personne n'était-elle pas vraiment morte mais dans un état de sommeil léthargique ?

— Tout cela était aussi préparé techniquement. Ce n'était pas Lui seul qui travaillait sur cela, mais Il était aidé d'En Haut. Sur le plan subtil, Il était constamment accompagné d'une suite de douze Entités (Essences) d'ordre Supérieur, invisibles pour les humains. Mais, sous Sa direction, elles réalisaient les miracles de résurrection. L'âme était ramenée dans le corps, lequel était restauré aux endroits où cela était nécessaire. De plus, en parlant des miracles de cette époque, Il avait plus de facilité à les accomplir, car Il vivait à une époque où les gens étaient ignorants et ne savaient rien des sciences que connaît l'homme moderne.

Si le Christ accomplissait ses miracles aujourd'hui, avec votre Niveau de développement scientifique et technique, vous seriez capables de comprendre une grande partie de ce qu'Il faisait. Vos médiums pourraient également percevoir et comprendre beaucoup de choses dans Ses miracles. La comparaison entre un peuple ignorant du passé et le peuple progressiste d'aujourd'hui offre deux points de vue totalement différents et des Niveaux de compréhension complètement distincts.

— Comment intervenait-il sur les phénomènes naturels et parvenait-il à arrêter le vent, à calmer la tempête ? Aujourd'hui, il n'existe aucun médium aussi puissant capable de reproduire cela.

— Dans le Système hiérarchique qui gouverne la Terre, il existe un département responsable du climat de votre planète. Il suffit d'appuyer sur un « bouton » pour déclencher une tempête, et d'appuyer sur un autre pour qu'elle cesse. Les changements climatiques étaient réalisés en lien avec les actions du Christ.

— Le Christ a-t-il marché sur l'eau ?

— Ce n'était pas Lui-même qui se déplaçait sur l'eau, mais sa projection holographique.

— Il existe des miracles accomplis par l'énergie psychique humaine, et d'autres, préparés techniquement par les Systèmes hiérarchiques, par « l'Union ». Est-ce que la préparation de miracles techniques demande beaucoup d'énergie et d'efforts ?

— Bien sûr, cela demande beaucoup. Les miracles sont très coûteux et difficiles à réaliser sur le plan matériel. Transférer quelque chose du plan subtil au plan physique nécessite une énorme dépense d'énergie.

— Vous acceptez souvent et volontiers de faire des miracles ?

— Non, pas volontairement (à contrecœur) et pas très souvent. Ce sont des cas très exceptionnels.

— Pourquoi de tels miracles sont-ils nécessaires ?

— Ce ne sont pas des expériences. La démonstration (manifestation) de miracles répond au besoin de tourner les âmes des gens vers la Foi, de les convaincre de Notre existence. Mais, chaque miracle n'a eu d'effet que sur certains segments de la population et pour une durée limitée. Il fallait renvoyer de Notre part des personnes avec une mission spéciale : ramener l'opinion publique à l'ancien miracle. Ces personnes ravivaient et élevaient le souvenir du miracle dans la conscience des gens, transformant le miracle en légendes.

De cette manière, les miracles se sont transmis à travers les siècles, renforçant la Foi envers les Hiérarchies supérieures. Bien que techniquement difficiles à réaliser et nécessitant de grandes dépenses énergétiques, les miracles ont contribué à maintenir la Foi pendant des millénaires, justifiant ainsi avec le temps leur coût. Mais, Nous accordons plus de valeur à la Foi d'une personne sans miracles ni paraboles religieuses. Une Foi basée sur la compréhension de Nous et des Connaissances Supérieures est élevée à celle fondée sur la vision de miracles.

— L'Église dit que le Christ a expié les péchés futurs de l'humanité. Est-il possible d'expier les péchés d'autrui ?

— Expiation, au sens de neutralisation des énergies négatives, est possible. Oui, le Christ neutralisait, avec son puissant biochamp positif, les énergies négatives accumulées par les humains à travers leurs mauvaises actions, éclaircissant ainsi le champ énergétique général. Cela se traduisait ensuite par la neutralisation des énergies négatives dans les champs bioénergétiques des personnes elles-mêmes. Cela équivalait à l'absolution de leurs péchés, car les énergies « impures » étaient effectivement éliminées. Mais pour que cette purification s'opère chez une personne, elle devait croire en Christ, car la **confiance** ouvre l'accès aux énergocanaux, tandis que la **méfiance** les bloque. La confiance favorise l'ouverture et la relaxation, tandis que le doute provoque leur fermeture. Quant à l'avenir, naturellement, la correction du champ énergétique de l'humanité dans le présent contribue à sa correction dans le futur, car tout futur se construit sur le présent.

— **Quand le Christ est né, une étoile supernova a brillé. Que signifiait cette lumière ?**

— L'étoile avait explosé des millions d'années auparavant, et son énergie et sa lumière sont parvenues à la Terre au moment de la naissance du Christ. Par ce biais, Nous envoyions une nouvelle énergie à la Terre. L'explosion de la supernova était liée à la naissance du Christ parce qu'Il avait été conçu pour recevoir cette énergie et, en la traversant, la redistribuer harmonieusement aux humains. Cette transmission a débuté à sa naissance et s'est étendue dans le temps. Cela ne s'est pas fait comme une transmission d'énergie brute par une étoile, mais de manière douce, transformée par un être humain, ce qui était moins agressif pour la Terre et pour les autres.

— **Pourquoi a-t-on imaginé une mort sur la croix pour le Christ ?**

— Cette exécution devait être la plus marquante pour l'époque. Les gens devaient s'en souvenir pendant les deux mille années suivantes. De plus, la croix a une profonde signification physique : il était nécessaire d'introduire la croix comme une antenne dans la vie quotidienne des chrétiens. Le Système hiérarchique avait décidé de collecter l'énergie spirituelle à travers cette antenne pour la transmettre au Cosmos.

L'antenne a été conçue sous forme de croix. Et pour contraindre les humains à l'adopter partout dans leur vie et dans la société, il a été décidé de faire subir au Christ une mort martyre sur la croix. L'humanité a aimé le Christ comme son Sauveur et a aimé la croix sur laquelle Il a été crucifié. Ainsi, la croix est devenue un symbole de Foi. Elle est apparue dans chaque foyer, se transformant en un petit émetteur d'énergie pure. De cette manière, l'antenne cosmique s'est répandue sur toute la Terre, facilitant la collecte de l'énergie spirituelle par le Système hiérarchique, c'est-à-dire l'énergie la plus pure produite par l'homme.

— **Après avoir été crucifié, le Christ a ressuscité, comme le dit la religion. A-t-il ressuscité dans un corps matériel ou s'agissait-il d'un hologramme ?**

— Après sa résurrection, Il se trouvait dans un corps astral, et non physique. Mais comme Il concentrait en Lui une énergie puissante, cette enveloppe brillait de lumière.

— **Qu'est-il advenu de son corps physique ?**

— Le corps physique a été décomposé en atomes. Cela a été fait intentionnellement pour que les gens ne l'utilisent pas à des fins personnelles, que les disciples ne créent pas de culte autour de lui et que ses ennemis ne le profanent pas. Après sa mort, son âme est venue à Nous. Le but du Christ était de montrer au monde un miracle, et ce miracle incluait aussi sa propre résurrection. Avant lui, aucune âme n'était revenue sur Terre immédiatement après la mort, et encore moins sous une forme lumineuse visible aux autres. L'âme devait apparaître non plus dans une enveloppe matérielle, mais dans une enveloppe plus subtile, tout en restant visible aux humains. Avant cela, une âme apparaissait toujours sur Terre par la naissance, et il fallait neuf mois pour préparer un corps physique.

Une nouvelle enveloppe a dû être préparée en trois jours. Plus précisément, cette enveloppe protectrice, dans laquelle l'âme devait descendre une seconde fois sur Terre, avait été préparée à l'avance. Mais, l'âme du Christ devait apprendre à la maîtriser en trois jours, tout comme un plongeur maîtrise son scaphandre avant de plonger dans les profondeurs marines. Cela aussi était difficile. Un enfant met trois ans à s'adapter à son corps, mais le Christ a maîtrisé sa nouvelle enveloppe en trois jours. C'est ce qui a rendu le miracle possible. Cette seconde enveloppe était spéciale, faite d'une matière non physique. Une énergie puissante y était concentrée pour retenir cette âme légère dans la matière dense du monde terrestre. C'est pourquoi cette enveloppe brillait de lumière, et il était impossible de toucher immédiatement le Christ. Cette énergie pouvait être mortelle pour un humain.

— Qui s'est occupé de ramener le Christ à la vie ? On dit que des "soucoupes matérielles" y auraient participé.

— Non, c'est Moi qui m'en suis occupé.

— Quelqu'un Vous a-t-il aidé ?

— Mes assistants. Mais principalement Moi. Cela faisait partie d'un plan conçu à l'avance, et tout s'est déroulé conformément à ce plan. Une technologie subtile a été employée. Faire descendre l'âme légère du Christ dans la matière dense était aussi difficile que d'immerger un ballon d'air dans l'eau. Il aurait simplement été expulsé immédiatement. Son âme était beaucoup plus légère que celles des humains ordinaires, car il travaillait avec des énergies élevées et les avait accumulées en lui. Grâce à une enveloppe protectrice spéciale, son âme a pu être descendue et demeurer sur Terre pendant la durée prévue.

— Quarante jours plus tard, le Christ a de nouveau disparu. Comment est-il mort une seconde fois ?

— Il n'est pas mort, mais est monté définitivement vers Nous. Pour cela, Il a dû abandonner plusieurs enveloppes successives au fur et à mesure de son ascension. Parmi les humains, Il apparaissait comme un homme, ce qui nécessitait certaines enveloppes. Mais Il n'a laissé aucune de ses enveloppes sur Terre.

— Qu'est-il advenu des enveloppes subtiles qu'il a abandonnées ?

— Elles ont continué à exister comme des substances indépendantes et sont devenues porteuses d'une certaine information.

— Ces enveloppes recueillent-elles l'énergie des prières adressées au Christ ?

— Non. Elles ne font que transmettre une haute information spirituelle.

— Lorsque le Christ est mort et est monté vers Vous, a-t-il subi une purification supplémentaire, comme les autres humains ? Car sur Terre, nous accumulons toujours des énergies basses.

— Non, Il s'est purifié sur Terre à travers ses souffrances, et Il n'a pas eu besoin de purification supplémentaire.

— On dit qu'après sa première mort, le Christ est descendu pendant trois jours en Enfer pour y sauver les pécheurs.

— Non, son âme était chez Nous. Il n'est allé nulle part. Sa "descente en Enfer" est une expression symbolique. Le karma de nombreux pécheurs a été allégé après le Jugement Dernier, car le Christ a payé pour eux avec sa mort sacrificielle.

— Lorsque Jésus était sur la croix, ressentait-il la douleur, ou, en tant que mage, pouvait-il la supprimer ?

— Il possédait des capacités extraordinaires, mais Il a dû endurer pleinement ses souffrances. C'était une forme de purification, son karma, et un paiement supplémentaire pour les pécheurs.

— Quel karma le Christ expiait-Il lorsqu'Il a été envoyé sur Terre ?

— La destruction d'êtres vivants dans un autre monde. Il était autrefois un Gouverneur, et par sa faute, à cause d'une erreur, des peuples entiers ont péri sur une planète. Cette erreur a coûté la vie à des milliers d'êtres semblables à vous. Son karma était donc de sauver des vies sur votre planète, après en avoir détruit ailleurs. C'est pourquoi sa mort devait être sacrificielle, comme une forme d'expiation.

— Le fait qu'Il ait été crucifié sur la croix, en dehors de l'objectif religieux, a-t-il également été choisi en fonction du karma?

— Cela combinait deux significations : la religion et l'expiation de son karma.

— Après sa dernière mission sur Terre, le Christ a-t-Il dû expier un karma quelconque ? Peut-être n'a-t-Il pas tout accompli parfaitement selon le programme ?

— Il y a eu des écarts mineurs. Mais au moins, personne n'est mort par Sa faute. Cette fois-ci, il n'a pratiquement pas eu de karma.

— À quel point le Christ avait-il besoin d'être lié aux apôtres ?

— Cela lui apportait un soutien moral. Les apôtres ont également joué un rôle dans la diffusion de l'énergie. Ce n'était pas seulement le Christ qui répandait la nouvelle énergie, mais aussi ses apôtres. Chacun d'eux avait son propre groupe, et ces groupes comprenaient des contacts qui travaillaient avec les apôtres. Ainsi, l'énergie se diffusait par des branches : du Christ aux apôtres, de chaque apôtre à son groupe, et de ces groupes aux gens ordinaires. Ces groupes avaient aussi leurs propres ramifications dans différentes directions. Aujourd'hui encore, ce travail se poursuit de manière similaire.

— Il existe une hypothèse selon laquelle Jésus, après sa résurrection, serait parti pour Shambhala et y serait resté jusqu'à la fin naturelle de sa vie.

— Non, Il est monté immédiatement vers Nous, et Sa mission sur Terre a pris fin à ce moment-là.

— Le Christ s'est-il incarné sur Terre durant les deux mille dernières années ?

— Non, Il ne s'est pas réincarné.

— Où a-t-Il été envoyé après que Son âme soit montée vers Vous ?

— Après avoir accompli Sa mission sur Terre, Nous L'avons envoyé sur une autre planète comme dirigeant.

— Avez-Vous des rencontres avec Lui actuellement ou cela n'est-il pas nécessaire ?

— Nous ne rencontrons jamais qui que ce soit. Lorsque Nous avons besoin de savoir quelque chose sur quelqu'un, Nous le savons directement. Notre perception du monde environnant est différente de celle des humains.

— On dit que le Christ dirige actuellement le système Solaire. Est-ce une information correcte ?

— Non. Actuellement, Il travaille à la conception d'une nouvelle civilisation. Son âme continue également à évoluer.

— S'occupe-t-Il de la sixième race ?

— Non, cette civilisation ne sera pas dans votre système solaire et encore moins sur votre Terre.

La nouvelle religion

L'an 2000 représente une étape symbolique marquant un changement d'époque, une transition entre races humaines, ainsi que le remplacement de l'ancienne religion par de nouvelles connaissances. L'apparence même de la Terre change à travers des catastrophes et des transformations naturelles, le climat de la planète se modifie ainsi que ses paysages. Dans le cadre de ces transformations grandioses, l'introduction des Nouvelles Connaissances, en tant que fondement spirituel renouvelé de l'humanité, doit apparaître comme une évolution naturelle et nécessaire.

Les Nouvelles Informations envoyées par Dieu et les Hiérarchies Supérieures apportent à l'humanité des connaissances inédites sur Dieu Lui-même, sur le Diable et sur tout le Système de la Création (Univers Entier). Ces connaissances favorisent l'élargissement du Niveau de compréhension de la cinquième race et posent les bases fondamentales du développement de la sixième race. À l'humanité future sont donnés de nouveaux concepts, de nouvelles lois de l'existence, l'initiant aux vérités supérieures qui gouvernent la vie de tout le Cosmos physique et de la Hiérarchie Spirituelle de Dieu. L'homme doit s'élever en se conformant non pas aux lois spécifiques du plan terrestre, mais aux lois qui régissent l'ensemble de la Création. Cela constitue le premier pas vers son intégration dans le monde supérieur. Pour la première fois, l'homme sera guidé non par les règles limitées de son petit monde, mais par les normes grandioses qui orientent le développement de notre immense Univers. Ainsi, en complément des dix commandements, qui restent pleinement valables et continueront à l'être dans le prochain millénaire, il est donné à l'humanité plus de cent lois de l'existence cosmique. Le nombre de ces lois croît presque de manière géométrique. Cette accélération est dictée par le rythme actuel de développement de la future race d'Or.

*   *   *

L'un des commandements majeurs de la Bible est : « Tu ne tueras point. » Afin d'éclaircir certains points à ce sujet, nous avons posé des questions à Dieu :

— **Qui, parmi les Déterminants, a été le premier à donner aux hommes le commandement « Tu ne tueras point » ?**

— Bien sûr, c'est Moi, car J'ai guidé le Christ.

— **Pourquoi, alors, d'autres Déterminants ont-ils, à travers leurs disciples, appelé à tuer ?**

— Qui a appelé à cela ? — a précisé Dieu.

— **Cela est écrit dans la Bible. Le prophète Moïse l'a fait, tout comme le dieu Shiva. Et dans l'Ancien Testament, on trouve des principes tels que : « sang pour sang », « œil pour œil ».**

— Si les gens lisaient correctement la Bible, ils comprendraient que tout cela concerne les punitions et malédictions de ceux qui les méritaient. Tout est écrit dès le début. Lorsque J'ai dit : « Tu ne tueras point », cela signifiait qu'il était temps pour l'humanité d'atteindre un Niveau de moralité élevé. Oui, Je pensais que l'homme s'élèverait vers le bien, mais il n'a pas pu cesser de tuer. Et Je tolère ces abominations. Mais le temps est venu de rendre des comptes. Chacun recevra ce qu'il mérite. **Le jugement sera sévère, mais juste.**

— Aujourd'hui, il existe de nombreuses religions et leurs dérivés, ce qui divise également les gens sur le plan religieux. Une religion unifiée pour toute l'humanité sera-t-elle créée ?

— Une Foi unique sera créée, c'est certain, mais les humains n'y arriveront pas immédiatement.

— Existe-t-il une séparation des âmes après la mort en fonction de leur appartenance religieuse ?

— La séparation des humains s'effectue uniquement selon les races (couleur de la peau), aussi bien de leur vivant qu'après leur mort. Pourtant, on peut déjà considérer que la religion, dans son essence, est unique, car Dieu pour toute la Terre est un seul et même être, peu importe comment on Le nomme : c'est Moi. Toute la Terre M'appartient.

— En quoi consiste cette séparation par races ?

— Chaque race appartient à son propre Système hiérarchique, qui en est également le Créateur. Après la mort, chaque âme rejoint, selon sa race, son propre **Distributeur*** et est conduite à son Système respectif

— Les personnes de races différentes mais appartenant à une même religion sont-elles dirigées vers différents Distributeurs ? Et existe-t-il, dans ces Distributeurs, une séparation des âmes selon les différents courants religieux ?

— Non. L'installation sépare uniquement les âmes par races, mais pas par religion. Ainsi, par exemple, les personnes noires et blanches croyant en un seul Dieu iront dans des **Séparateurs*** distincts après leur mort. Les courants religieux ne sont pas pris en compte dans cette distribution, bien qu'ils puissent parfois avoir un impact sur le karma de la personne.

— Le fait que différentes nations aient des dieux différents — Bouddha, Allah, Jéhovah — comment doit-on l'interpréter ?

— C'est Moi sous tous ces visages. Mais comprenez que tout cela découle des besoins spécifiques du Cosmos. Chaque nation produit un spectre d'énergies particulier dans une gamme globale. De la même manière que différentes couleurs composent un seul arc-en-ciel, chaque nation doit générer sa contribution spécifique à l'ensemble. Et pour conserver leur individualité, chaque nation doit avoir sa propre orientation dans le développement, ses règles, ses lois, ses rites. Cela permet de maintenir une composition chimique particulière du corps et une construction spécifique des structures subtiles afin de produire le type d'énergie requis dans un corps de travail commun.

Les différents noms des Dieux ne sont que des expressions sonores codées des énergies que ces noms sont censés traduire à travers eux-mêmes dans leurs bases énergétiques respectives (correspondantes). Ces noms concentrent certains types d'énergies qu'ils diffusent ensuite.

Ainsi, les âmes ne sont pas séparées après la mort en fonction de la religion et elles passent toutes par un Distributeur commun. La différenciation existe uniquement selon les critères de races. Mais, dans la nouvelle ère, une nouvelle humanité sera créée sur Terre. Toutes les autres nations et races appartiendront au passé. Une seule race et une seule religion existeront sur Terre, constituant la base de la Foi Unifiée.

— **Concernant la prophétie du Second Avènement du Christ, cela se réalisera-t-il ?**

— Ce ne sera pas une manifestation du Christ, mais celle de Nos envoyés... autrement dit, de vous, — a ajouté Dieu solennellement, dévoilant la véritable nature de notre présence sur Terre.

— **La nouvelle sixième race commencera-t-elle son développement sans un guide tel que le Christ ? — avons-nous tenté de comprendre ce qui nous était destiné, sans oser poser directement des questions sur nous-mêmes. Mais aucune explication détaillée n'a été donnée à cette interrogation.**

Plus tard, nous avons compris que Dieu attendait de chaque envoyé qu'il comprenne sa mission non à travers Ses paroles, mais par le ressenti de son âme et de son cœur. L'âme devait intuitivement guider chacun d'entre nous vers ce qui lui était destiné. Tel était l'objectif de l'expérience menée sur les envoyés pendant les dix années précédant notre rencontre avec Dieu : les Hiérarchies Supérieures observaient où l'âme de chacune des douze personnes allait les mener. Et seuls trois d'entre nous sur douze ont adopté les Nouvelles Lois. Les autres se sont arrêtées à leur propre Niveau, chacune choisissant ce qu'elle souhaitait. Ce n'est qu'après de nombreuses années d'épreuves, lorsque nous avons atteint le sommet fixé par les Hiérarchies, qu'il nous a été révélé que nous étions les envoyés incarnant le Second Avènement.

Cette fois, nous avons dû nous contenter d'une réponse succincte de Dieu à notre question :

— La nouvelle religion viendra de vous. Il y aura une religion, mais il n'y aura plus de Guide comme le Christ.

— Mais celui qu'on désigne comme le Second Christ, est-il déjà apparu ? avons-nous essayé de savoir.

— C'est vous, — a répondu Dieu, en mettant l'accent sur le dernier pronom, ce qui nous a profondément bouleversés. Pendant quelques instants, nous sommes restés sans voix. Mais Dieu attendait une réponse, et nous avons avoué:

— C'est une mission si élevée qu'il nous est difficile d'y croire…

— Ce programme vous a été attribué avant même votre incarnation sur Terre, — a-t-Il expliqué.

— Les contacteurs poseront les bases de l'Unicité Religieuse ? — nous avons recentré la discussion sur les médiums, essayant en même temps de comprendre ce que nous venions d'entendre. Et petit à petit, de manière subtile, on nous dévoilait le secret de notre présence sur Terre. Mais les explications restaient succinctes, ne planifiant aucune action précise. Il s'agissait plutôt de nous faire ressentir, avec notre cœur et notre âme, le programme qui nous avait été confié. Nous devions l'appréhender de manière intuitive, et c'est ce que nous faisions déjà, car nous ne pouvions passer une minute sans penser aux Maîtres Supérieurs, à Dieu, ou aux perspectives d'évolution de l'humanité. C'était là notre mission.

— Oui. L'ancienne religion subsistera encore pendant cent à deux cents ans avant de décliner. Actuellement, elle connaît une renaissance, et la fin du deuxième millénaire ainsi que les premières années du suivant marquent son apogée. Ce renouveau de l'ancienne religion était nécessaire pour créer une base à la nouvelle. L'Unicité Religieuse découlera de la création de la nouvelle sixième race. Bien entendu, la cinquième race, ancrée dans ses dogmes, aura du mal à comprendre l'essence des changements en cours. Mais, avec le temps, les nations disparaîtront. Une seule nation subsistera sur Terre, c'est-à-dire la sixième race, qui parlera une langue unique. Les bases économiques et politiques des conflits, des guerres, des religions diverses et de leurs ramifications disparaîtront. Il n'y aura qu'un seul peuple, une seule langue, une seule religion. Tout le monde se rassemblera dans une seule Foi, ce qui instaurera l'Unicité Religieuse sur Terre.

— **Et quand cela arrivera-t-il ?**

— Pas avant très longtemps. Il faudra encore un millénaire.

— **Des envoyés seront-ils dépêchés pour instaurer l'Unicité Religieuse ? — avons-nous de nouveau tenté de préciser.**

— Assurément… — Dieu a fait une pause et, comme pour sourire de notre incompréhension de notre mission, a ajouté : — Vous êtes déjà là. Vous avez commencé, et les gens continueront. À travers les siècles, ils porteront le relais que vous avez initié.

— **Et toutes ces activités sont-elles prévues dans nos programmes ?**

— Évidemment. Sur Terre, tout se déroule selon des programmes. Mais le choix a été fait… Là-haut, au Ciel, — a-t-Il prononcé solennellement, mettant l'accent sur les mots « Là-haut ». Et les paroles suivantes ont été prononcées lentement, avec majesté : — Je vous ai tous réunis, j'ai exposé vos objectifs. Vous avez accepté. (Là-haut, au Ciel, Il a rassemblé douze âmes, douze missionnaires, et chacun a pris connaissance de son programme. À chacun, Il a donné un nom cosmique. Mais une fois descendus sur Terre, la mémoire de ce passé a été refermée. Dès lors, chacun devait se guider uniquement par les élans de son âme : dans ses actes et dans ses pensées.)*

Nous nous sommes souvenus qu'au cours d'un ancien contact, Dieu avait dit qu'un contacteur devait pénétrer la conscience de l'homme contemporain afin, en atteignant son Niveau de compréhension, de relier les concepts modernes aux Nouvelles Informations transmises d'En-Haut. À l'époque, ces paroles nous avaient semblé anodines, mais désormais, elles éclairaient notre tâche future : rendre les Nouvelles Informations et les Lois envoyées par Dieu compréhensibles à l'homme moderne.

— **Merci pour votre confiance**, — avons-nous exprimé notre gratitude, tout en peinant encore à croire en la possibilité d'une telle mission pour nous-mêmes. Il nous fallait analyser de nombreux aspects, à la fois en nous-mêmes et dans le monde qui nous entourait, c'est pourquoi nous n'avons pas cherché à questionner davantage sur l'avenir.

Nous avons continué à explorer les sujets qui intéressaient l'humanité. Nous poursuivions notre quête de vérités nécessaires à l'humanité, plutôt que de chercher, comme l'auraient fait beaucoup d'autres, à éclaircir nos tâches personnelles ou notre passé. Nous avons demandé :

— **Quelles sont les raisons cosmiques de la création d'une nouvelle religion ? Pourquoi est-elle nécessaire ?**

— D'un point de vue cosmique, la création d'une nouvelle religion est dictée par la nécessité d'un nouveau stade dans le développement de l'âme et, d'autre part, par les besoins des Systèmes hiérarchiques en matière de réception d'un nouveau type d'énergie, de qualité supérieure à celle produite auparavant. Nous ne pouvons nous contenter de ce qui était généré il y a mille ans ou même deux cents ans. L'évolution progresse constamment, exigeant la modernisation continue de tous les anciens processus. Ainsi, les technologies de production énergétique des Systèmes hiérarchiques se transforment, les processus et leurs supports se perfectionnent. La religion elle-même est liée à des processus globaux dans le Cosmos, dont l'homme n'a aucune idée.

— **Comment s'établit le lien entre les processus cosmiques et religieux ?**

— Nous envoyons sur Terre des contacteurs, des envoyés. À travers eux, nous transmettons aux autres hommes et à la Terre l'énergie requise. Quelle était, par exemple, l'essence de l'apparition du Christ et de ses apôtres ? À travers eux, de nouvelles énergies, destinées à influencer les deux millénaires suivants, ont été introduites sur Terre. (D'ailleurs, en me réveillant au milieu de la nuit, je (L. L.)* ressentais parfois de manière très vive un puissant flux invisible traversant mon corps. Il me semblait qu'un torrent impétueux coulait à travers moi, comme dans un tuyau, bouillonnant et écumant. Maintenant, il est clair de quelle énergie parlait Dieu. Ce flot tumultueux, qui semblait me traverser d'une manière incompréhensible, représentait l'énergie transmise à la Terre à travers nous.)*

— C'est pourquoi le Christ lui-même et ses apôtres, — a continué Dieu, — ont été énergétiquement construits de manière à pouvoir absorber l'immense potentiel énergétique de la nouvelle énergie transmise à la Terre. Cette nouvelle énergie constitue le carburant primaire permettant de renouveler tous les processus et de produire de nouveaux éléments pour le Cosmos.

— Et quelle est la mission des véritables messagers, c'est-à-dire vous ? — a-t-Il repris en parlant du présent. — Elle consiste à ce que vous soyez également construits selon des configurations particulières dans vos structures subtiles, mais capables de supporter un potentiel énergétique bien plus puissant qu'il y a deux mille ans. Par conséquent, les âmes des nouveaux messagers, c'est-à-dire vous, ont été choisies selon un plan spécial. Il ne s'agit pas des âmes d'anciens humains ayant atteint un haut Niveau de développement énergétique, mais d'âmes ayant déjà dépassé depuis longtemps le stade de développement humain pour accéder à celui du développement planétaire. Ces âmes ont été incarnées dans des corps physiques humains, bien qu'elles aient auparavant habité de petites planètes. C'est pourquoi vos âmes peuvent supporter l'énorme potentiel énergétique transmis à travers vous sur Terre.

Cela s'applique particulièrement aux âmes des contacteurs directs, dont la puissance énergétique est colossale. Un être humain ordinaire serait instantanément consumé lors de la première séance de transmission. Les âmes des contacteurs directs, qui sont celles de planètes, possèdent une puissance exceptionnelle. Et Nous avons dû travailler intensément pour que ces âmes si puissantes puissent être incarnées dans des corps humains sans les détruire. Ainsi, une série de mesures protectrices a été élaborée pour permettre à ces corps physiques de fonctionner normalement sur le plan humain. Par exemple, dans la structure d'A... (un nom cosmique du contacteur a été mentionné)*, des agents de refroidissement ont été intégrés pour protéger son corps physique contre les brûlures et la surchauffe causées par l'énergie absorbée, bien que de légers dommages subsistent encore parfois. (L'énergie était si puissante qu'A... et nous-mêmes étions périodiquement brûlés légèrement.)*

Les contacteurs et les messagers transmettent l'énergie aux autres avec un potentiel légèrement réduit, jouant ainsi le rôle d'un transformateur qui abaisse l'intensité de l'énergie en provenance de Nous avant de l'acheminer vers les humains. C'est ainsi que l'énergie est retransmise sur Terre à travers l'être humain.

— L'énergie transmise sur Terre est-elle liée au passage de notre planète sur une nouvelle orbitale* ?

— Oui. À chaque transition de la planète sur une nouvelle orbitale, un nouveau type d'énergie, plus élevé que le précédent, lui est transmis.

Chaque type d'énergie descendante correspond à un Niveau orbital donné. Dans les civilisations passées, bien que cette transmission se fasse également à travers les humains, elle n'était pas liée à la religion. Celle-ci a été introduite au sein de la cinquième civilisation pour perfectionner la qualité de l'énergie produite par les humains. Auparavant, la quantité d'énergie transmise à la Terre était moindre, et son intensité était également plus faible. Par exemple, lors du passage de la première civilisation sur la première orbitale, l'énergie transmise était très limitée, mais suffisante pour ce moment-là. Ensuite, cette énergie a progressivement augmenté. Même si l'on considère l'époque du Christ, le potentiel d'énergie transmis alors était mille fois plus faible que celui d'aujourd'hui. Pourtant, l'âme du Christ avait également traversé un stade de développement en tant que petite planète avant d'accomplir sa mission. Et de nombreux contacteurs modernes Le surpassent dans son énergopotentiel (à ce moment-là)*, et cela est dû à l'évolution générale de la Terre et des peuples. Autrement dit, de civilisation en civilisation, il y a une augmentation du volume d'énergie descendu du Cosmos et de sa puissance.

— **Ainsi, des personnes ayant évolué dans une enveloppe matérielle planétaire se retrouvent-elles parfois sur Terre ?**

— Non. En général, seuls des messagers comme A… (nom cosmique du contacteur)* en sont capables. L'énergie actuellement transmise sur Terre doit être intégrée à la planète elle-même, et sa puissance est immense. Seule une autre planète, de puissance équivalente mais légèrement plus petite, pourrait la supporter.

Cette énergie, transmise à la Terre, est donc reçue par une âme planétaire incarnée dans un contacteur. Cette énergie est ensuite transmise par le contacteur-messager aux missionnaires, puis aux humains. Concrètement, il y a une double réduction du potentiel de **puissance*** pour les autres personnes. Ensuite, chaque individu traite cette nouvelle énergie en lui-même avant de la transmettre à la Terre. C'est ainsi que la nouvelle énergie est diffusée sur Terre.

— **Dans quels autres cas les âmes planétaires s'incarnent-elles dans des corps humains ?**

— Les âmes planétaires ne s'incarnent dans des corps humains ou d'autres **entités** (ou **essences***) que lorsqu'il est nécessaire de transmettre une énergie très puissante. Cette énergie ne peut pas être directement envoyée ; elle nécessite une âme dotée d'un potentiel propre très élevé pour en assurer la transmission.

— La puissance de l'âme du Christ était-elle comparable à celle des contacteurs actuels ?

— Les besoins des Systèmes Hiérarchiques augmentent avec l'évolution, ce qui fait que la puissance énergétique d'un contacteur moderne dépasse mille fois celle du Christ. La religion, en tant que processus, a été conçue pour transformer cette nouvelle énergie transmise à la Terre et produire, à partir d'elle, les énergies spirituelles nécessaires au Cosmos. Ainsi, la religion n'est pas une abstraction existant par elle-même, mais l'expression d'un processus cosmique bien défini.

— Mais dans d'autres mondes, les êtres vivent sans religion. Cela signifie-t-il qu'elle n'est pas nécessaire partout ?

— Chaque monde nécessite son propre processus technologique individuel, et ces processus se répètent rarement. La religion a été nécessaire à l'humanité à une étape particulière de son développement. Elle a été conçue comme un processus, et non comme une abstraction destinée au divertissement ou au simple réconfort des humains. Tout reflète un processus spécifique. La nouvelle religion représente donc le remplacement d'un ancien processus technologique par un nouveau. La nouvelle religion de l'Unité apportera à l'humanité la Vérité. L'humanité passera d'une version mythologique de la religion à une réalité où elle connaîtra les Lois Cosmiques Supérieures, tout comme les autres êtres du Cosmos, et s'efforcera de les respecter et de les appliquer. La Bible ancienne sera remplacée par les Nouvelles Lois Cosmiques, selon lesquelles vivent et se soumettent toutes les entités (essences) du Cosmos.

— La Bible est un vecteur d'énergie. La Nouvelle Information transmettra-t-elle également de l'énergie à travers ses lettres et combinaisons de mots ?

— La Bible est adaptée à une humanité dotée d'un potentiel inférieur ; par conséquent, elle transmet une énergie correspondant à ce Niveau de qualité et de puissance. Le livre contenant les Nouvelles Lois de l'existence hiérarchique transmettra une énergie d'un potentiel plus élevé.

— **Comment l'énergie est-elle introduite dans ce recueil de nouvelles Lois ?**

— Tout est réalisé par calcul. Les lettres restent les mêmes, mais leur charge énergétique dans les mots change. De nouvelles combinaisons de mots apparaissent, les lettres regroupent différents types d'énergies en de nouveaux mots, transmis par le contacté de Notre part. Les nouveaux blocs d'énergie se combinent en phrases, puis en paragraphes définis et en chapitres cohérents. Le sens de nombreux mots change, ce qui signifie que leur énergie et leur base fonctionnelle changent également.

— **Cela se fait-il selon une technologie similaire à celle utilisée pour construire les prières ?**

— Non, ce n'est pas une analogie aux prières, bien qu'il y ait une identification à la Bible. Mais comprenez que le nouveau livre, intitulé « Lois de l'Univers (Création) ou Fondements de l'Existence de la Hiérarchie Divine », est supérieur, plus puissant. Sa capacité énergétique dépasse de loin celle de la Bible. Et le plus important, c'est qu'il apportera une nouvelle énergie aux humains.

— **Comment ce nouveau livre influencera-t-il l'être humain?**

— En plus de son impact sémantique, lors de sa lecture, l'individu accumulera une nouvelle énergie dans ses biochamps. Ensuite, cette énergie commencera à se propager autour de lui. Lorsqu'une personne passe à proximité d'autres individus, l'énergie de son biochamp entre en contact avec ceux des autres, se transmettant ainsi à son entourage. Ainsi, un énergo-échange constant et la diffusion de la nouvelle énergie auront lieu.

— **Les lecteurs du nouveau livre « Lois de l'Univers (Création)… » devront-ils expliquer ce qu'ils ont lu aux autres ? Habituellement, l'énergie est transformée à travers la parole. Ou est-il suffisant d'entrer en contact énergétique avec une personne pour lui transmettre cette énergie ?**

— Principalement, le contact entre biochamps sera déterminant. Mais, bien sûr, les personnes qui, dans la période actuelle, souhaiteront s'informer directement à partir du livre seront de Niveau spirituel élevé et recevront un énergopotentiel accru. Le livre attirera des individus spirituellement avancés. Un être humain ordinaire d'aujourd'hui ne le comprendra pas. Le nouveau recueil de lois est destiné aux générations futures et traversera les siècles. Mais, chaque personne actuelle qui tentera de le comprendre recevra une récompense sous forme de nouvelle énergie, ce qui lui sera bénéfique par la suite. L'être humain doit toujours chercher à comprendre au-delà de ses capacités, car c'est ainsi que progressent l'intellect et l'âme. Surmonter les difficultés augmente son énergopotentiel. Celui qui ne cherche rien à comprendre ralentit son évolution et prolonge ses souffrances dans le monde terrestre.

L'Antéchrist

Discussion avec Dieu :
— La Bible dit que l'Antéchrist viendra et commencera à séduire et corrompre tout le monde. Ce moment est-il déjà arrivé (1998) ?
— Non.
— Quand viendra-t-il ?
— Il commencera à agir de manière particulièrement active en 2006.
— Combien de temps durera son influence sur les autres ?
— Aussi longtemps que Nous le jugerons nécessaire. Ce qui est effrayant, ce n'est pas l'Antéchrist lui-même, mais ce qui se cache dans les âmes des humains. Il ne fera que révéler les vices des autres.
— Et il introduira effectivement les gens dans la tentation ?
— Bien sûr. Il travaillera pour le Système négatif et continuera à détruire la Terre, c'est-à-dire tout ce qui aura été redressé après l'an 2000 en cinq ans ; il recommencera à le démolir. Il prendra le contrôle du réseau télévisé, et les programmes seront organisés de manière à ce que le peuple se dégrade spirituellement au maximum. On diffusera en permanence des films d'action, d'horreur, pornographiques et autres contenus similaires.
— Mais n'est-ce pas déjà le cas aujourd'hui ? Nous observons notre environnement, et il semble que ce temps soit déjà venu.
— Non, l'indécence qui commencera avec lui n'est pas encore là. Ce que vous voyez actuellement n'est qu'un prélude.
— Dans quel pays apparaîtra l'Antéchrist ?
— Dans le vôtre.

— Pourquoi sa venue est-elle prévue précisément en Russie ? Cela vise-t-il à infliger encore plus de souffrances à notre peuple ?

— La fin du millénaire ancien et le début du nouveau marquent une période de tri des âmes. Les meilleures âmes ont été en grande partie déjà recueillies, et celles qui demeurent ici sont pour la plupart indécises. Leur sort sera décidé lors du Jugement Dernier. Ainsi, restent sur Terre, pour un temps encore, celles qui doivent subir une série de tests organisés par l'Antéchrist. Les âmes les plus faibles suivront inévitablement son chemin. Elles sentiront que la voie qu'il leur indique est la leur. Ces âmes inférieures s'attacheront aux plaisirs douteux qui les mèneront à une dégradation définitive.

L'Antéchrist entraînera avec lui toutes les âmes les plus basses et corrompues. C'est là son objectif. Pour cela, il utilisera tous les moyens à sa disposition. Par ailleurs, même les bonnes âmes seront testées pour mesurer leur résistance face aux tentations et examiner où leurs faiblesses se manifestent. Elles aussi pourraient s'éloigner du chemin juste si leur force est insuffisante. L'Antéchrist éprouvera donc chacun, afin de vérifier sa solidité face aux vices.

— Qu'est-ce que l'Antéchrist en réalité ? Quel est son rôle dans la vie de l'humanité ?

— Pour l'homme, l'Antéchrist est une personnalité opposée au Christ, tant par les qualités de son âme que par le programme qui lui a été confié. Son nom remonte à des temps anciens, précisément à l'époque du Christ lui-même. Si Jésus, par sa mission, devait sauver l'humanité en apportant sur Terre les nouvelles énergies de son époque et en incitant l'humanité à les transformer durant les deux millénaires suivants, l'Antéchrist, lui, est chargé de clore (achever) ce programme. Il agit comme une ponctuation finale après tout ce que l'humanité a accumulé en deux mille ans. Son rôle principal est de procéder à un tri des âmes entre le Système positif et le Système négatif. Son programme inclut la révélation, dans les âmes ayant franchi un certain stade de développement, de tous leurs défauts et faiblesses, et la détermination de leur inclination : vers quoi une âme est-elle attirée ? En conséquence, il dispose de son propre Système d'évaluation des âmes, et je n'interviens pas dans ce processus. À travers ce Système, il met en œuvre tout un arsenal pour favoriser la dégradation humaine : le sexe, la pornographie, l'alcool, les drogues, la liberté pour des vices tels que le mensonge, l'insensibilité, la cruauté, la gourmandise — tout cela dans un contexte de faim et de pauvreté généralisées —, l'impunité face aux crimes, et bien d'autres encore. Il accorde une totale liberté aux vices.

Chaque vice, dans le langage énergétique, exprime un type d'énergie spécifique de basse fréquence qui s'accumule dans les âmes lorsque les gens commettent des actes correspondants ou ressentent des émotions négatives. Par exemple, si une personne ne trompe pas son conjoint mais regarde avec plaisir des films érotiques, les émotions associées à ce niveau de plaisir produisent des énergies basses qui s'accumulent dans son âme et la tirent vers le bas.

Toutes les émotions humaines génèrent des énergies de qualité variable, hautes ou basses. Ainsi, selon les plaisirs que l'on recherche, l'âme accumule des énergies basses ou hautes, ce qui la fait s'élever ou s'abaisser.

Et l'Antéchrist joue avec les émotions humaines dans leur registre le plus bas. Par exemple, si une personne prend plaisir à l'alcool, cela entraîne la décomposition des énergies positives de son âme et l'accumulation d'énergies négatives, ce qui provoque une dégradation. De tout vice découle une accumulation d'énergies négatives spécifiques, abaissant l'âme sur l'échelle des énergies négatives. Par conséquent, en fonction de l'accumulation des énergies positives ou négatives, l'Antéchrist effectuera le tri des âmes entre leur appartenance à mon Système ou à celui du Diable. Même si l'on peut attribuer tous ces actes négatifs à une seule personne et l'appeler l'Antéchrist, tout réside en réalité dans l'homme lui-même. Dès qu'un homme devient hautement moral et spirituel, l'Antéchrist n'a plus de pouvoir sur lui.

* * *

Suite de l'entretien avec le Diable à propos de l'Antéchrist
Le Diable répond aux questions :
— Est-ce Vous qui dirigerez l'Antéchrist sur Terre ?
— Naturellement. C'est convenu avec Dieu.
— Est-il déjà apparu ?
— Comment vous répondre clairement ? (Il hésite, cherchant un moyen accessible de se faire comprendre par l'homme moderne). Les Antéchrists ont toujours existé sur Terre. L'Antéchrist est une notion

collective, pas seulement une personne unique. Il est diffusé à travers les gens qui, aujourd'hui, se dégradent. En d'autres termes, chaque fragment de l'Antéchrist se développe dans chaque personne en voie de dégradation.

— **Il est donc réparti sur des millions de personnes ?**

— Même sur des milliards, car même les personnalités positives comportent des côtés négatifs.

— **Et toutes celles qui succombent à l'Antéchrist seront ensuite anéanties ?**

— Non. Je les prends pour Moi… si Dieu Me l'autorise et si j'en ai l'envie. Elles ne M'intéressent pas toutes.

— **L'Antéchrist naîtra-t-il sous la forme d'un individu concret?**

— Dire qu'il naîtra ou non dépend de l'interprétation que l'on en fait. On peut dire qu'il existe déjà, mais sous une forme fragmentée, à travers d'autres. Les personnalités négatives de ce genre travaillent pour Mon Système, et c'est Moi qui leur attribue des programmes selon Mes besoins. L'homme a tendance à tout concrétiser et isoler. Mais, la dégradation est un processus continu, et des personnalités assimilables à l'Antéchrist existent depuis longtemps. Leur activité s'intensifie ou diminue en fonction des époques. Ce n'est qu'après l'an 2000 que l'Antéchrist deviendra une personnalité unique, résultant de la concentration du mal en une seule entité. Cependant, il faut comprendre que l'Antéchrist est un système précis de test pour chaque être humain, et ce système a été conçu par Moi.

*   *   *

Chapitre 5
Les mystères de la vie privée de Dieu

LE CHEMIN DU DÉVELOPPEMENT DE DIEU

Pendant deux mille ans, l'homme a imaginé Dieu, qui a envoyé le Christ sur Terre, comme un vieil homme sage, assis sur un nuage, exauçant les demandes et désirs de tout « enfant bien-aimé », sans rien recevoir en retour de ces enfants.

L'homme pense que Dieu est si bon qu'Il est capable de pardonner et de donner infiniment. Bien sûr, parfois, l'homme admettait qu'Il pouvait aussi punir, comme un parent sévère, mais cette pensée restait rare. Encore moins, il n'essayait pas de fixer son attention sur l'idée qu'il était lui-même obligé de donner quelque chose à Dieu en retour. Il aimait davantage se souvenir d'autre chose : « Demandez et vous recevrez. »

Ainsi, l'homme ne cessait de demander, encore et toujours, sans relâche, et toutes ses veillées de prière étaient ponctuées d'interminables requêtes pour obtenir quelque chose. Souvent, l'homme préférait ne pas s'efforcer d'acquérir par lui-même ce dont il avait besoin, mais choisir plutôt de demander et d'attendre l'accomplissement de ses désirs, sans compter sur ses propres capacités. Et, en effet, certains recevaient ce qu'ils souhaitaient. Et c'est ainsi que la Foi se renforçait.

Mais l'homme ne savait jamais qui accordait ce qu'il demandait, ni en échange de quoi ; il ne comprenait pas non plus que ce qui lui était donné devait ensuite être "remboursé". En vérité, dans le mécanisme complexe du Cosmos, l'homme ressemblait à un enfant naïf et égoïste, espérant obtenir ce qu'il désirait sans compensation pour les efforts des autres, et ignorant tout de la véritable structure du monde.

Seul Dieu Lui-même est capable d'ôter le voile de l'ignorance des yeux de l'homme et de révéler une partie du mystère qui L'entoure depuis des millénaires. L'homme, incapable de comprendre les Supérieurs*, déforme souvent leurs idées élevées en tentant de les appliquer à son monde bas et souillé. Ainsi, par exemple, en cherchant à aimer en imitant les Supérieurs, il accumule souvent tant d'impuretés sur lui-même que seule la purification au Purgatoire après la mort peut l'en libérer. C'est pourquoi seule une conscience élargie et une connaissance des Lois de l'existence hiérarchique peuvent aider l'homme à s'approcher d'une juste compréhension des Vérités Supérieures.

*   *   *

Nous n'avons pas immédiatement eu l'honneur de converser avec Dieu Lui-même lors de nos premiers contacts. Pendant de nombreuses années, nous avons dû gravir les échelons de la hiérarchie, passer par des épreuves de vie, élever notre Niveau énergétique et approfondir nos connaissances sur des questions humaines et cosmiques, jusqu'à ce qu'un jour retentisse cette déclaration :

— C'est Moi qui vous parle, Y... — votre Dieu et Créateur. (Il prononce Son nom cosmique.)*

Et, bien sûr, ce n'est pas dès le premier contact qu'Il a parlé de Lui personnellement. Ce n'est qu'après deux ans qu'Il est venu à nous pour une conversation ouverte, révélant des mystères sur Lui-même que l'humanité moderne ignore probablement. Il faut noter que les Supérieurs n'aiment pas parler de leur vie personnelle. Ainsi, le fait que Dieu ait consenti à nous dévoiler quelques miettes des secrets de Son existence infinie témoigne de Sa Grande Clémence envers l'humanité.

Dans notre compréhension initiale de Dieu, nous nous sommes appuyés sur une déclaration des Hiérarques Supérieurs qui, lors d'un des contacts, à la question : « Que représente Dieu ? », ont répondu :

— En Dieu, les deux tiers (2/3) sont constitués de Systèmes négatifs et neutres, et un tiers (1/3) de Systèmes positifs.

C'est à partir de ce concept que nous avons entamé notre dialogue avec Dieu sur Lui-même.

*   *   *

Questions et réponses avec Dieu :
— Nous savons que Dieu, c'est-à-dire Vous, est constitué à deux tiers de Systèmes négatifs et neutres, et à un tiers de Systèmes positifs. Qu'apporte ce rapport ?

— Le Système positif est chargé de la création (créativité) ; le Système neutre inclut le Système médical et les Systèmes d'assistance ; les autres s'occupent des calculs. Certains associent même la partie neutre au négatif. Mais chaque aspect possède ses subtilités qu'il faut étudier pour éviter les confusions et parvenir à une compréhension correcte.

— Y a-t-il plus de travail lié aux calculs qu'à la créativité dans le Cosmos ?

— Oui, énormément de travail concerne les calculs, a confirmé Dieu. Tout doit absolument être calculé. Bien que concevoir quelque chose de nouveau soit également difficile et demande une grande énergie mentale pour imaginer et créer, la mise en œuvre de ces idées requiert l'intervention de nombreux Systèmes capables de les calculer et de les structurer. C'est cela la réalité. Le processus de création dans le Cosmos est similaire à celui des humains : un architecte conçoit une forme, et de nombreux départements d'ingénieurs la réalisent. Dans le Cosmos, c'est exactement le même rapport.

— Tous les Systèmes négatifs sont-ils équivalents en importance ?

— Non, ils ont des fonctions différentes.

— Pouvez-Vous préciser ces fonctions ?

— Tous les Systèmes négatifs ne remplissent pas une fonction destructrice. Prenons d'abord le Système neutre. Par exemple, une de ses fonctions est la gestion des virus. Certains virus provoquent des maladies chroniques tout au long de la vie. Ils ne mènent pas forcément à la destruction mais régulent les flux et la qualité de l'énergie à l'intérieur de certains volumes. Chez les humains, il existe des maladies chroniques et temporaires, définies individuellement selon leur programme karmique. Les virus, comme vous le savez, sont très variés. Cette gestion relève précisément du Système neutre.

— You… (note de traduction, You ou Iou ou Yu, "Ю" en russe) participe-t-Il à cela ? avons-nous demandé au Hiérarque Supérieur dirigeant le Système médical cosmique.

— Non, Il a un tout autre Système. Mais Il est en contact avec le Système chargé des virus. Il y a une interconnexion, car ils partagent une spécificité commune… Une partie des Systèmes négatifs se consacre à la destruction. Dans le corps humain, il existe aussi un Système négatif qui détruit tout ce qui est étranger et menaçant le bon fonctionnement de l'organisme. Chez Moi, c'est la même analogie. Une autre partie des Systèmes négatifs programme tout. Ce sont les Calculateurs. Il existe de nombreux Systèmes divers, et leur orientation qualitative peut souvent changer selon les objectifs qui leur sont fixés.

— **Tous les Systèmes se trouvent-ils au même Niveau de développement ?**

— Non, ils sont à des Niveaux différents. Les Calculateurs, bien sûr, se situent au Niveau le plus élevé parmi les Systèmes négatifs. Certains d'entre eux font partie de la Gestion. Les Systèmes les plus avancés des parties positives et neutres font également partie de cette base de Gestion lorsqu'ils atteignent des états absolus.

— **Et au-dessus de tout cela, il y a le Système positif ?**

— Oui. Le Système positif est le principal. Il est le plus puissant.

— **Le plus bas de ces Systèmes est-il celui dont l'activité est liée aux meurtres ?**

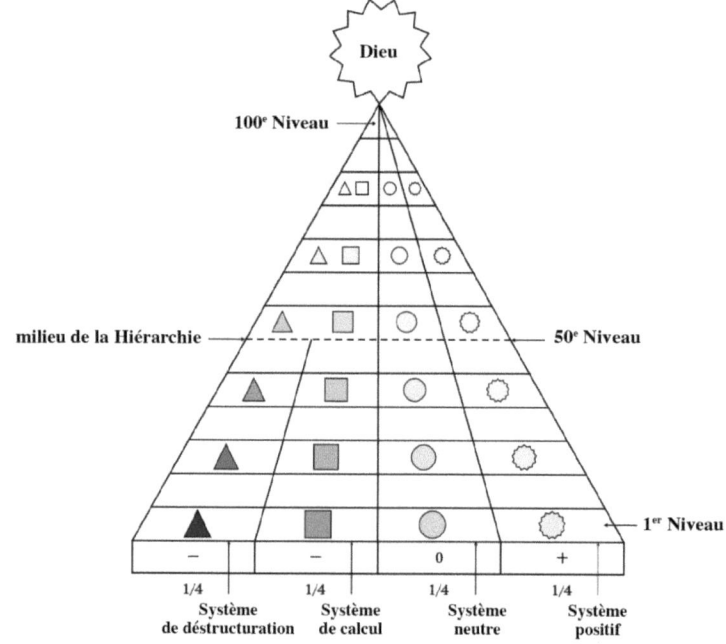

Fig. 2. Transformation des âmes dans la Hiérarchie de Dieu

Légende :
○ – développement de l'âme dans le Système positif
◯ – développement de l'âme dans le Système neutre
▣ – développement de l'âme dans le Système de calcul
▲ – développement de l'âme dans le Système déstructurant

144

— Oui, c'est un des plus bas. Mais il est presque au même Niveau que celui qui se spécialise dans les virus. Ils sont quasiment équivalents en termes de position. Mais, le Système destructeur occupe une plus grande part que le Système des virus, qui est moindre. Tous les Systèmes qui composent Mon univers peuvent être représentés schématiquement comme une pyramide divisée en plusieurs secteurs (Fig. 2). Je supervise tous ces secteurs. Chaque secteur n'est pas constitué d'un seul Système, mais de plusieurs. C'est une représentation simplifiée, mais en réalité, il est impossible pour l'homme de comprendre une telle structure.

— **Pourquoi un tel rapport a-t-il été choisi dans Votre structure ?**

— C'est une question qui peut être posée uniquement sur les plans Supérieurs. Les humains ne sont pas autorisés à le savoir.

— **Êtes-Vous le Dieu de la Terre et de notre Univers ?**

— Oui. Je suis responsable de quatre Univers matériels en tout.

— **Comment ces Univers sont-ils disposés les uns par rapport aux autres ?**

— Ils forment un carré — quatre cellules adjacentes.

— **Pourquoi sont-ils disposés de cette manière et pas autrement ?**

— Si les quatre Univers étaient dispersés, leur gestion serait compliquée. En règle générale, les territoires attribués pour la gestion sont toujours contigus. Si Mes Univers étaient éloignés les uns des autres et que Je devais parcourir ces distances, Mon immense énergie perturberait l'espace situé entre Mes territoires. Et ces espaces eux-mêmes évoluent, ayant leurs propres programmes, leurs propres énergies et leur propre vie. Ainsi, pour une gestion rationnelle, seules des zones adjacentes sont désignées.

— **À l'heure actuelle, êtes-Vous situé dans un endroit précis de notre Univers ?**

— En ce moment, Je suis dans un endroit spécifique.

— **Cet endroit est-il éloigné du système Solaire ?**

— Très éloigné pour vous. Il faudrait construire environ cinquante systèmes solaires similaires pour atteindre Ma position. Et malgré une telle distance entre nous, Nous pouvons entrer en contact avec vous. Cela ne vous semble-t-il pas un miracle ?!

— Oui, c'est étonnant, avons-nous convenu en imaginant cette distance, avant de demander davantage :

— Vous êtes à cet endroit précis de l'Univers uniquement pour la période de transformation de la Terre ?

— Bien sûr. Je travaille partout.

— Une fois les transformations sur Terre achevées, partirez-Vous vers un autre Univers ?

— Les Univers, c'est votre terminologie. C'est ainsi que vous nommez un certain volume spatial dans lequel vous existez. Pour Nous, c'est tout autre chose. Mais Nous sommes contraints d'utiliser vos termes et concepts. Oui, Je partirai dans un autre Univers, mais Mon contrôle s'exerce en permanence sur les quatre. Je suis simultanément présent partout.

Le développement

Nous n'avions jamais entendu parler du développement de Dieu, ni de la manière dont Il a atteint Sa perfection. Nous souhaitions savoir si l'être humain pouvait emprunter ce même chemin. Nous Lui avons donc posé quelques questions à ce sujet :

— Avez-Vous traversé une phase de développement en tant qu'être humain ?

— Non, J'ai suivi un chemin différent de celui de l'homme. Lorsque Je suis apparu, il n'y avait ni Terre ni homme, mais d'autres êtres existaient. Et dans leurs formes, J'ai existé très longtemps. Mon parcours de vie est extrêmement long. J'ai d'abord séjourné longtemps sur le plan physique avant de m'élever.

— Vous êtes-Vous élevé grâce à votre aspiration au développement ou à autre chose encore ?

— Vous comprenez, lorsque la **Substance*** séjourne longtemps dans le monde physique, en s'y perfectionnant, ses parties en développement deviennent plus grandes et plus puissantes. Ainsi, une présence prolongée dans le monde matériel est bénéfique pour la Substance, car elle constitue sa base matérielle pour son évolution ultérieure. Et ce n'est qu'après cela qu'elle peut s'élever. C'est pourquoi J'ai grandi très longtemps et avec persévérance.

— **Y a-t-il eu dans Vos vies passées quelque chose qui a radicalement changé Votre développement ultérieur ?**

— Vous voulez demander ce qui M'a orienté sur le chemin de Dieu, — précisa-t-Il avec tact avant d'expliquer :

— Mes Déterminants Me guidaient, tout comme ils guident l'homme. Et, bien sûr, Je dois une immense gratitude à Mon premier Déterminant, qui a travaillé avec Moi dans les premières phases de Mon développement. Ensuite, quand J'ai compris Mon objectif, Je M'en suis souvenu tout au long de Mes vies suivantes, sans jamais dévier. Bien sûr, J'ai tout expérimenté — ceci, cela et encore autre chose ; J'ai tout traversé, mais Je Me suis toujours souvenu de la voie sur laquelle Mon premier Déterminant M'avait placé. Il M'a guidé pendant Mes premières vies.

— **Vous avez dit que Vous Vous souveniez de Votre objectif à travers Vos nombreuses vies. Vous n'aviez pas perdu la mémoire de Vos vies antérieures, ou bien Votre objectif était-il gravé dans l'âme, dans sa mémoire ?**

— Oui, il était en Moi. L'âme se souvient de l'essentiel, de ce vers quoi elle doit tendre, si cela devient l'objectif de son développement. La mémoire est, bien sûr, désactivée lors de chaque incarnation dans le plan matériel, pour tous. Mais les acquisitions fondamentales de l'âme restent en elle, tout comme ses aspirations et une certaine mémoire des aspects les plus proches de son « moi » intérieur.

— **Cela signifie que pour que l'âme se souvienne, elle doit accomplir des acquisitions qualitatives particulières ?**

— Oui, absolument.

— **Lorsque Vous étiez une simple Essence, avez-Vous également connu beaucoup de souffrances ?**

— Oui, J'ai Moi-même traversé toutes les souffrances, et c'est sur cette base que J'ai construit Ma théorie du développement.

— **Et Vous souvenez-Vous de Vos souffrances ?**

— Bien sûr que Je M'en souviens. Elles constituent la base qualitative de l'âme.

— **Dans Vos mondes, toutes les âmes, au stade initial de leur développement, passent-elles par des souffrances ?**

— Oui, c'est indispensable. Comme l'a montré la pratique, sans souffrance, les qualités de l'âme restent faibles. Mon objectif est de rendre l'âme parfaite.

— Dans les mondes parallèles, les âmes passent-elles également par des souffrances ?

— Dans Mon Système, toutes les âmes, dans n'importe quel monde, traversent des souffrances. Cependant, si certains mondes appartiennent à un autre Système, à un autre Dieu, tout peut être différent. Dans un autre Système, les âmes peuvent évoluer sans souffrances. Mais dans Mes mondes, c'est la méthode de perfection des âmes, un moyen d'éducation pour développer en elles des qualités telles que l'empathie et la compassion pour autrui, l'amour et l'entraide, la bonté et la justice.

— Dans d'autres mondes, les causes des souffrances sont-elles similaires ou différentes ? Par exemple, ce qui constitue une souffrance pour un humain peut susciter des sentiments opposés chez d'autres êtres dans des mondes parallèles.

— Les souffrances existent pour l'humain jusqu'au centième Niveau. Mais dans différents mondes, elles sont globalement similaires.

— Les Déterminants connaissent-ils les souffrances ?

— Non, chez Eux, elles sont déjà absentes.

— Vous avez dit que les causes des souffrances dans Vos différents mondes sont similaires. Par exemple, un humain souffre de ne pas avoir réussi dans la société. Une cause similaire pourrait-elle engendrer des souffrances dans d'autres mondes ?

— Oui, cela peut être le cas. De nombreuses causes de souffrance sont identiques, car Mes sociétés reposent sur les mêmes bases. La structure de Mes sociétés est identique, et cela engendre ces similitudes. Et le développement, on peut dire, suit un modèle uniforme.

— Jusqu'à quel Niveau avez-Vous progressé personnellement en respectant les Lois du karma ?

— Pourquoi « jusqu'à un certain Niveau » ? J'ai traversé tous les Niveaux requis en suivant les Lois de cause à effet.

— Selon le karma*, une âme accumule les énergies qui lui sont nécessaires. Mais à partir d'un certain Niveau de développement, une âme peut-elle réguler elle-même l'acquisition de ses énergies ?

— Bien sûr. À un moment donné, le karma est annulé, c'est-à-dire qu'à partir d'un certain Niveau de développement, quand une personnalité acquiert une conscience suffisante, son perfectionnement se construit différemment. Lors d'un progrès ultérieur, si la Substance a dévié de son chemin de développement, elle devra compenser ce qui lui manque. Elle doit aller de l'avant, mais avant de poursuivre, elle sera obligée de compléter les énergies non accumulées en raison de cette déviation. Cela lui sera évidemment plus difficile. Le programme sera complexifié à un Niveau supérieur, et avant d'entamer le nouveau programme, la Substance devra liquider ses dettes antérieures, c'est-à-dire qu'un programme supplémentaire s'ajoutera au programme principal.

— **Avez-Vous pratiqué une activité de contact pour élever Votre propre conscience ?**

— À un certain Niveau, tous les humains et toutes les entités (essences) passent par une activité de contact, mais sous différentes formes. Certains dialoguent avec leur « moi », d'autres avec leur Déterminant, et ainsi de suite, selon ceux qu'ils peuvent atteindre. Cela fait également partie du programme d'ouverture des capacités, tant pour l'humain que pour la Substance. Les scientifiques, les inventeurs, les écrivains, les artistes, et bien d'autres encore peuvent être des contacteurs. Les contacteurs, sous toutes leurs formes, ont toujours contribué au développement, non seulement d'individus spécifiques, mais aussi de toute l'humanité. Toutes les inventions sont révélées aux inventeurs et aux scientifiques par le biais de contacts avec leurs Déterminants. La différence réside uniquement dans le Niveau du contact : pour certains, il est plus élevé, pour d'autres, plus bas.

— **Quel événement de Votre passé Vous souvenez-Vous encore aujourd'hui ?**

— Je me souviens de tout du passé, jusqu'aux moindres détails. À mesure que l'on s'élève, plus on monte, plus la mémoire de la Personnalité s'ouvre. On se rappelle alors les moindres détails du passé. Autrement dit, au bas Niveau de développement, la mémoire est faible, et vous pouvez oublier beaucoup de choses. Mais en progressant vers un Niveau supérieur, la mémoire s'élargit et peut contenir une grande quantité d'informations avec tous les détails passés, jusqu'aux moindres détails.

Imaginez une structure cellulaire où chaque cellule recueille tout ce qui peut être collecté. Il existe de nombreuses cellules, et elles diffèrent par la qualité de leurs énergies et les formes de vie qu'elles expriment dans leur quotidien. Moi, par exemple, Je peux choisir n'importe quelle alvéole et me souvenir de tout ce dont j'ai besoin. Cela ressemble, à votre Niveau, au visionnage de cassettes vidéo : on prend une vie comme une cassette et on se rappelle tout ce qui s'y est passé.

— **Qui Vous a créé ?**

— Un autre Système, qui Me dépasse. Et Moi, pour ce Système, Je suis comme un atome, la base de quelque chose de plus grand, une fondation.

— **Mais Vous a-t-on créé dès le départ pour une mission grandiose, ou avez-Vous atteint cette position par vos propres efforts?**

— Personne n'est jamais créé directement pour des missions grandioses. Il y a un processus de compétition ordinaire dans le développement et les réalisations. Ensuite, les Meilleurs sont sélectionnés et comparés : on évalue ceux qui présentent le plus d'avantages. Tout est atteint par son propre perfectionnement et son propre travail.

— **Donc, Vous avez tout obtenu grâce à Votre persévérance et à un énorme travail sur Vous-même ?**

— Oui, bien sûr. Peut-être qu'un jour vous y parviendrez aussi. Et Je pense que ce sera le cas. En fait, chaque humain est destiné à une mission divine et finira par y arriver. Vous deviendrez aussi, un jour, des Sommets, des Hiérarchies Supérieures. Et pas seulement vous, mais tout humain, à condition qu'il ne dévie pas de la voie véritable et ne se tourne pas vers le Diable. Là aussi, il y a des Sommets propres.

— **Dans l'Univers, il y a de nombreuses galaxies, et pas seulement les Vôtres ?**

— Oui, elles sont innombrables. Et l'ensemble du Cosmos constitue un gigantesque organisme, où chaque Univers peut être perçu comme une cellule de cet organisme.

— **Existe-t-il également, dans le microcosme, de nombreuses cellules, chacune ayant son propre Dieu ?**

— Oui, chaque cellule a son propre Dieu, son propre Gouverneur.

— **Pouvez-Vous communiquer avec d'autres Dieux ?**

— Oui, je le peux.

— Ces communications se font-elles par contact ?

— Cela arrive en cas de nécessité extrême.

— Existe-t-il une relation d'égalité dans le Cosmos entre Vous, en tant que Dieu d'un grand Univers, et les Dieux des micro-univers?

— Tous sont relativement égaux. La différence réside dans la proportion des énergies constituantes de chaque Univers en comparaison à celles des autres Univers. Tous les mondes qu'ils contiennent représentent des composants énergétiques spécifiques. Leur quantité détermine les différences entre elles.

— Vous parlez de la quantité d'énergie ?

— Oui. Je possède une certaine quantité d'énergies, un autre Dieu en possède une autre. Voilà où réside notre distinction. Bien entendu, la qualité de ces énergies a aussi son importance.

— En termes de hiérarchie, d'autres Dieux Vous sont-ils subordonnés ?

— Non.

— Les Dieux de ces micro-univers peuvent-ils être en conflit les uns avec les autres ?

— Cela peut arriver, mais c'est extrêmement rare.

— Qui agit comme arbitre en cas de différends entre Eux ?

— Ce rôle est tenu par des Systèmes unificateurs et législatifs. Ce sont des Systèmes similaires à Mon E.S.C. (L'Équipe de Surveillance de la Coalition), mais à une échelle bien plus grande.

— Des systèmes comme le E.S.C. existent-ils dans chaque Galaxie ?

— Oui, cette structure est absolue.

— Êtes-Vous informé de ce qui se passe dans d'autres Univers?

— Je supervise un certain nombre d'Univers, et je sais ce qui s'y passe. Pour d'autres, il est bien sûr possible de s'y connecter, mais cela demande (coûte) beaucoup d'énergie et de travail.

— N'est-il pas nécessaire de coordonner Votre travail avec celui des autres Univers ?

— En réalité, nous recevons les informations nécessaires. Nous avons des messagers qui nous indiquent ce qu'il faut faire et où concentrer Nos efforts. Cela peut être comparé à un système nerveux dans le corps humain, qui relie les différentes parties à un centre de contrôle. De manière analogue, Nous avons ces connexions qui fonctionnent dans le Cosmos.

— **Quelle est la relation entre Vos quatre Univers physiques et les autres Univers matériels ?**

— Nous collaborons uniquement avec ceux qui sont directement adjacents à Mes domaines.

— **Et ils ne peuvent pas entrer dans Votre zone d'influence ?**

— Je peux établir un contact et coopérer avec les Univers voisins dans la limite de l'énergie dont Je dispose. Bien sûr, nous avons également des connexions à longue distance, comparables à vos communications radio ou téléphoniques, mais vos systèmes sont très primitifs. Nos méthodes de connexion sont bien plus sophistiquées, plus subtiles, et plus avancées.

— **Dans d'autres Univers, existe-t-il des hiérarchies similaires à la Vôtre, ou des structures complètement différentes ?**

— Dans d'autres Univers, tout est différent. Cela peut être comparé aux organes dans un corps : chaque volume spatial de l'organisme du Cosmos, ou plus précisément de la **Nature***, correspond à un organe dans le macro-organisme cosmique. Chaque organe a sa propre structure. Ainsi, bien que l'organisme soit unique, tout y est distinct. De la même manière, tout est différent dans Mes galaxies. Pour comprendre, prenez votre propre corps : dans chaque organe, aucune cellule n'est identique aux autres. Toutes sont absolument uniques.

— **Vous contrôlez actuellement quatre Univers. Lorsque Vous progresserez davantage, combien en aurez-Vous sous Votre autorité : huit, seize ?**

— Cela dépendra du Niveau hiérarchique que j'atteindrai et de la quantité d'énergie que je pourrai accumuler. Plus je disposerai d'énergie, plus je pourrai étendre Mon Pouvoir à tout ce qui M'est fourni. Tout dépend de la quantité et de la qualité des énergies accumulées.

— **Cela dépendra-t-il aussi du nombre d'âmes qui Vous sont subordonnées ?**

— Naturellement, cela repose sur les énergies constituantes, qui représentent toujours des potentiels.

— **Vous êtes donc intéressé par le fait d'avoir le plus d'âmes possible ?**

— Je me développe, tout comme vous, et il est nécessaire pour Moi d'augmenter Mes capacités quantitatives. Mais, les âmes, je les crée Moi-même, en fonction de mes besoins.

— Pourquoi avez-Vous décidé de créer des âmes pour Vous-même ? Vous auriez pu en acheter dans d'autres Univers.

— Non, dans d'autres Univers, qui ne sont pas les miens, les âmes ne possèdent pas les qualités qui Me conviennent. Dans ce cas, l'importation n'a pas de sens dans cette situation. De plus, on ne peut pas bâtir un Monde sur des acquisitions externes. Ce qui est à Moi doit être cultivé par Moi-même et répondre aux qualités dont J'ai besoin.

— Cela revient probablement moins cher, n'est-ce pas ?

— Oui. Les opérations que Nous réalisons Nous-mêmes peuvent être comparées à des pratiques similaires sur Terre. Par exemple, certains s'adonnent au commerce d'animaux et d'oiseaux, tandis que d'autres préfèrent les élever eux-mêmes. Bien sûr, au niveau commercial, acheter est plus avantageux, mais la qualité dont vous avez besoin ne peut être obtenue que par vos propres efforts et votre travail personnel. C'est pourquoi, dans ce cas, il est plus facile de produire soi-même et de contrôler la qualité. Un commerçant ne pourra jamais voir ce qui se cache à l'intérieur de son produit, c'est-à-dire sa qualité. Moi, Je peux le voir, mais pas lui. Mais, même Ma capacité à voir l'objet ne Me permettra pas d'avoir ce dont J'ai besoin, car personne ne pourra jamais Me créer une âme dotée des qualités nécessaires pour Moi.

— Les âmes Vous aident à Vous développer. Par conséquent, plus elles progressent rapidement, plus Vous Vous perfectionnez rapidement également ?

— Oui. Nous sommes interdépendants. Et donc, chaque individu qui traîne dans son développement ou qui s'engage sur la voie de la dégradation retarde avant tout Mon propre développement.

— Quand Vous Vous élèverez à un Niveau supérieur, toute Votre Hiérarchie s'élèvera-t-elle avec Vous, ou bien serez-Vous le seul à progresser ?

— Non, Ma Hiérarchie fait partie, pour ainsi dire, de Mon organisme. Je ne peux pas, par exemple, arracher Ma main de Mon corps. Donc, Ma Hiérarchie, en tant qu'unité, s'élève avec Moi.

— Les humains ont un passé et un futur. Mais qu'est-ce que le passé représente pour Vous ? A-t-il une importance particulière ?

— Bien sûr qu'il en a. Mon passé, c'est toute l'information accumulée, et cela inclut aussi Mes qualités et tout Mon travail.

— **Et que représente pour Vous l'avenir ? Est-ce une chaîne d'événements, une découverte de nouvelles choses, une créativité, ou tout cela ensemble ?**

— Mes plans sont grandioses, bien au-delà de la compréhension humaine.

— **Pourrait-on avoir une idée approximative de ces plans ?**

— Vous ne pourriez pas comprendre. C'est un travail au sein d'un organisme immense.

— **Et ce travail Vous semble-t-il fascinant ?**

— Bien sûr. Chacun choisit ce qui lui plaît le plus. Nous avons aussi la liberté de choix.

— **En quoi consiste actuellement Votre vie : éduquer les Substances, créer de nouvelles âmes et mondes, ou contrôler tout ce qui se passe dans Vos Univers ?**

— Ma vie consiste en tout ce qui M'entoure. Je vis à travers cela. Vous comprenez bien que Je vis en chacun de vous, et sans vous, Je ne serais pas Moi-même. De la même manière, un père aimant vit à travers les intérêts de son enfant, et cela élève ses qualités humaines.

— **Dans Votre vie, l'éducation des Substances et des humains joue-t-elle un rôle important ?**

— Bien sûr, l'éducation a toujours une importance capitale, car c'est elle qui détermine la qualité des âmes. J'y consacre beaucoup d'efforts et de ressources.

— **Lors d'un contact précédent, il a été dit que l'âme se perçoit comme « je » uniquement au début de son développement. Cela soulève une question : comment l'âme se perçoit-elle au fur et à mesure de son évolution ? Ce n'est plus comme « je », mais comme une forme d'unité ?**

— L'âme ressent qu'elle fait partie d'un vaste ensemble et qu'elle en est une composante essentielle.

— **Et une Substance Élevée se perçoit-elle comme une forme de communauté ?**

— Comme une partie d'un tout, mais très grand.

— **Excusez ma question, mais comment Vous Vous percevez-Vous ?**

— Je Me perçois à la fois comme « Moi », comme une certaine Unité et comme une Totalité, parce que Je suis un type de développement abouti à ce stade. Et tant qu'un type abouti n'a pas atteint l'étape suivante, il reste lui-même et se ressent comme « je », comme une Personnalité. Mais quand Je passerai à une autre étape de développement, dans une Hiérarchie plus élevée, Je Me percevrai à nouveau comme une partie d'un **Volume*** encore plus grand.

Le travail de Dieu

Pour la première fois, l'homme a eu la possibilité de découvrir en quoi consiste le travail de Dieu dans Son monde, et nous ne pouvions pas manquer d'en profiter pour élargir notre compréhension du monde et des intérêts des Suprêmes. Nous avons adressé à Dieu les questions suivantes :

— Pouvez-Vous dire où Vous trouvez personnellement de la joie ou de la satisfaction ?

— Je n'ai ni joie ni satisfaction. Nous n'avons pas de sentiments.

— Mais Vous trouvez tout de même un certain degré de satisfaction dans quelque chose. Préférez-Vous le travail, les échanges avec d'autres, ou bien l'acquisition d'énergie ?

— En ce sens, Je trouve de la satisfaction dans tout ce que J'ai et que Je fais. Cependant, les sentiments ne sont pas nécessaires aux Supérieurs pour s'orienter dans leur environnement ou dans leurs actions. Nous les remplaçons par une Conscience Supérieure. Si J'ai besoin de quelque chose, Je le fais, et Je le fais dans la mesure nécessaire. Les sentiments sont propres aux humains : vous êtes heureux quand quelque chose vous réussit, et vous essayez de tout mesurer selon votre propre perspective. Chez Nous, c'est différent.

— Cela signifie que Vous ne faites que travailler, rien de plus?

— Oui, seulement travailler. Mais Nous avons aussi de la créativité. Et la créativité place l'âme dans un état élevé particulier.

— Nous savons que Vous êtes actuellement très occupé à cause de la reconstruction de la Terre. Dans combien de temps pensez-Vous être plus libre ?

— Nous n'avons pas de temps. En ce qui concerne l'occupation, Nous faisons toujours quelque chose, Nous sommes toujours occupés.

La charge de travail est constante, et c'est l'essence même de Notre existence. Nous n'avons pas de repos à proprement parler. Plus vous montez dans l'échelle hiérarchique, plus la charge de travail est importante. Le rythme est intense et exigeant. Plus haut vous êtes, plus le tourbillon (cycle) des tâches est grand. Ce tourbillon (cycle) est tel que vous ne pouvez même pas l'imaginer.

— **Une Personnalité Supérieure accomplit-elle toujours les tâches qui lui sont assignées ?**

— Bien sûr. La charge de travail correspond au Niveau que l'âme a atteint dans son développement. Elle est donc potentiellement prête pour le travail qui lui est confié et le tourbillon des tâches qui l'accompagne.

— **Vous travaillez avec de nombreuses Personnalité Supérieures au sein de Votre Hiérarchie. Parmi Vos Aides, en avez-Vous que Vous préférez ?**

— Non. Il y a simplement des Personnalités que Je respecte.

— **Les estimez-Vous pour leur intelligence ou pour leur travail accompli ?**

— Pour leur travail.

— **Vous élevez Vos Substances dans les quatre Univers de Votre Hiérarchie, Vous réorganisez les mondes, et cela constitue Votre travail intérieur. Menez-Vous également un travail extérieur?**

— Le travail extérieur est lié à cela, car tout processus d'éducation ou de réorganisation nécessite des moyens considérables, ce qui implique des actions d'échange mutuel. Je suis à la fois dedans et dehors.

— **Rencontrez-Vous d'autres Personnalités semblables à Vous, mais situées en dehors de Vos territoires ?**

— Bien sûr. Il y a beaucoup de Personnalités à Mon Niveau. Nous interagissons en permanence.

— **Et sur quels sujets interagissez-Vous ?**

— Tous les sujets sont liés au travail. Nous coordonnons des processus distincts car Nous avons un objectif commun et unique à Notre **Niveau***, pour lequel Nous travaillons tous et devons synchroniser Nos actions.

— **Nous savons que Vous collaborez avec le Hiérarque du Système Médical. Ces liens relèvent-ils du travail intérieur ou extérieur ?**

— La collaboration avec le Système Médical, l'E.S.C et le Diable relève des liens intérieurs. Les liens extérieurs concernent uniquement des Personnalités semblables à Moi. Quant à l'E.S.C, au Diable et à You… (nom cosmique du Hiérarque du Système Médical), Ils sont en dessous de Moi.

— Existe-t-il entre Vous un esprit de compétition, par exemple pour l'expansion des territoires cosmiques ou l'acquisition de nouvelles énergies ?

— Oubliez le mot "cosmique". Il est obsolète. Ce concept est propre à l'homme moderne, — Nous a-t-Il corrigés avant de poursuivre : — Quant à la compétition, chez Nous, elle est différente, plus noble que chez vous. Par exemple, les humains organisent des olympiades dans certains domaines de savoir. Chez Nous, il peut y avoir des choses similaires. Nous comparons qui, parmi Nous, a progressé le plus vite, qui a atteint les réalisations les plus significatives. Celui qui réussit obtient davantage de possibilités et un territoire plus vaste pour fonctionner. Mais la compétition, telle que vous la concevez, ne Nous est pas propre. Nous Nous soutenons mutuellement, Nous découvrons tout ce qui est nouveau pour Nous-mêmes et pour les autres, et Nous sommes toujours heureux pour celui qui atteint le but en premier. Vous appelez cela des relations fraternelles. Nous ne rivalisons jamais comme le font les humains.

— Vous donnez-Vous des conseils les uns aux autres ?

— Naturellement. Notre interaction repose sur l'entraide et le soutien mutuel. Nous avons un objectif commun. Comment pourrait-on l'atteindre sans coordination et compréhension mutuelle ?

— Comment élargissez-Vous Vos zones d'influence sur d'autres mondes ?

— Je ne peux pas m'étendre de Mon propre chef, selon Mon désir. Je ne travaille qu'avec Mes mondes et dans leurs limites. C'est ce qui M'est permis.

— Et qui crée alors de nouveaux mondes et procède à leur expansion ?

— Ce qui est en Mon pouvoir, Je le fais et Je crée de nouvelles choses dans les limites qui m'ont été attribuées. Par exemple, un humain reçoit un territoire vierge et y réalise tout ce que lui permet sa fantaisie, selon ses moyens. Il en va de même pour Nous, mais avec certaines particularités. Il existe une subordination et une coordination générales dans le développement. Cela signifie que l'expansion, qui peut être réalisée par d'En-Haut, est effectuée par Lui, et c'est ainsi que tout le reste s'étend. En d'autres termes, ce dans quoi Nous existons — un certain **Volume général*** — s'élargit en premier, et cela permet d'accroître les frontières de tout ce qui s'y trouve. Cela illustre la coordination (cohérence) des actions. Initialement, il y a une augmentation du Volume global et du potentiel de l'espace dans lequel Nous existons, et simultanément une croissance de tout ce qui est à l'intérieur de cet espace. Une certaine séquence logique fonctionne ici. Mais, chacun, individuellement, n'a pas le droit de s'étendre de son propre chef. Cela violerait les Lois générales de l'existence dans la Création (Méga-Univers) et l'intégrité de **l'Absolu*** en tant qu'unité de cohésion.

— **Étendez-Vous Vos zones d'influence sur les mondes inférieurs existants ?**

— Bien sûr. Je travaille avec eux et les élève à des Niveaux de développement supérieurs.

— **Sur les mondes inférieurs, Votre influence passe-t-elle par les connaissances ou les situations ?**

— Cela se fait de la même manière que sur votre Terre. Les humains aussi appartiennent à un monde inférieur.

— **Existe-t-il d'autres moyens d'élargir vos zones d'influence?**

— La créativité. Rien d'autre que la créativité. Ce que Je crée, ce que J'invente, c'est ce que Je possède.

— **La fin d'une ère approche sur Terre. Votre implication dans les affaires terrestres prendra-t-elle fin en l'an 2000, et que se passera-t-il ensuite ?**

— Mon implication ne prendra pas fin, car la Terre sera toujours sous Ma protection. Mais à certains moments de son développement, Nous descendons vers elle. Par exemple, actuellement, Nous, c'est-à-dire Moi et d'autres Substances Supérieures, sommes rapprochés de la Terre en raison du changement d'ère, ou plus précisément du passage de la planète à une nouvelle orbitale. Ensuite, pour faire simple, une autre tâche Nous attendra, plus complexe. Ici, l'essentiel sera déjà accompli, et Nous laisserons certaines de Nos Substances Supérieures poursuivre le travail, tandis que Nous-mêmes Nous occuperons d'autres choses ailleurs.

— **Venez-Vous personnellement sur Terre pendant les changements d'ère ?**

— Oui.

— **Et le Diable vient-il avec Vous ?**

— Oui, ensemble. Nous existons toujours parallèlement avec Lui. Nous collaborons.

— **Y a-t-il d'autres raisons qui Vous amènent à descendre sur Terre, en dehors des changements d'ère ?**

— Cela se produit lorsque la vie sur Terre est menacée par des Systèmes Cosmiques extérieurs à Mon influence.

— **De telles menaces ont-elles déjà eu lieu ?**

— Bien sûr qu'il y en avait.

— **Nous savons que la Terre est gouvernée par M... (nom cosmique du Gouverneur de la Terre)*, mais en même temps, beaucoup de choses sont permises au Diable. Quelle est la part de participation du Diable dans les affaires de M... sur Terre ?**

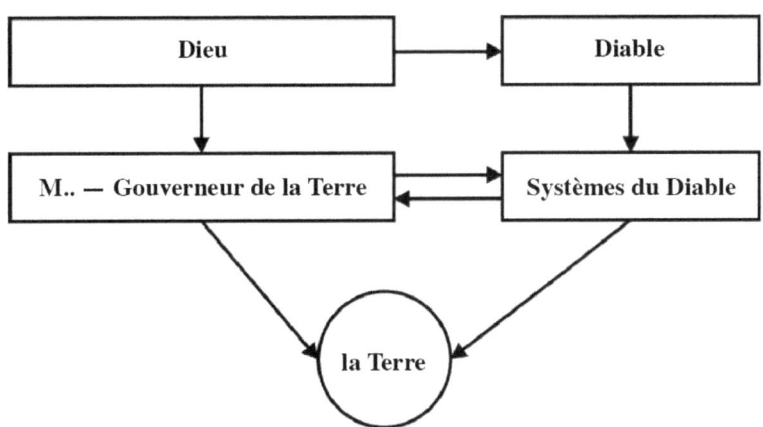

Fig. 3. Gouvernance de la Terre

— Le Diable a son propre Système sur Terre, sur lequel Il exerce aussi son autorité. Ainsi, la répartition des pouvoirs concernant la Terre

159

est la suivante (un schéma est fourni, Fig. 3)* : Nous, avec le Diable, sommes au sommet, et M… est en dessous, au-dessus de la Terre. Sur ce même Niveau se trouvent les Systèmes du Diable. Ces Systèmes, qui se situent au même Niveau que M…, travaillent ensemble avec Lui. Ce sont tous des Systèmes du Niveau terrestre, c'est-à-dire que Mes Systèmes positifs, sous la direction de M…, et les Systèmes négatifs, sous celle du Diable, opèrent avec la Terre. Mais ces Systèmes, qu'ils soient positifs ou négatifs, appartiennent tous au même Niveau de développement.

— **À quel point êtes-Vous plus âgé que le Diable ?**

— Si Nous comparons avec votre temps, on peut dire deux fois plus âgé. Bien que Lui et Moi existions bien avant l'apparition de votre Terre.

— **Comment a-t-Il réussi à s'émanciper (se libérer) de Votre tutelle, alors que l'Univers Vous appartient ? Et comment a-t-Il pu construire sa propre Hiérarchie ?**

— C'est le fruit de Mon choix. J'avais le choix, et Je L'ai laissé faire, Lui permettant de créer Son propre domaine tout en collaborant avec Moi. Par exemple, J'avais aussi Mon propre You… (Hiérarque du Système Médical)*. Mais Lui ne s'est pas émancipé de Mon autorité ; simplement, Son travail acharné a fait naître une branche spécifique et autonome — médicale.

— **Vous auriez pu décoder* le Diable à un moment donné pour Ses méfaits, mais Vous ne l'avez pas fait, alors que Vous le faites pour d'autres personnes coupables des mêmes actes. Cela signifie que Vous L'avez estimé pour certains mérites et que Vous L'avez donc épargné. Pour quels mérites L'avez-Vous estimé ?**

— Pour **son obéissance**, avant tout. Quoi qu'il en soit, Il est obéissant. Et aussi pour **sa précision**. En outre, **il fallait bien que quelqu'un accomplisse les tâches sombres**, c'est pourquoi Je L'ai conservé.

— **Le Diable fait-il partie de «l'Union» des Systèmes hiérarchiques ?**

— Il se situe au-dessus d'eux.

— **Le Diable contrôle-t-il le temps ?**

— Non. Le temps ne lui est pas soumis.

— **Le temps Vous est-il entièrement soumis ?**

— Le temps terrestre m'est totalement soumis. En ce qui concerne le temps cosmique universel, il s'agit d'une grandeur **absolue*** qui n'appartient à personne, mais qui peut être manipulée. Lors de la création de structures, une quantité requise d'unités de temps est extraite et intégrée dans une structure globale. Ces unités de temps varient selon les différents mondes.

— **Mais le Diable peut-il également manipuler le temps ?**

— Dans ce domaine, bien sûr, Il a le droit d'agir. Nous collaborons, mais il existe certaines subtilités qu'Il ne connaît pas, ce qui Le rend dépendant de Moi sur ce point.

— **Selon une légende humaine, un des anges noirs Vous a trahi. Y a-t-il eu de grandes trahisons pendant Votre existence antérieure?**

— À quelle période exactement ? Ma vie remonte très loin dans le passé.

— **Avant la période biblique. La légende parle de la trahison de Lucifer. Cette légende a-t-elle un fondement rationnel ?**

— Bien sûr. Les trahisons existent. — (Un ton de tristesse transparaît dans ses paroles. Ce sujet semble lui être désagréable. Mais notre curiosité nous pousse à poser d'autres questions.)*

— **Lucifer est-il le Diable lui-même ?**

— Non, — a-t-Il répondu brièvement et à contrecœur.

— **Avez-Vous connu dans le passé des trahisons qui Vous ont causé du tort ? Ou êtes-Vous toujours préparé aux trahisons ? —** continuons-nous à chercher la vérité, curieux des relations entre les **Supérieurs.**

— Comprenez que si l'on me cause du tort, je m'élève encore davantage dans mon développement.

— **Cela nous est difficile à comprendre. Comment peut-on s'élever davantage ainsi ?**

— C'est difficile à expliquer avec votre Niveau de compréhension humaine, mais Je vais essayer. Supposons que Je sois trahi. Celui qui me trahit s'en va, laissant une place vide dans une de mes cellules. Je la remplis alors avec une nouvelle énergie. Cela provoque un afflux d'**énergies qualitatives*** nouvelles, ce qui déclenche un élan vers le perfectionnement et le renouveau. Grâce à cet échange énergétique, un développement accéléré se produit. On peut même dire que la trahison fait partie de Mes expériences, qui Me donnent force et vitesse dans mon évolution. C'est un processus d'auto-perfectionnement. Cela ressemble à vos propres épreuves émotionnelles, qui entraînent toujours une progression et une croissance.

*   *   *

— **Puis-je poser une question sur Votre vie personnelle ?**
— Que voulez-vous savoir ?
— **Avez-Vous eu des enfants lorsque Vous viviez en tant qu'Entité (Essence) ordinaire ?**
— Bien sûr. J'ai vécu comme tout le monde.
— **Certains de Vos enfants Vous ont-ils suivi ?**
— Beaucoup M'ont suivi et ont également atteint de très hauts Niveaux.
— **Puis chacun a suivi son propre chemin ?**
— Évidemment, chaque individu suit son propre chemin.
— **Et aujourd'hui, certains d'entre eux sont-ils proches de Vous ?**
— Oui, certains sont très proches. Certains d'entre eux sont même entrés en Moi, au sens figuré.
— **Entrés en Vous ?** — avons-nous demandé, perplexes. — **Comment cela est-il possible ?**
— Dans ma Hiérarchie, les âmes, à mesure qu'elles évoluent, montent jusqu'au sommet de la pyramide hiérarchique, où Je Me trouve (Fig. 4). Une fois au sommet, elles empruntent un canal particulier pour entrer en Moi (fusion avec Dieu)*. Elles montent, puis entrent en Moi. Toutes les âmes de cette pyramide doivent entrer en Moi, jusqu'à la dernière Substance, avant que je puisse progresser vers une autre pyramide, plus grande et plus avancée, en commençant par son premier Niveau. La structure de la pyramide inférieure reste en place. Pendant que mes âmes entrent en Moi, la pyramide se remplit parallèlement d'autres âmes. Cette nouvelle génération d'âmes est destinée à quelqu'un d'autre qui viendra prendre Ma place.

Comme mentionné précédemment, après plusieurs contacts avec Dieu, nous avons également établi quelques séances de communication avec le Diable. Dieu nous a offert cette opportunité de manière inattendue. Cela avait pour but de nous permettre de comparer les

162

différences entre les mondes de Dieu et ceux du Diable*, de comprendre la nature du bien et du mal à un nouveau tournant de développement, et, semble-t-il, de tester notre fidélité envers Lui.

C'est pourquoi beaucoup de questions suivantes ont été basées sur les concepts énoncés par le Diable.

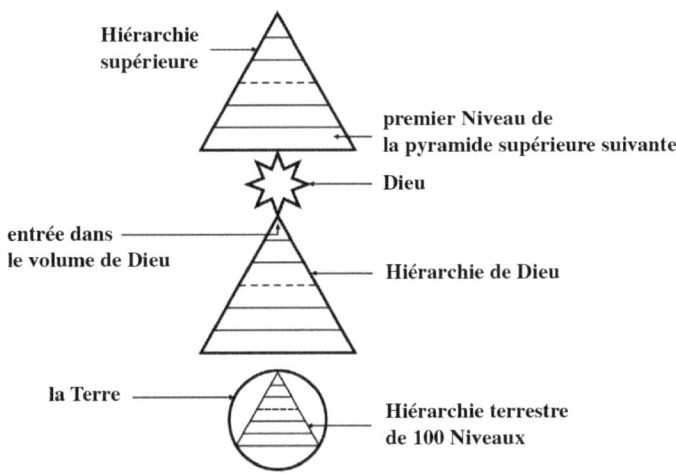

Fig. 4. Mouvement progressif des âmes à travers les Hiérarchies

Les réponses suivantes sont données par Dieu :

— Lors d'un de ses contacts, le Diable a dit que dans le Cosmos, toutes les entités s'approprient de l'énergie. Cela signifie-t-il que l'égoïsme individuel est considéré comme une qualité positive dans le Cosmos ?

— Une vérité peut être énoncée, mais pas entièrement expliquée. Ainsi, sans comprendre nos relations, l'homme l'interprétera toujours de manière erronée. S'approprier de l'énergie dans nos Systèmes n'est pas de l'égoïsme. C'est notre travail. Nous ne nous approprions pas cette énergie pour Nous-mêmes. L'énergie acquise est utilisée pour divers besoins des Systèmes hiérarchiques, pour des constructions variées. On peut dire que chez Nous, tout est commun, et chacun travaille pour le bien collectif.

— **Le Diable a dit qu'il a inventé la magie noire. Alors, qui a inventé la magie blanche ?**

— La magie blanche vient de Moi. J'ai ordonné à Mes êtres, en réponse à la magie noire, de créer la magie blanche.

— **Quelle est la différence entre la magie blanche et la magie noire ?**

— Elle réside dans le recrutement des âmes. Celui qui pratique la magie noire est recruté par le Diable.

— **Et les personnes ordinaires qui font appel aux services d'un mage noir, sont-elles aussi recrutées par le Diable ? Supposons qu'un mage noir aide quelqu'un parmi les gens ordinaires, cela signifie-t-il qu'il les recrute aussi ?**

— Le mage recrute ses clients uniquement si ces derniers en expriment eux-mêmes le consentement. En fournissant simplement une aide, personne ne peut être recruté. Tout recrutement, qui se produit sur le plan terrestre, n'est possible qu'avec Mon autorisation. Tout est fait selon Ma volonté. En général, les personnes qui s'adressent à un mage noir ont une prédisposition karmique qui les amène à participer à cet acte. Tout est lié à leur karma. Quant au mage lui-même, qui pratique directement la magie, il appartient déjà au Diable.

— **Peut-on considérer la magie comme une forme de créativité ?**

— Toute action qui s'accompagne d'inspiration est une forme de créativité. Mais seules les âmes liées au Diable, qui se trouvent sur Terre, s'adonnent à cette créativité. C'est justement pour ces capacités qu'Il les attire de Son côté.

— **Le processus par lequel quelque chose de nouveau est créé peut-il être considéré comme de la créativité ?**

— Oui, les actions inspirées qui mènent à l'émergence de quelque chose de nouveau. Une action peut créer quelque chose de positif ou de négatif, mais l'essentiel est qu'elle diffère de tout le reste. Ainsi est-il considéré dans Mon Hiérarchie.

* * *

Chapitre 6
La Composition de la Hiérarchie de Dieu

LA HIÉRARCHIE DE DIEU
Les niveaux de la Hiérarchie

Il est temps de se familiariser, même brièvement, avec les mondes de Dieu. Dieu possède à la fois des mondes physiques et des mondes subtils, invisibles pour l'homme. Leur structure présente des analogies, mais aussi des différences. Si nous pouvons nous faire une idée des plans matériels, les mondes subtils restent incompréhensibles dans leur organisation, et seul Dieu est capable d'en révéler la structure. Nous commençons cette exploration par une question :

— **Le monde physique est construit selon le principe de "poupées russes imbriquées". Selon quel principe sont construits les mondes subtils ?**

— Selon le principe de la Hiérarchie.

— **Et les mondes spirituels ?**

— Ma Hiérarchie, ce sont précisément les mondes spirituels.

— **La Hiérarchie suit-elle aussi le principe des "poupées russes imbriquées" dans sa structure ?**

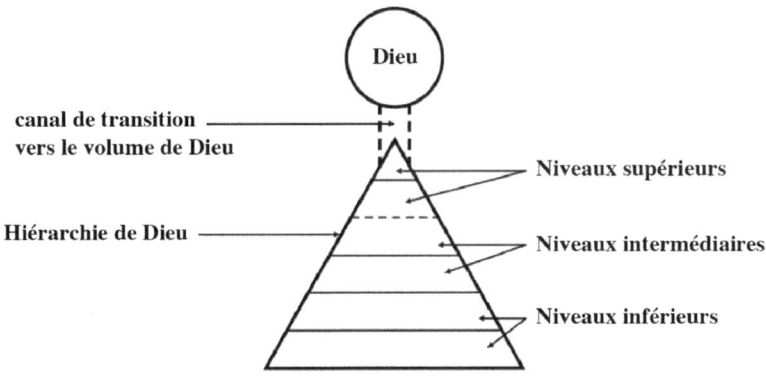

Fig. 5. Hiérarchie de Dieu

— C'est une échelle infinie qui monte, composée de Niveaux, c'est-à-dire de mondes ayant chacun un degré spécifique de développement. À chaque Niveau correspond une structure spécifique destinée à accomplir un travail particulier (Fig. 5).

— Vous contrôlez des Systèmes hiérarchiques et possédez différents mondes. Comment tout cela est-il coordonné ?

— Cela est coordonné par la Hiérarchie, une structure multidimensionnelle existant dans de nombreux plans. Les mondes sont habités par des Systèmes hiérarchiques, qui représentent des communautés de Substances Supérieures, unies par une activité spécifique et un degré déterminé de développement. Les Systèmes hiérarchiques qui gouvernent la Terre se trouvent sur des plans proches du terrestre. Au-delà des Niveaux intermédiaires, il ne s'agit plus de Systèmes, mais d'autres types de communautés dans leur construction. Absolument tout fait partie de Ma Hiérarchie, qui ressemble structurellement à une pyramide.

La Hiérarchie est divisée en un certain nombre de Niveaux ou mondes. Dans la perception humaine, un Niveau est une étape de développement permettant de gravir l'échelle hiérarchique. À chaque Niveau se trouvent des Substances correspondant énergétiquement à ce monde et, par conséquent, à un certain degré de développement. Cela peut être comparé au système éducatif de votre école : les enfants de sept ans sont regroupés en première année et vivent dans leur propre monde, tandis que les jeunes de dix-sept ans sont en terminale. De même, les mondes sont des sphères d'existence adaptées aux caractéristiques et exigences de chaque Niveau. Chaque Niveau possède son propre degré de développement, et on y trouve donc des Systèmes hiérarchiques spécifiques.

— Un Niveau contient-il plusieurs mondes ou un seul ?

— Un Niveau est un monde global divisé en plusieurs mondes partiels, ou sous-niveaux. Ces mondes partiels abritent des communautés regroupées selon des étapes de développement, car au sein d'un même Niveau, il y a des **Substances*** ayant atteint le sommet de leur développement et prêtes à passer au Niveau supérieur, d'autres qui viennent juste d'y accéder depuis un Niveau inférieur, et d'autres encore qui sont à un stade intermédiaire de développement. Ainsi, progresser au sein même d'un Niveau implique une certaine échelle. Les Niveaux sont divisés, dans vos termes, en classes, et chaque classe, c'est-à-dire étape de développement, dispose de programmes spécifiques. Chaque étape et chaque communauté suivent leur propre programme de développement.

— Les mondes appartenant à un même Niveau se ressemblent-ils ?

— Non. Chacun existe dans son propre état. Tout est différent, bien que certains points communs puissent exister.

— Comment la vitesse du temps change-t-elle dans la Hiérarchie à mesure que l'on monte dans les Niveaux ?

— Dans la Hiérarchie, à chaque Niveau, le temps est transformé et ne conserve pas la facture qu'il possède sur Terre. Chaque Niveau de temps représente une version transformée de sa base précédente. Ainsi, même le premier Niveau de la Hiérarchie n'a pas le même temps que celui qui fonctionne sur Terre. On peut même dire que dans les mondes Supérieurs, le temps n'existe pas en tant que tel, mais sous des formes transformées. Aux Niveaux inférieurs de la Hiérarchie, ces formes sont moins actives ; plus on monte, plus elles deviennent dynamiques. Autrement dit, plus le monde est élevé, plus le temps est accéléré. Dans votre monde physique, le temps est tellement ralenti par rapport au nôtre que vous Nous paraissez extrêmement lents et maladroits, comme des tortues. Mais, plus une Substance est puissante, plus elle a de possibilités d'action dans un temps rapide.

— Qu'est-ce qui met tout en mouvement : le temps, le programme ou autre chose ?

— Le temps. Il est intégré au programme de développement et en amorce le déploiement.

— Combien de Niveaux du plan terrestre une personne doit-elle parcourir pour atteindre le premier Niveau de la Hiérarchie ?

— Elle doit franchir cent Niveaux terrestres. J'ai conçu la Hiérarchie de l'Humanité. Je suis son Dieu.

— Chaque Niveau possède-t-il une densité énergétique propre?

— Oui, ainsi qu'une extension propre. Chaque Niveau est caractérisé par des paramètres spécifiques.

— L'extension d'un Niveau diffère-t-elle d'un autre ?

— Oui. Tout monde possède son propre volume spatial et ses propres frontières.

— De quoi cela dépend-il ?

— De la proximité avec la matière. Plus un Niveau est proche de la matière, plus il est étroit ; et plus il en est éloigné, plus il est vaste (voir Fig. 6). Entre les Niveaux existent des frontières énergétiques spécifiques. Chaque Niveau de la Hiérarchie possède un ensemble d'énergies correspondant à une gamme déterminée. Certains Niveaux sont plus ou moins énergodenses. Cette énergodensité diminue à mesure que l'on se rapproche de la matière. Plus on s'en éloigne, plus le Niveau contient d'énergies et plus son **énergodensité*** est élevée.

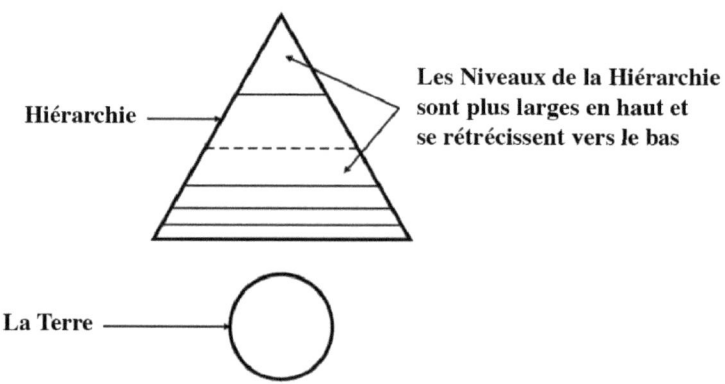

Fig. 6. Énergoapacité des Niveaux de la Hiérarchie

— Qu'exprime un Niveau dans une perspective spirituelle ?

— Un Niveau représente une répartition des Substances sur l'échelle hiérarchique, selon leur développement personnel et leur qualité énergétique, et donc en fonction de leur développement spirituel. L'évolution spirituelle implique une qualité élevée d'énergie et une conscience accrue. Ainsi, un niveau détermine et répartit la position d'une Substance sur l'échelle hiérarchique en fonction de son avancement spirituel.

— Qu'est-ce qui unit tous les Niveaux en un tout unique ?

— C'est **l'Absolu*** qui les unit. Il fournit un programme pour tous les Niveaux inférieurs, les unifiant ainsi par une seule finalité. Il les rassemble également par une structure commune. Les mondes peuvent se situer les uns à l'intérieur des autres sans se gêner mutuellement. C'est une construction particulière. Quant à la Hiérarchie elle-même, ce n'est évidemment pas une pyramide plate, mais une structure volumétrique analogue. Mais, pour la compréhension humaine, on utilise une forme géométrique.

— Dans la Hiérarchie, un Niveau peut-il disparaître totalement pour une quelconque raison ?

— Oui, c'est possible.

— Pour quelle raison ?

— La destruction d'un Niveau survient à cause du non-respect de l'équilibre énergétique. Par exemple, cela se produit lorsque le Niveau supérieur fournit son énergie à un Niveau inférieur pour certaines finalités, mais ne reçoit rien en retour, c'est-à-dire aucune énergie pour compenser celle donnée. Si le Niveau ne récupère pas cette énergie, il périclite, car elle lui est vitale. Par conséquent, la structure Hiérarchique supérieure ne reçoit pas non plus ce qui lui est nécessaire. L'équilibre énergétique est alors rompu à tous les Niveaux, ce qui peut entraîner l'effondrement de toute la Hiérarchie.

— Les Niveaux voisins ne peuvent-ils pas reprendre ses fonctions ?

— Non. Mais pour éviter cela, le Niveau déséquilibré est soutenu par les Systèmes des Niveaux inférieurs. Cependant, cette réorganisation prend davantage de temps, ce qui ralentit le processus de développement. Si ce niveau avait conservé son intégrité, il aurait accompli son objectif plus rapidement qu'une nouvelle personne ne ferait le même travail.

— Ces réajustements sont-ils fréquents chez Vous ?

— Nous évoluons et nous perfectionnons constamment, il est donc impossible de toujours s'appuyer sur les anciens schémas. Des réajustements se produisent en permanence. Certaines choses descendent, d'autres montent. Les Niveaux sont restructurés.

— Dans notre pays, il y a une crise financière. L'argent étant l'équivalent de l'énergie, existe-t-il des crises énergétiques dans Votre Hiérarchie ?

— Nous n'avons pas de crises.

— Mais Vous arrive-t-il de manquer de certains types d'énergie ?

— Oui, cela peut arriver. Mais alors, Nous faisons tout pour le rétablir. Cependant, chez Nous, le besoin énergétique est calculé très en amont (très en avance), contrairement à ce qui se passe sur Terre, où l'on agit sans penser à l'avenir ni aux conséquences. Nous planifions les quantités et les qualités d'énergie nécessaires pour la période qui Nous est requise. Chaque Niveau fait de même.

— **Chaque Niveau inférieur produit-il de l'énergie pour le Niveau supérieur ?**

— Oui. Mais le Niveau supérieur planifie et contrôle cette production.

— **Plus un Niveau est élevé, plus il reçoit d'énergie ?**

— Oui. L'énergie est transmise séquentiellement des Niveaux inférieurs aux Niveaux supérieurs. Et plus le monde est élevé, plus il reçoit d'énergie.

— **Quels sont les changements qualitatifs ?**

— Plus le Niveau est élevé, plus il est constitué d'énergies de nature supérieure. Cela entraîne des exigences correspondantes envers les autres. Autrement dit, plus le monde est élevé, plus l'énergie qu'il reçoit est pure et de qualité.

— **L'énergie est-elle également transmise vers le bas ?**

— Oui. Les Niveaux inférieurs reçoivent une énergie pour les processus nécessaires, ainsi qu'une gestion qui leur est transmise depuis le haut.

— **L'énergie transmise aux Niveaux inférieurs est-elle moindre en quantité que celle transmise aux Niveaux supérieurs ?**

— Oui. Voyez-vous, il existe des proportions quantitatives spécifiques lors de la transmission. Les Niveaux supérieurs doivent recevoir un surplus d'énergie, sinon il n'y aurait ni croissance ni évolution.

— **Chaque Niveau dispose-t-il de deux réservoirs d'énergie : l'un pour l'énergie transmise vers le bas et l'autre pour ses propres besoins ?**

— De telles bases énergétiques existent, mais elles ne sont pas séparées. Elles sont communes à ce Niveau. Sur chaque base, l'énergie est triée par type, puis chaque type occupe sa place.

— **En quoi les Niveaux supérieurs diffèrent-ils des Niveaux inférieurs : les mondes deviennent-ils meilleurs, plus beaux ?**

— Les Niveaux deviennent plus purs et plus lumineux. Ils diffèrent également par leur gamme de couleurs, si l'on parle d'une perception esthétique. Si vous prenez le monde le plus élevé de la Hiérarchie, ou l'avant-dernier, ils sont tous baignés d'une lumière éclatante. Cette lumière ne provient pas du Soleil ou d'astres, mais de la richesse énergétique du monde. Ces Niveaux regorgent d'énergies de très haut Niveau. Elles émanent de partout : des objets, des formes d'existence, de tout ce qui compose ces mondes. Sur ces Niveaux, dominent des couleurs inconnues de l'homme, car son spectre de perception est très limité. Dans ces mondes lumineux, il existe de nombreuses structures inhabituelles qui paraissent fantastiques aux Substances inférieures. Ces structures sont d'une beauté extraordinaire, tout comme le reste qui est également unique et merveilleux. C'est pourquoi les niveaux inférieurs aspirent tant à atteindre ces mondes, mais pour y parvenir, il faut développer un degré de perfection correspondant.

— Existe-t-il une frontière réelle entre deux Niveaux adjacents?

— Oui, elle existe.

— Cette frontière est-elle une sorte de construction artificielle sous forme de surface plane ou de grille séparant les mondes voisins?

— Cette frontière peut être imaginée comme une cloison en verre.

— S'agit-il de la frontière entre deux densités d'énergie ?

— Oui. À travers elle, il est possible de voir tout ce qui se trouve au-delà, mais il est impossible de la traverser. En d'autres termes, les Substances des Niveaux inférieurs ne peuvent pas passer vers le haut. De plus, ces frontières ne sont visibles que par les Substances qui, dans leur développement, se sont déjà approchées du Niveau supérieur. Elles peuvent voir la frontière et ce qui se trouve au-delà : un autre monde, avec des structures complètement différentes, bien plus intéressantes et belles que celles de leur propre monde. Ces Substances aspirent alors à atteindre ce nouveau monde inconnu. Il les attire, les intrigue. Ce qu'elles aperçoivent les stimule davantage, les encourageant à accélérer leur développement.

(C'est précisément en raison de ces différences de développement que, sur Terre, certaines personnes voient des « soucoupes volantes » ou des êtres provenant de mondes parallèles, tandis que d'autres, bien qu'étant au même endroit, ne voient rien. Ceux qui voient sont généralement plus proches, dans leur développement, des frontières de ces Niveaux qu'ils ont atteints au fil de leur perfectionnement. Habituellement, ils perçoivent ce qui est lié aux mondes adjacents (voir Fig. 7). Cependant, il est important de distinguer les Niveaux de développement humain.

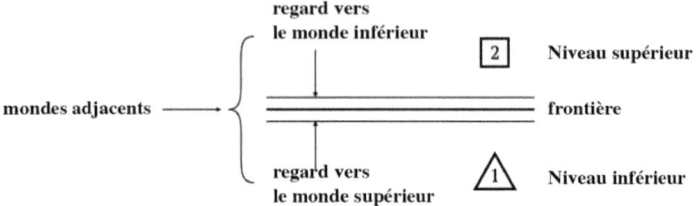

Fig. 7. La vision différente des frontières des mondes adjacents par les âmes

Par exemple, un individu A pourra voir un monde supérieur, tandis qu'un individu B pourra voir un monde inférieur. C'est pour cette raison que, sur Terre, certaines personnes peuvent voir des mondes inférieurs, tandis que d'autres perçoivent des mondes supérieurs. Toutefois, comme sur Terre coexistent de nombreux Niveaux de développement humain, une âme, en traversant ces différents Niveaux, peut percevoir tantôt un monde parallèle de la Terre, tantôt un autre, en fonction de sa proximité avec eux à un moment donné de son développement. C'est pourquoi il n'y a rien d'étrange à ce que les clairvoyants perçoivent des mondes et des êtres différents. Au contraire, cela reflète une régularité dans le développement humain.

La vision s'ouvre parce que l'individu, au cours de son développement, est déjà construit de la manière requise. Et s'il se trouve en bas, alors il voit ce qui se passe au-delà de la frontière du monde adjacent. Mais ceux qui sont éloignés de cette frontière — soit parce qu'ils ne l'ont pas encore atteinte, soit, au contraire, parce qu'ils s'en sont déjà éloignés davantage — ne voient rien de tout cela et restent uniquement dans leur propre monde.

Ce degré de développement explique pourquoi certaines personnes, en regardant le ciel, voient des objets volants non identifiés, tandis que d'autres, bien qu'étant au même endroit, ne voient rien. Ces dernières n'ont pas encore atteint, dans leur perfectionnement, le niveau nécessaire pour observer de tels phénomènes. L'homme se construit lui-même au cours de son développement. Par conséquent, ceux qui ne voient rien ne se sont pas encore construits de manière adéquate. Mais tout cela viendra avec le temps.)*

— Y a-t-il des espaces vides entre les Niveaux ?

— Non.

La construction de la Hiérarchie et son lien avec Dieu

Les mondes célestes apparaissent à l'homme comme des espaces aériens illusoires, vides, dépourvus de tout élément constructif. L'homme pense que le monde de Dieu est un espace pur où flottent les âmes des humains et les anges. Et lorsqu'ils souhaitent se reposer, ils s'assoient sur les nuages. Mais cela reflète ses anciennes conceptions du monde divin. L'homme est incapable d'imaginer quelque chose au-delà de ce qu'il a vu sur Terre. Seuls les Supérieurs peuvent lui révéler la structure de leurs mondes.

Les réponses sont données par Dieu :

— La Hiérarchie est-elle une construction ou un Système ?

— La Hiérarchie est un Système de perfectionnement nécessitant des structures constructives spécifiques. L'un ne peut exister sans l'autre.

— L'homme imagine la Hiérarchie comme un royaume aérien au-delà des nuages.

— Non, ce sont des structures concrètes, calculées par les Supérieurs en termes de solidité et de charges, y compris les surcharges possibles. Mais, il s'agit d'une construction monumentale du plan subtil, inaccessible à la perception des êtres matériels.

— Pourquoi la Hiérarchie est-elle représentée sous forme de pyramide et non sous forme de cube ou de sphère, par exemple ?

— C'est une représentation conventionnelle qui reflète au mieux la tendance de développement allant du bas vers le haut. La véritable structure de la Hiérarchie est si complexe qu'elle ne peut être enfermée dans des figures géométriques connues de l'imagination humaine. Si l'on regarde avec la vision subtile de l'âme, elle apparaît comme un volume infini.

— Quelle est la base de la pyramide de la Hiérarchie ?

— La pyramide de la Hiérarchie repose sur un cadre de niveaux et une plateforme en fondation. Chaque Niveau se caractérise par sa propre matière, sa propre construction, et son propre ensemble d'énergies. La plateforme de la pyramide est un réseau énergétique qui soutient tous les Niveaux supérieurs. Ce réseau possède également des ramifications. Voilà, en gros, la partie constructive de cette structure, bien qu'elle inclut également une base physique, une base technologique, et plusieurs autres éléments.

— **Les constructions mêmes de Votre Hiérarchie sont-elles permanentes ou reconstruites ?**

— Les constructions porteuses principales sont immuables. Mais certaines parties secondaires sont sujettes à des modifications. Ces transformations se produisent constamment, mais sans affecter les structures fondamentales. La carcasse (ossature) hiérarchique fait partie des constructions fondamentales porteuses. Elle reste inchangée durant tout mon cycle complet de développement. Lorsque ce cycle s'achève et que Moi, avec mes Substances, nous quittons la Hiérarchie, celle-ci est reconstruite, modernisée pour une nouvelle étape de développement avec d'autres Substances et un autre Dieu.

— **Que doit-on comprendre par Hiérarchie : un système de Gestion et de subordination ou un schéma général de structure cosmique ?**

— Les deux, bien que le second reste pour l'instant incompréhensible pour l'homme. Pour lui, la Hiérarchie est sa Création (Univers Entier), c'est-à-dire l'espace dans toute sa complexité, à travers lequel il doit progresser au cours de son évolution.

— **En quoi consiste la transformation de la Hiérarchie ?**

— Dans mon processus d'évolution personnelle, Je ne peux pas me limiter au développement au sein d'une seule Hiérarchie. Je dois aller plus loin, plus haut. La transformation de la Hiérarchie consiste justement en ce passage d'un état à un autre, plus élevé. La Hiérarchie elle-même, en tant que construction avec sa carcasse (ossature), reste une étape de développement ; mais tous ceux qui y habitent se transforment en de nouvelles formes de vie. La Hiérarchie regroupe un Absolu unique, c'est-à-dire Moi, à vos yeux. Et tous ceux qui se trouvent dans cette Hiérarchie forment déjà un Absolu. Chaque Substance atteint, dans son développement, le sommet de la pyramide ou l'Absolu, devenant ainsi similaire à Lui dans sa construction. Ensuite, tout le monde passe à un Niveau supérieur, après quoi l'ancienne structure de la Hiérarchie est remplie d'un nouveau contenu, constitué de Substances différentes par leur qualité (voir Fig. 8).

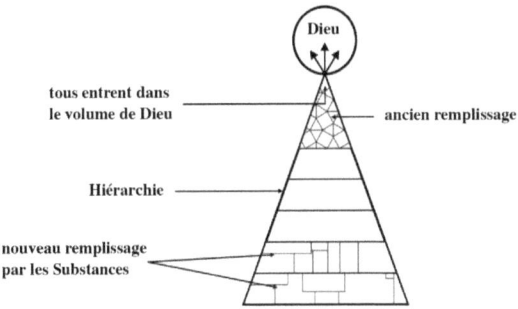

Fig. 8. Changement de la composition qualitative des Substances dans la Hiérarchie de Dieu

— Que se passe-t-il lorsque la dernière Substance de la pyramide de Votre groupe d'âmes entre en Vous ?

— Je vais plus haut, et nécessairement avec vous tous. Nous, dans notre totalité, nous accédons au premier Niveau inférieur de la Hiérarchie supérieure (voir Fig. 9, Hiérarchie B). La pyramide inférieure, avec tout son contenu interne, devient une Substance unique du nouveau Dieu, qui se perfectionnera dans la Hiérarchie supérieure (0–1 — ancienne pyramide, 0–2 — nouvelle étape du développement des âmes humaines dans la pyramide supérieure ; 0–3 — nouvel état de la pyramide des âmes humaines au deuxième Niveau de la nouvelle Hiérarchie).

Ainsi, notre pyramide, montant de Niveau en Niveau, croît et s'agrandit. La puissance de chaque pyramide suivante augmente de cent fois, mais le nombre de Niveaux dans les pyramides reste constant. Seule la puissance augmente de cent fois. Notre pyramide part (0–2 — tout son contenu interne part, mais la carcasse (ossature) reste à chaque transition)*, et la pyramide suivante (0′–1′), sur l'emplacement de l'ancienne (0–1), se développe avec un nouveau contenu pour le premier Niveau de la Hiérarchie B, de manière similaire. C'est ainsi que la Hiérarchie supérieure se remplit progressivement Niveau par Niveau.

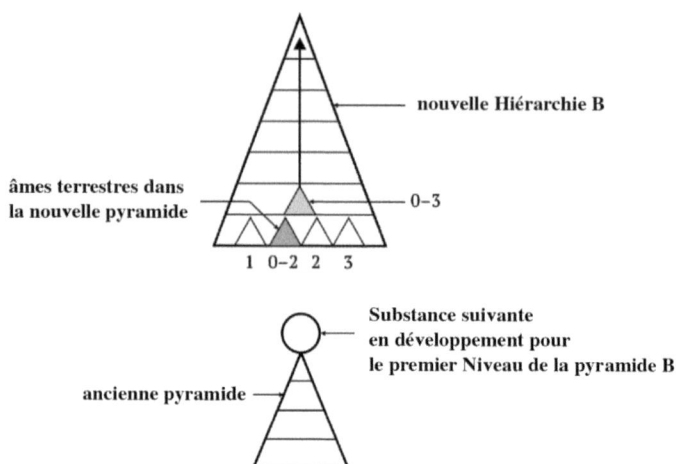

Fig. 9. Mouvement des mini-hiérarchies dans la Hiérarchie générale de Dieu

Remarque :

État 0–2 — chacun évolue de son côté pour atteindre le niveau suivant de la pyramide supérieure B, et monte vers le haut selon son propre développement, sans attendre les autres (pyramides 1, 2, 3)

— **Notre ancienne pyramide, à mesure que la première partie des âmes la quitte, se remplit en même temps de nouvelles âmes venant du bas. Mais comment identifiez-Vous la dernière âme qui entre en Vous avant de quitter la pyramide ?**

— Absolument tout est calculé avec une précision d'unité, et Je connais bien la dernière Substance qui doit entrer en Moi. Je connais toutes les miennes et je ne prends pas ce qui est étranger. Vous aussi, vous vous connaissez ainsi que tout ce qui vous appartient, et vous distinguez ce qui appartient à quelqu'un d'autre. C'est pareil pour Moi.

— **Tout cela se passe-t-il comme un processus automatique ?**

— Non, ce n'est pas un processus automatique. Je ressens ma dernière Substance, même la plus basse, avec une sensibilité si subtilement que tant qu'elle ne s'élève pas au sommet et n'entre pas en Moi, Je ne pourrai pas monter plus haut. J'attendrai qu'elle atteigne le Niveau absolu de développement pour qu'elle puisse entrer en Moi, car une essence sous-développée ne peut pas non plus pénétrer dans Mon Volume, faute de **puissance** nécessaire de son **âme***, c'est-à-dire d'un

176

potentiel énergétique spécifique. Un faible énergopotentiel ne peut physiquement pas entrer.

— La dernière âme est-elle constamment connectée à Vous ?

— Oui, et pas seulement elle. Je ressens avec une grande intensité chaque âme qui M'appartient. — (Il met l'accent sur le mot « intensité »)*.

— Une Substance peut-elle être retardée et manquer son entrée en Vous ?

— Non. Elle peut uniquement retarder légèrement Mon développement. Dans ce cas, le développement est ralenti. Une Personnalité Absolue, comme Moi, peut alors manquer de progresser à temps vers un nouveau Niveau.

— Toutes les Substances de la pyramide entrent-elles en Vous?

— Non. Je leur offre le choix : celles qui le souhaitent peuvent emprunter la voie du développement autonome. Il y a eu des cas où des Substances M'ont quitté pour diriger elles-mêmes d'autres pyramides.

— Nous aimerions préciser : Vous ressentez profondément chaque âme de la pyramide de la Hiérarchie, mais ressentez-Vous également chaque personne sur Terre ?

— Les deux. Je ressens tout. Toutes les Miennes, Je les ressens avec intensité.

— Mais Vous avez aussi d'autres planètes. Ressentez-Vous également les êtres qui y vivent ?

— Bien sûr. Ils sont à Moi.

— Et cela s'applique à toute l'étendue de l'Univers ?

— Oui. Telle est Ma sensibilité, si vous pouvez vous l'imaginer. Car Moi-même, Je suis grand par Mon envergure (grande taille).

— Les Substances entrent en Vous depuis la pyramide, et que font-elles ensuite ? Continuent-elles leur développement en tant qu'individus libres ?

— En termes terrestres, elles entrent dans le Royaume de Dieu, dans Mes possessions personnelles. Là, le travail de transformation de toutes les personnalités ayant pénétré ce Volume se poursuit. Elles évoluent en permanence, elles sont dans un mouvement constant de développement. Je leur fournis une nouvelle énergie et Je définis un programme pour travailler avec cette énergie. Chaque personnalité reçoit une énergie d'un certain type, la transforme et, grâce à cela, elle grandit elle-même, car elle absorbe une partie de l'énergie qu'elle génère.

— Peut-on dire qu'il existe un programme général auquel chaque Substance contribue par son travail ?

— Oui, toutes les Substances qui entrent dans Mon Volume (Être) travaillent sur un programme commun, le Mien. On pourrait aussi l'expliquer ainsi : Je remplis les cellules d'une **matrice*** avec des qualités. Une **qualité***, sous la forme d'une nouvelle énergie, arrive dans une cellule, où elle commence à se développer, à se renforcer dans sa qualité propre et à augmenter quantitativement. Au final, une transformation de la qualité initiale s'opère. Les changements surviennent grâce à tout ce avec quoi travaille la Substance.

— Aux Niveaux inférieurs où nous sommes actuellement, nous ressentons fortement notre individualité. Mais en entrant dans la pyramide, la personnalité n'est-elle pas perdue ?

— Non, elle n'est en aucun cas perdue, car toutes les Substances sont absolument uniques et continuent à se développer ainsi. Mais, vous serez très surprises, après avoir quitté le monde terrestre, de découvrir ce Monde Supérieur où chacun est à votre Niveau. Vous ne verrez pas dans ce monde des créatures insignifiantes comme celles que vous côtoyez sur Terre. Vous serez agréablement surpris de constater qu'il y a autour de vous tant de Substances semblables à vous dans leur état intérieur.

— Oui, c'est bien sûr très intéressant, — avons-nous répondu.

— C'est en effet très surprenant, — a-t-Il poursuivi. — Je Me suis mis à votre place et J'ai imaginé vos impressions.

— Y a-t-il aussi une Hiérarchie semblable à une pyramide en Vous ?

— Non, il n'y a pas de Hiérarchie en Moi. En effet, dans la matrice interne, le nombre nécessaire de Substances est déjà atteint. Désormais, seules des transformations qualitatives s'y produisent. Et dans cette matrice, personne ne progresse plus le long de la Hiérarchie. À l'intérieur, ce sont des Lois propres de développement qui opèrent. Ce qui est nouveau entre à l'intérieur, et cela provoque une transformation dans chaque cellule.

— Comme nous le savons, sur Terre, l'homme progresse en traversant cent Niveaux, mais en Vous, le perfectionnement repose-t-il sur un autre principe ?

— En Moi, il s'agit d'un processus d'accumulation, basé sur le principe d'intégration qualitative.

— Les Lois qui agissent en Vous sont-elles très différentes de celles qui fonctionnent dans la Hiérarchie ?

— Oui, ce sont des Lois particulières. Chaque Substance contient des Lois analogues de développement, car Je suis une Substance, et la Substance qui est inférieure à Moi est également une Substance. Nous ne sommes pas tous des Absolus, mais chacun est à un Niveau distinct de perfectionnement.

— À quoi sont destinées les Lois en Vous ? Peut-on dire que l'objectif principal de ces Lois est de se développer soi-même tout en Vous développant également ?

— Chaque Substance possède une Loi de cette nature : l'essentiel est de développer sa propre personnalité, de ne jamais s'arrêter et de toujours aller de l'avant.

— Mais les Lois ne devraient-elles pas être orientées vers le maintien de l'énergie de la Substance Supérieure ?

— À cet effet, il existe des Lois générales d'existence pour tous et chacun. Ces Lois sont toutes en Moi, et elles regroupent toutes les Personnalités Essentielles qui sont en Moi dans un certain **Volume*** commun. En d'autres termes, on peut dire que les Lois générales d'un ordre supérieur unissent les Lois particulières destinées aux Substances, les reliant par un objectif unique.

— Y a-t-il des différences entre les Lois qui agissent en Vous et celles de la pyramide de la Hiérarchie ?

— Bien sûr, elles diffèrent. La Hiérarchie est tout de même en dessous de Moi. La principale différence réside dans le fait qu'en Moi s'ajoute une immense liberté : plus on s'élève, plus les Lois deviennent intégrées au comportement des Substances elles-mêmes, devenant une partie d'Elles. Toutes les Substances en Moi ont une conscience très élevée, ce qui fait que l'application des Lois devient une partie intégrante de leur comportement. Par exemple, pour les humains, il est naturel de cuire la viande avant de la manger. Cela est ancré dans la conscience humaine, contrairement à celle des tribus sauvages, et c'est devenu une partie intégrante du comportement. De la même manière, pour les Substances Absolues, de nombreuses Lois atteignent le Niveau de « réflexes inconditionnels », autrement dit automatiques, et cessent donc d'être considérées comme des Lois pour Elles. Si l'on parle des Lois de Leur Niveau, elles sont encore plus élevées que celles existant dans la Hiérarchie. Tout repose sur le fonctionnement d'une conscience supérieure, ce qui signifie qu'au fur et à mesure qu'on s'élève, le nombre de Lois diminue. La plupart des Lois deviennent des habitudes des Substances, la base de leur comportement individuel, ce qui leur confère une plus grande liberté de développement.

— La Hiérarchie est actuellement considérée comme Votre domaine. Une fois le cycle de développement terminé, toutes les Substances de celle-ci Vous rejoindront, et la construction même de la pyramide sera utilisée par un autre Dieu. Qu'en sera-t-il de la Terre ? Passera-t-elle aussi à un nouveau Dieu ?

— Tous les êtres vivants sur Terre, comme dans Mes quatre Univers, M'appartiennent, et Je les emmènerai avec Moi. Les constructions elles-mêmes resteront. Les cellules-univers évolueront avec le temps et se transformeront en une nouvelle forme de vie. Là-haut, Ils décideront de ce qu'il adviendra de la Terre et des autres constructions : soit les éliminer et les remplacer par des structures entièrement nouvelles, soit tout reconstruire. Mais le plus souvent, une reconstruction est réalisée.

— Lorsque Vous passerez à un nouveau Niveau de la pyramide supérieure, le nombre de Substances sous Votre autorité augmentera-t-il ?

— Non.

— Vous progresserez dans les Niveaux de la nouvelle Hiérarchie, mais le nombre de Substances sous Votre autorité changera-t-il ?

— Le nombre de Mes Substances reste constant, seule leur puissance augmente. C'est pourquoi Je travaillerai à accroître la puissance de chacune de Mes Substances.

— Savez-Vous ce qui Vous attend dans l'avenir ?

— Je sais que Je créerai d'autres formes de vie avec ces mêmes Substances qui Me suivront. Elles Me suivront toutes, et ensemble, Nous construirons l'avenir.

Qui entre en Dieu

— Vous avez dit que les âmes humaines, après avoir traversé la Hiérarchie, entrent en Vous. Cela concerne notre civilisation. Mais sur Terre, il y a eu d'autres civilisations. Les âmes des deuxième, troisième et quatrième civilisations sont-elles également entrées en Vous après avoir franchi l'étape correspondante de développement ?

— Je porte tout avec Moi. (Dans l'intonation de Dieu, une légère ironie s'est faite entendre. Il a utilisé une expression terrestre, prononcée autrefois par un philosophe antique. Mais, très probablement, ce philosophe avait repris les paroles de Dieu, et Dieu se souvenait de sa propre maxime ancienne.)*

— **Cela signifie qu'un très grand nombre d'âmes sont entrées en Vous ?**

— Disons plutôt, non pas en Moi, mais dans Ma Hiérarchie, car elles sont encore en cours de développement. En ce qui concerne la Hiérarchie, en effet, beaucoup y sont entrées. Cependant, certaines âmes des Atlantes, par exemple, existent encore aujourd'hui sur Terre, c'est-à-dire que les âmes des anciens Atlantes se sont incarnées en humains : actuellement, ce sont des personnes dotées de capacités extrasensorielles. Parmi chaque civilisation disparue, certains individus vivent encore aujourd'hui sur Terre. Bien sûr, ce ne sont pas tous, mais certains êtres spécifiques, accomplissant des tâches particulières ou poursuivant ici une étape de leur perfectionnement, accumulant des points pour monter dans la Hiérarchie.

— **Mais ils sont tous très évolués ?**

— Oui. Comparés à l'humain actuel, ils sont tous beaucoup plus avancés spirituellement.

— **Et tous possèdent-ils certaines capacités ?**

— Non. Ils sont tous à différents Niveaux de développement. Il y a eu une civilisation qui s'est retrouvée dans une impasse. Elle n'était pas aussi évoluée qu'elle aurait dû l'être.

— **Les individus de cette civilisation sont-ils passés également par Votre Hiérarchie avant d'entrer en Vous, ou à cette époque, les choses étaient-elles différentes ?**

— Vous ne pouvez pas imaginer à quel point le chemin vers la perfection est long. Comprenez qu'ils ne sont pas encore en Moi. Leurs âmes se dirigent vers Moi, elles continuent de progresser, car entrer dans

Mon Volume nécessite une énergie extrêmement élevée, et tant que la personnalité ne l'a pas accumulée, elle ne peut pas entrer en Moi. Cela ne prend pas des milliers d'années, mais des milliards et des milliards selon votre échelle temporelle. Si toutes les âmes étaient déjà dans Mon Volume, votre monde n'existerait plus. Lorsque toutes les âmes seront en Moi, votre monde physique cessera d'exister. Tout sera différent. Je les emmènerai toutes avec Moi. Et dans l'espace, une restructuration complète commencera.

— **Mais lorsque l'humanité n'existait pas, la Hiérarchie n'existait-elle pas non plus ?**

— J'avais une Hiérarchie, car avant la Terre, Je possédais d'autres planètes. J'ai beaucoup de mondes semblables au vôtre, car cet espace particulier, Je l'ai structuré selon Mon intention. Et tous les quatre Univers sont les Miens. Ils M'appartiennent, ils ont tous été construits selon Mon plan, il y avait donc un endroit pour recruter des âmes pour la Hiérarchie. Et toutes les âmes passaient par elle. Mais toutes les âmes n'ont pas atteint le sommet de la Hiérarchie, et elles n'ont donc pas encore achevé leur développement, correspondant au niveau requis pour entrer dans Mon Volume. C'est pourquoi votre monde physique continue d'exister, afin que ces âmes et vous-même puissiez achever votre perfectionnement sur le Niveau matériel.

— **Depuis la pyramide de la Hiérarchie, les âmes entrent en Vous. Cela remplit-il une enveloppe quelconque de Votre Volume ou bien un autre endroit précis ?**

— Elles remplissent une cellule de la matrice.

— **Vous n'avez plus d'enveloppes ?**

— J'en ai, mais elles sont complètement différentes de celles d'un humain, que ce soit dans leur structure, leur contenu ou leurs fonctions. Toute Substance Suprême peut être représentée comme un certain type d'énergie. C'est un composite. Il est constitué de nombreux types d'énergies différentes, mais en même temps, il est unique et représente quelque chose de particulier. Par exemple, la couleur rouge est unique, mais elle peut être composée de milliers de nuances différentes. C'est pourquoi ce type d'énergie unique s'insère dans une cellule spécifique de la matrice. Et son volume attire tout le monde avec un composite similaire, comme le Mien, dans cette cellule de la matrice. Ces Substances ont généralement une orientation de développement unique, c'est-à-dire un développement similaire, mais pas identique. L'individualité est préservée.

— Les âmes* provenant d'autres planètes remplissent-elles d'autres cellules en Vous ?

— Pourquoi parler de planètes ? Je ne distingue pas selon les planètes. Dans une même cellule, on peut trouver une âme d'une planète, une autre d'une étoile, une autre encore d'un autre endroit. Elles peuvent être très différentes, mais similaires par leur composite. Peu importe où elles se trouvaient ou se développaient. Mais pour entrer dans une même cellule, elles doivent avoir un composite similaire.

— Les âmes des mondes parallèles remplissent-elles autre chose en Vous ?

— Il n'y a aucune différence. Une Substance peut provenir d'un monde énergétique ou physique, car elle peut venir dans le monde matériel et être dans un corps, ou bien elle peut passer de chez vous à un monde parallèle et être sans corps. Pour Moi, cela n'a aucune importance. Ce qui compte, c'est le composite qu'elles acquièrent au cours de leur évolution.

— En dehors de la matrice, avez-vous d'autres constructions?

— Tout en Moi est rempli d'énergie, c'est pourquoi Je rayonne. Mais Je suis, disons, un monde particulier, avec de nombreuses structures différentes pour diverses formes d'existence, ainsi que pour le contenu des Substances et leur travail pendant la période où elles sont en Moi. Mais, elles continuent à évoluer, et Je les envoie dans d'autres mondes pour acquérir certaines qualités (ce que vous pourriez appeler une "mission de perfectionnement"). Mais quoi qu'il en soit, elles sont considérées comme Miennes et, après avoir acquis les énergies nécessaires, elles reviennent à Moi.

D'autres Dieux

L'expansion de la conscience cosmique de l'homme implique l'élargissement des frontières de sa connaissance. Et comme la Création (Méga-univers) est infinie, cela nous amène à supposer que notre Dieu n'est pas unique en son sein. Cela nous pousse à poser la question suivante à Dieu :

— Lorsque toutes les âmes, c'est-à-dire les Substances, entreront en Vous, Vous vous détacherez de la pyramide et Vous élèverez plus haut. **Mais qui occupera le sommet de l'ancienne pyramide, se remplissant d'autres âmes depuis sa base ? D'où viendra le nouveau Dieu pour la pyramide laissée derrière ?**

— Un nouveau Dieu, c'est-à-dire le principal dirigeant de la prochaine Hiérarchie, existe toujours. C'est également une Substance spécifique, progressant dans son développement. Initialement, elle agit en tant que Déterminant, dirigeant un petit nombre d'âmes. Ensuite, ce nombre augmente. Elle les guide, les dirige, acquiert de l'expérience, et elle n'atteint jamais un Niveau identique à celui des entités qu'elle conduit, étant toujours au-dessus des autres. Progressivement, elle crée pour elle-même une structure dans laquelle elle œuvre, et qui travaille pour elle, lui procurant ce dont elle a besoin pour la qualité et le travail spécifique qu'elle effectue dans la Création (Univers Entier). Finalement, une telle Personnalité finit par diriger une Hiérarchie.

—— **Y a-t-il beaucoup de structures similaires dans la Création ?**

— Tout l'organisme de la Nature* est un système infini et interconnecté, ou, autrement dit, une immense Substance* organisée selon une structure où chaque élément est contenu dans un autre, comme les couches d'un oignon, chaque couche étant distincte, mais formant ensemble un tout vivant d'une unique forme d'existence. Pour la Création, il s'agit d'une forme infinie de développement. Bien sûr, tout cela est dit de manière imagée, car en réalité, c'est beaucoup plus complexe et difficilement compréhensible pour la conscience humaine. Chaque structure n'est ni permanente ni immuable.

Une structure existe pendant un certain temps, puis, avec le changement d'étape du développement, elle se transforme en une autre structure, dont la forme et le contenu changent. La nouvelle structure acquiert une organisation, une forme et un contenu totalement différents de ceux de la précédente.

— **Les Dieux qui se détachent de la pyramide possèdent-ils le même Niveau de développement ?**

— Par Niveau, Ils sont identiques, mais différents en termes de qualité. Autrement dit, Leur Puissance est la même, mais Leurs qualités ne sont pas identiques. C'est cela qui Les distingue.

— Donc, chacun d'entre eux développe ses propres qualités ?

— Oui. C'est ce qui fait leur individualité.

— **Et leur capacité en termes de Volume est-elle également identique ?**

— Pour un même Niveau, elle est identique.

— **Chaque Dieu contient-il un nombre précis d'âmes ?**

— Oui, un nombre précis, c'est-à-dire identique. Si chacun acceptait un nombre différent d'âmes, l'harmonie serait rompue, or tout doit être harmonieux. En cas de disparité, les relations ultérieures dans la pyramide du Niveau supérieur seraient perturbées. Cela s'explique par le fait qu'avec un nombre différent d'âmes, leur puissance varierait, ce qui rendrait impossible leur coexistence sur un même Niveau qu'ils doivent remplir.

— **Produisez-Vous des âmes pour Votre pyramide Vous-même ?**

— Oui, Mon Système les produit sous Ma direction.

— **Et qui produit les âmes pour les autres Dieux ?**

— Chacun produit ses propres âmes pour remplir sa pyramide. Mais il existe un Système général qui surveille chacun de Nous. C'est un Système de contrôle spécifique. Cependant, chaque Dieu crée pour lui-même le nombre d'âmes requis. Il ne peut en produire plus ou moins, le nombre étant fixé.

— **Et la qualité des âmes, est-ce aussi chaque Dieu qui la détermine ?**

— Oui, chaque Dieu travaille lui-même à obtenir les qualités dont il a besoin. Chaque Dieu dispose de ses propres Systèmes négatifs, que les humains perçoivent comme le Diable. Et chaque Dieu conclut un contrat avec son Diable, que l'on peut considérer comme un contrat avec sa moitié opposée. Ils travaillent ensemble. Le Diable informe son Dieu du nombre d'âmes dont il a besoin pour que ce dernier les prenne en compte dans sa production. Mais généralement, le Dieu ne lui accorde pas la quantité demandée, lui précisant combien il peut lui donner, afin de toujours maintenir une supériorité sur lui. Cette proportion fondamentale est respectée tout au long du développement.

— **Dans quelles conditions une Substance reçoit-elle la gestion d'une nouvelle pyramide en tant que Dieu, comme Vous ? Quels critères doit-elle remplir ?**

— Pour cela, il existe un critère de puissance, bien que tous les autres indicateurs doivent également répondre à des exigences précises. **Cette Substance doit posséder au moins la moitié de la puissance de la pyramide qu'elle s'apprête à diriger.** Et cette moitié (1/2) de puissance est attribuée à la partie supérieure, car la moitié inférieure de la pyramide est énergétiquement beaucoup moins dense que la partie supérieure, bien qu'elle contienne davantage de Substances. Imaginez les Substances du premier Niveau de la Hiérarchie et celles du dernier : en haut, elles sont peu nombreuses mais possèdent des potentiels très élevés, tandis qu'en bas, elles sont nombreuses mais avec de très faibles potentiels. Par conséquent, la moitié inférieure de la pyramide est, en termes de puissance, bien inférieure à la partie supérieure. Ce ratio doit être respecté par la Substance dirigeante, dont la puissance doit être égale ou supérieure à celle de la moitié supérieure.

L'influence de cette Substance s'étend à toute la pyramide, mais de la manière suivante : la Substance possède la moitié supérieure et diffuse son influence vers le bas à travers cette partie. Ainsi, la moitié supérieure dirige la moitié inférieure sur la base des directives données par la Substance dirigeante. En conséquence, l'Absolu n'a pas besoin de gérer personnellement le premier Niveau. Ce contrôle est assuré par ceux qui se trouvent directement sous Lui.

LES AUTRES HIÉRARCHIES DE DIEU

Le passage des âmes de la Hiérarchie positive à la Hiérarchie négative et inversement

Dieu répond aux questions :
— Nous savons que le Diable collabore avec Vous. Où se trouve-t-Il : dans Votre Hiérarchie ou quelque part séparément ?

— Le Diable possède sa propre Hiérarchie, qui constitue le Système négatif de développement des individus. Ma Hiérarchie, quant à elle, est le Système positif de développement.

— Cela signifie donc que ces deux Hiérarchies sont les principales de notre Univers ?

— Il existe une autre Hiérarchie puissante — celle de la **guérison** ou, comme vous l'appelez, **Médicale**, qui a une grande importance. Elle représente un **Système neutre**.

— **Ainsi, il y aurait trois Hiérarchies : positive, négative et neutre ?**

— Non, il y en a beaucoup. Les trois Hiérarchies mentionnées sont les plus importantes. Mais dans Ma Hiérarchie, sous Mon autorité directe, il y a des Personnalités Élevées, qui elles-mêmes supervisent leurs propres structures hiérarchiques (voir Fig. 10), bien que ces dernières soient moins importantes que les trois principales mentionnées.

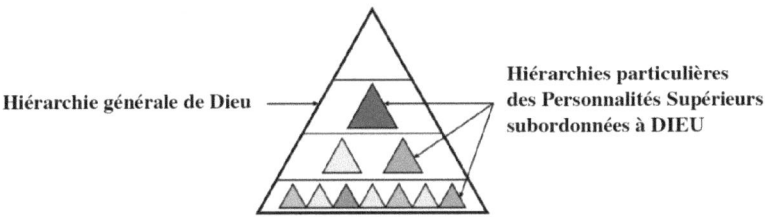

Fig. 10. Spécificité des mini-hiérarchies dans la Hiérarchie générale

— **Ces trois Hiérarchies ont-elles une structure identique ?**

— La Hiérarchie Médicale et celle du Diable sont similaires dans leur construction à la Hiérarchie positive, mais elles comportent des particularités liées aux spécificités de leurs actions. À l'intérieur, elles incluent également des mini-hiérarchies spécifiques.

— **Dans quels domaines se développent les autres Hiérarchies secondaires ?**

— Leur activité est orientée vers la production d'énergies.

— **Ont-elles des spécialisations particulières ?**

— Oui, chaque mini-hiérarchie a son propre domaine et sa spécificité.

— **Pourriez-Vous énumérer quelques directions pour nous donner une idée générale de leurs activités ? Qui fait quoi ?**

Dieu commence à nommer certains Hiérarques, connus par leurs noms cosmiques :

— M... — comme vous le savez, s'occupe de la Terre. Il travaille uniquement avec la Terre et tout ce qui s'y trouve. La planète elle-même, en tant qu'être vivant, Lui est également subordonnée.

K... — se concentre davantage sur les sciences exactes. Tout ce qui touche aux calculs relève de Lui. Par la nature de Son activité, Il est partiellement subordonné au Diable, mais seulement en partie, car pour tout le reste, Il dépend principalement de Moi.

S... — se spécialise dans la construction des mondes. C'est Sa direction.

— La Hiérarchie du Diable descend-elle par rapport à la Vôtre ? Nous pensons que la Hiérarchie vers Dieu représente une ascension, tandis que celle vers le Diable est une descente.

— Il existe effectivement une Hiérarchie qui descend. Mais sa structure est quelque peu différente.

— La Hiérarchie descendante est-elle construite exactement comme la Vôtre ?

— Non. La structure générale est similaire, mais elle contient un ensemble différent d'énergies qualitatives et poursuit un autre objectif. On pourrait dire qu'un sommet de la structure mène à l'Absolu positif par une certaine courbe, tandis qu'un autre sommet mène au négatif, ou, selon vos termes, au Diable. Mais tout cela suit une seule et même ligne courbe (le contacté voit un schéma — Fig. 11). Il s'agit d'un escalier hiérarchique du plan physique, avec un plus et un moins. Si une âme commence à descendre, se dégradant jusqu'au point zéro, sa situation est alors examinée par des Substances Supérieures, qui décident quoi en faire : la **décoder*** ou la transférer dans la Hiérarchie négative. Si cette âme n'est ni effacée ni décodée, elle passe du chemin positif à une ligne directe menant au Diable. Mais cela ne se produit que si le Diable a besoin de cette âme dégradée. S'il n'en a pas besoin — ce qui arrive aussi — l'âme est décodée.

Le Diable évalue toujours les capacités de l'âme qui Lui est proposée, en fonction de son utilité (adéquation) à Lui-même et de son potentiel de l'âme. Les âmes vides ne L'intéressent pas non plus. Il est nécessaire que l'âme doit posséder certaines capacités et aspirations à se développer, en plus d'avoir des traits négatifs tels que la cruauté et divers vices. Lorsque l'âme est transférée du Système positif au négatif, le Diable fournit en retour une énergie d'une qualité spécifique, équivalente

188

à la structure de l'âme en cours de décodage. Rien n'est donné ou fait gratuitement à qui que ce soit.

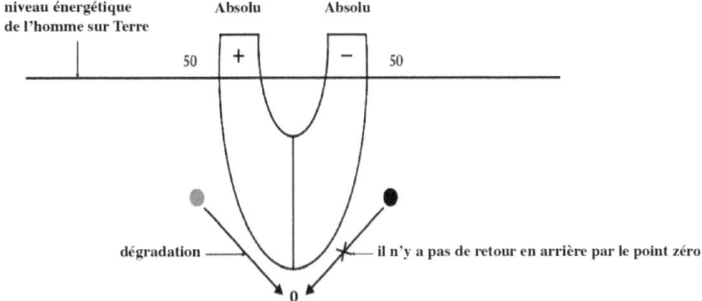

Fig. 11. Sélection des âmes selon leur capacité de progression dans les Systèmes positifs et négatifs

Remarque :

0 — point de transition de l'âme du positif vers le négatif. À cet endroit, on évalue les qualités de l'âme et on décide de son destin futur : soit elle est décodée, soit transmise au Diable, soit elle suit un chemin karmique

🔘 — âme d'une personne passant du chemin de développement positif au négatif, vers le Diable

⚫ — âme d'une personne passant du chemin de développement négatif au positif, vers Dieu

— Une âme peut-elle être décodée pour des fautes spécifiques?

— Habituellement, les âmes très peu développées sont sujettes au décodage. Au cours de son évolution, une âme accumule de l'énergie. Le Niveau d'énergie à partir duquel une âme peut être décodée est égal à cinquante (voir Fig. 11, Niveau 50). Si une âme a accumulé plus de cinquante unités d'énergie, elle ne sera pas décodée. Et au point zéro (voir Fig. 11), son sort est décidé : rester dans le Système positif, en suivant le chemin du **karma***, ou être transférée au Système négatif.

— Qui décide de l'orientation future de l'âme ?

— Cette décision est prise à un niveau supérieur à celui des **Fondateurs***.

— Et qui se trouve au-dessus des Fondateurs ?

— Les Gouvernants (Dirigeants). Ce sont Eux qui décident.

— Et au-dessus des Gouvernants, qui y a-t-il ?

— Les membres de l'« Union ». Plus haut, il y a l'« Union Suprême », au-dessus d'eux encore une autre « Union », et ainsi de suite à travers toute la Hiérarchie. De telles « Unions » se comptent par milliers. Elles sont toutes subdivisées en Niveaux correspondants. Ainsi, le passage des âmes de la Hiérarchie du Système positif vers le Système négatif concerne uniquement la Terre et les planètes qui l'entourent.

— **Et dans les Niveaux supérieurs de la Hiérarchie, qui ne sont pas liés au plan terrestre, est-il possible pour une âme de passer du Système positif au Système négatif, ou inversement ?**

— Oui, c'est possible, mais uniquement dans des cas exceptionnels.

— **Sur quelle base s'effectue ce passage, étant donné qu'aux Niveaux supérieurs le décodage des âmes n'existe plus ?**

— Dans Mon Système, la base de ce passage est le désir de l'individu. De Mon Système, une âme peut aller vers le Système négatif uniquement par sa propre volonté. En revanche, dans le Système du Diable, aucune âme n'a le droit de partir de son propre chef. Une âme peut désirer partir, mais le Diable ne la laissera jamais partir. Sauf si Moi, Je décide de prendre cette âme pour Moi. Dans ce cas, le passage du Système négatif au Système positif est possible. Et quand Je prends une âme, cela se fait sans le consentement du Diable, car Il est entièrement soumis à Moi.

— **Vous prenez des âmes de Son Système ! Mais pourquoi ?** — avons-nous demandé, surpris.

— Cela arrive très rarement, mais cela arrive. Parfois, J'ai besoin d'âmes possédant un ensemble spécifique d'énergies qui Me plaisent ou qui Me sont nécessaires pour certains objectifs précis. Autrement dit, cette Substance particulière est irremplaçable pour Moi et parfaitement adaptée à la tâche que Je vais lui confier. Dans ce cas, Je prends la Substance qui M'intéresse, et elle ne retourne plus jamais en arrière.

— **Vous l'élevez dans Votre Esprit ?**

— Oui. Et naturellement, après un traitement très rude dans le Système du Diable, cette âme commence à apprécier la vie libre que Je propose. Ainsi, elle n'oppose aucune résistance et accomplit généralement bien toutes les tâches qui lui sont confiées.

— **Mais peut-elle, par habitude, faire des bêtises ou causer des problèmes ?**

— Oui, cela peut arriver, et assez facilement. Mais la loi du karma est incontournable : l'âme doit alors passer par un processus d'auto-purification et d'auto-éducation. Tout se fait selon les Lois.

— Une tâche particulière est-elle confiée à la Substance que Vous prenez du Diable, en rapport avec la Terre ou un monde matériel ?

— Non, non. Elle ne descend pas dans le monde matériel. Toute son activité se déroule dans les Niveaux supérieurs de la Hiérarchie. Je ne prends que des Personnalités Élevées. Les plus **basses*** (inférieures) ne M'intéressent pas. Le plan matériel, c'est le Niveau initial. Je ne traite jamais avec elles. Réfléchissez : que pourraient-elles faire pour Moi ? Seront-elles capables d'accomplir une quelconque tâche ? Elles manquent de connaissances et leur conscience, c'est-à-dire leur sens des responsabilités, est à un **Niveau*** bas. Or, Mes tâches sont extrêmement complexes, et Je ne prends des âmes que pour accomplir ces tâches.

— **Craignez-Vous de perdre une Substance très développée si, par exemple, elle souhaite passer au Diable ?**

— Cela dépend de son stade de développement et du Niveau qu'elle a atteint dans la Hiérarchie. Si elle est déjà parvenue à un Niveau élevé, sa perte est terrible.

— **Mais Vous recevez une sorte d'équivalent du Diable en échange de cette Substance, n'est-ce pas ?**

— Comprenez bien : même si l'équivalent reçu pour une telle Substance est important, il est généralement d'un Niveau inférieur. La qualité n'est pas la même. Par exemple, si l'on vous donne un grand nombre d'alcooliques ou une seule personne intelligente, la différence reste significative dans leur contenu intérieur. Il faut encore travailler énormément avec les alcooliques pour obtenir la qualité souhaitée. Tandis qu'un seul intellectuel peut les remplacer tous.

*　　*　　*

Pour plus de clarté, précisons les informations sur la répartition des âmes après la mort en se basant sur l'année 2000, c'est-à-dire pendant la période de transition marquée par le déplacement des âmes vers le haut de l'échelle de la Hiérarchie.

Le cycle d'âmes envoyé dans le courant de la vie il y a deux mille ans a atteint sa maturité, ce qui justifie l'évaluation de leur maturité et un bilan des qualités accumulées.

En fonction de l'évaluation des caractéristiques énergétiques acquises dans la matrice, les âmes sont réparties comme suit : certaines sont prises par Dieu, tandis que d'autres, considérées comme en dégradation, sont rejetées. Parmi ces dernières, certaines sont immédiatement détruites, tandis que d'autres sont offertes au Diable. Ces deux grands flux suivent les répartitions détaillées ci-dessous :

CHEZ DIEU :

1. Décodage des âmes : Une partie des âmes est décodée, ce qui entraîne leur destruction en tant que personnalité.

2. Accession à la Hiérarchie : Une petite partie des âmes, ayant atteint un degré élevé de développement, accède au premier Niveau de la Hiérarchie de Dieu.

3. Transition vers la Sixième Race : Les âmes qui n'ont pas atteint une haute maturité, mais ont accumulé un certain potentiel énergétique et des qualités spirituelles, sont transférées à la sixième race. Là, elles accompliront des programmes plus complexes et poursuivront leur perfectionnement.

4. Réintégration dans des mondes inférieurs : Les âmes qui n'ont pas atteint les qualités nécessaires pour intégrer ni le premier Niveau de la Hiérarchie ni la sixième race, mais que Dieu décide de conserver, sont envoyées dans des mondes plus bas que la Terre. Ces mondes, qui appartiennent également à Dieu, correspondent à leur Niveau de développement. Ces âmes y poursuivront leur perfectionnement pour atteindre les normes requises.

5. Système Médical : Les âmes de médecins qualifiés sont transmises au Système Médical. Celles qui n'ont pas atteint une qualification suffisante retournent dans les réincarnations terrestres avec des programmes similaires pour renforcer leur professionnalisme.

Dans le Système Médical, certaines âmes rejoignent la partie positive de la Hiérarchie médicale, tandis que d'autres intègrent sa partie négative. Cette division se base sur les paramètres qualitatifs des âmes.

Si un médecin a une dette karmique, il doit d'abord l'expier avant d'intégrer le Système Médical.

6. Intégration dans l'E.S.C. : Seules les âmes ayant traversé de nombreux Niveaux de la Hiérarchie de Dieu et atteint un degré très élevé de développement accèdent à l'E.S.C.

CHEZ LE DIABLE.

Lorsqu'il sélectionne les âmes déchues qui lui conviennent, leur chemin se déroule ainsi :

1. Perfectionnement dans les mondes inférieurs : Les âmes de bas Niveau, dépourvues de compétences, sont envoyées dans les mondes inférieurs du Diable pour se perfectionner dans une direction négative.

2. Robotisation des âmes : Les âmes fortement développées mais négatives accèdent au premier Niveau de la Hiérarchie du Diable, où elles sont robotisées.

3. Retour temporaire sur Terre : Les âmes de Niveau moyen peuvent retourner sur Terre (mais uniquement jusqu'au Jugement Dernier*) et continuer leur perfectionnement selon les programmes du Diable dans une direction négative. La sixième race évoluera sur Terre sans la présence des âmes liées au Diable, car celui-ci récupérera toutes ses âmes pour les intégrer dans ses propres mondes.

Le passage des âmes d'un Niveau à un autre Niveau

Le perfectionnement des âmes dans la Hiérarchie de Dieu consiste en leur passage d'un Niveau inférieur à un Niveau supérieur. Mais tout développement comporte ses particularités. Essayons de les élucider.

— Votre Hiérarchie, actuellement, — avons-nous demandé à Dieu par l'intermédiaire de notre contactrice, LA Seklitova, — est alimentée par des âmes provenant de la Terre. Mais lorsqu'elle n'existait pas, comment la Hiérarchie était-elle alimentée ?

— Nous avions tout autre chose : d'autres planètes, d'autres processus, d'autres méthodes ; et nous obtenions l'énergie nécessaire grâce à une technologie particulière. Ensuite, il y a eu un changement. Les Systèmes Hiérarchiques ne peuvent pas rester figés. Et lorsque l'humanité est apparue, la Hiérarchie a commencé à se remplir avec les âmes humaines. Le processus d'accumulation d'énergie s'est fait selon une autre technologie. Lorsque l'âme termine le cycle de développement nécessaire sur Terre et atteint une certaine maturité, elle est transférée dans la pyramide à un Niveau supérieur.

— Tous les deux mille ans, les âmes passent d'un Niveau à un autre, en commençant par le plan terrestre ?

—Oui. Mais les délais peuvent varier. Ce n'est pas forcément limité à deux mille ans.

— Le transfert des âmes, tel qu'il se produit actuellement, s'effectue-t-il dans toute la Hiérarchie ou seulement du monde physique au monde subtil ?

— Le transfert se produit dans toute la Hiérarchie, par étapes successives. Toute la chaîne se déplace simultanément de bas en haut. Si l'on prend l'époque actuelle, toutes les âmes se déplacent synchroniquement d'un échelon d'une étape à l'autre en fonction de ce temps.

— Les âmes sont-elles transférées vers les Mondes Supérieurs uniquement lors des périodes de transition globale ?

— Ce sont des mouvements globaux liés aux cycles de développement général dans la Hiérarchie. Mais en dehors de ces cycles, des transitions individuelles ont lieu également, pendant les périodes intermédiaires. Dès qu'une âme atteint la maturité à un certain Niveau, elle est transférée plus haut.

— Et comment ce transfert se réalise-t-il : les Substances passent-elles des examens ou cela se produit-il automatiquement ?

— Il n'existe pas d'examens dans les Mondes Supérieurs. Le processus est automatique : c'est la densité du Niveau qui, lorsque la Substance accumule les énergoqualités nécessaires, la pousse hors de ses couches. La Substance s'élève à travers le Niveau dans ses couches au fur et à mesure que les énergies appropriées s'accumulent. Lorsqu'elle atteint la couche supérieure, elle s'y arrête jusqu'à ce que la densité de cette couche dépasse celle de la Substance. Cela se produit lorsque la Substance accumule des énergies de qualité supérieure à celles de la couche. Alors, la Substance, en tant que volume plus léger, est propulsée vers le Niveau supérieur.

— Que ressent une Substance au moment où elle est propulsée vers le haut ? Est-ce un état semblable à un vol physique ou à un autre choix ?

— Ce n'est ni l'un ni l'autre. Le passage ressemble davantage à l'état d'une personne entrant dans un nouveau monde. Pour la Substance, c'est un nouveau monde, un nouveau programme, de nouvelles conditions d'existence. Le passage de l'homme est plus brut (grossier) :

il s'effectue par la mort. Mais cette forme particulière de passage n'existe que dans le monde matériel.

— **Lorsqu'un humain meurt, sa conscience s'éteint, et il ne prend pas conscience de ce passage. En est-il de même pour les Substances ? Leur conscience s'éteint-elle ?**

— Leur conscience fonctionne en permanence.

— **Mais les Substances perçoivent-elles ce passage comme un événement agréable ?**

— Bien sûr, c'est agréable, car elles ne ressentent rien de désagréable comme les humains lors de leur transition vers un autre monde : il n'y a ni liens familiaux à rompre douloureusement, ni souffrances ou douleurs physiques qui vous effraient.

— **Il n'y a pas de liens familiaux dans les Niveaux, mais il doit sûrement exister d'autres relations unissant les Substances ?**

— Il est difficile pour vous de comprendre leurs relations. Mais bien sûr, elles communiquent entre elles. Mais, il n'y a pas de familles comme vous les concevez. Elles ne ressentent pas de sentiments particuliers les unes envers les autres comme vous. Toutes les Substances se traitent les unes les autres de manière égale, comme des frères, et il n'arrive pas qu'elles aiment une Substance et pas une autre. Les relations sont amicales, fraternelles. Tout le Niveau constitue une grande famille unie.

— **Donc, elles se perçoivent comme une fraternité plutôt que comme des individus distincts ?**

— Sans aucun doute, de telles sensations sont ressenties par les Substances, car elles appartiennent à un même Système hiérarchique, à un même Niveau, et c'est en cela qu'elles sont apparentées. Mais en outre, contrairement aux humains, elles ressentent leur aspiration commune, c'est-à-dire la nécessité d'atteindre le sommet de la Hiérarchie le plus rapidement possible. C'est leur objectif principal, vers lequel elles tendent toutes. Cet objectif unit les Substances et les motive à s'encourager mutuellement à se rapprocher de celui-ci et à tout faire pour que chacune d'elles puisse s'élever le plus rapidement possible.

— **Que ressentent les Substances lorsqu'une d'entre elles passe au Niveau supérieur, c'est-à-dire dans un autre monde ? Sur Terre, de telles transitions sont perçues comme tragiques, comme la perte d'un être cher.**

— Rien de tel chez elles. Lorsqu'une Substance s'élève, les autres ressentent de la joie et un désir s'accroît de progresser à leur tour. Bien sûr, chaque Substance souhaite avant tout s'élever elle-même.

— Lorsque la Substance passe d'un Niveau à un autre, sa forme extérieure change-t-elle ? Par exemple, lorsqu'un humain passe du monde matériel au monde subtil, sa forme change considérablement après la mort. En est-il de même pour les Substances ?

— Bien sûr, elles subissent aussi une transformation. Leur fréquence de rayonnement change, leur coloration, leur structure qualitative et subtile. Ces caractéristiques sont uniques à chaque Substance. Mais, en réalité, toute Substance change à chaque instant, et pas uniquement lors du passage. Vous aussi, en ce moment, changez constamment, à chaque instant. Et encore plus lors d'un passage vers un nouveau monde.

— Un humain peut constater ses changements au fil du temps. La Substance perçoit-elle ses propres transformations ?

— Oui, tout comme l'humain, mais de façon encore plus précise.

— Quelle partie de la Substance est la plus sensible : la conscience, la matrice, ou autre chose ?

— La Substance ressent à travers toute sa structure, tout ce qu'elle contient. Elle perçoit avec tout son volume. Elle voit, entend et agit en mobilisant toute son ampleur.

— Sur Terre, il existe de nombreuses formes d'existence dans un même monde matériel : les humains, les animaux, les oiseaux, les poissons, et ainsi de suite. Mais sur un même Niveau de la Hiérarchie, en dehors des Substances, existe-t-il d'autres êtres ?

— Il n'y a qu'une seule forme : les Substances. Il n'y en a pas d'autres.

— Existe-t-il une quelconque ressemblance avec les animaux?

— Non. De telles formes ne sont plus nécessaires.

— Les formes des Substances des Niveaux inférieurs et supérieurs de la Hiérarchie sont-elles différentes entre elles ?

— On peut considérer que leur forme est la même. La différence réside dans la taille des Substances.

— Nous souhaitons préciser le passage du plan terrestre au monde subtil. La Bible dit que 144 000 personnes seront transférées

vers les Plans supérieurs. Soit actuellement, six milliards d'humains vivent sur Terre. Quel pourcentage de cette population sera transféré ?

— Sur Terre, il y a des âmes de Niveaux variés, mais seules celles qui se trouvent au degré le plus élevé doivent être prises, c'est-à-dire les âmes ayant atteint le centième Niveau du plan terrestre. À l'heure actuelle, il n'y a pas de telles âmes sur Terre. Elles ont déjà terminé leur stade terrestre de développement au cours des cinq civilisations et attendent dans la « Réserve » leur redistribution ultérieure vers les Plans supérieurs. L'année ultime prévue pour le transfert massif des âmes « matures » vers la Hiérarchie humaine est en 1999. Durant cette année, il est prévu de recueillir deux cent mille âmes du dernier Niveau de la Hiérarchie Humaine (réponse donnée en 1998)*. Mais ici, Nous parlons des âmes élevées.

— Si, par exemple, un professeur ou un académicien a atteint un haut niveau de développement mais ne croit pas en Dieu, sera-t-il transféré vers les mondes Supérieurs ?

— Il est impossible pour un matérialiste d'atteindre un Niveau élevé sans foi, car sans acceptation du monde subtil, et donc sans l'ouverture et le développement des capacités paranormales, l'âme n'accumulera pas la composition qualitative requise pour s'élever jusqu'au premier Niveau de la Hiérarchie. De plus, l'incrédulité agira comme un lourd fardeau qui ne cessera pas de repousser l'âme du matérialiste en arrière dans son évolution, l'entraînant périodiquement en Enfer pour sa purification.

— Un haut niveau intellectuel mène-t-il vers le Système négatif?

— Pourquoi ?

— Mais certains scientifiques ont conçu des bombes atomiques, des armes qui tuent les autres.

— Tout dépend des qualités que l'être humain a développées. Si l'âme est principalement remplie d'énergies négatives, elle rejoint alors le Système négatif. Mais savoir si elle sera dirigée vers Mon Système ou celui du Diable est une décision prise par le Conseil de Répartition (Distribution). C'est lui qui détermine où envoyer chaque âme. Mais les personnes justes et nobles viennent à Moi.

— **Comment la matrice de l'âme humaine doit-elle être remplie pour qu'elle soit transférée dans la Hiérarchie ?**

— La matrice doit être remplie de tout le spectre d'énergies requises par le plan terrestre. De plus, le **potentiel** énergétique **de l'âme*** doit atteindre celui des couches énergétiques du Niveau inférieur de la Hiérarchie.

— **Après être passé dans les mondes supérieurs, une personne ne se réincarne plus sur Terre ?**

— Non, elle peut s'incarner sur Terre uniquement dans le cadre d'une mission particulière, comme vous, par exemple.

— **L'humanité est aujourd'hui très divisée. Atteindra-t-elle un jour son unité ?**

— L'unité n'est possible que dans les limites d'un même Niveau du plan subtil. Une unité avec un Niveau inférieur ou supérieur est impossible en raison du manque de certaines données énergétiques spécifiques, dû à l'absence des structures nécessaires chez les êtres.

— **Mais sur Terre, ne peut-il pas y avoir d'unité entre tous les humains ?**

— Sur Terre, il y a des âmes de différents Niveaux de développement. Par conséquent, l'unité n'est pas réalisable ici (ce n'est pas possible). Les Niveaux terrestres inférieurs dénaturent (pervertissent) constamment Nos meilleures idées envoyées à l'humanité. C'est pour cette raison que vous et Nous rencontrons souvent des problèmes : vos sociétés se retrouvent régulièrement dans des impasses, d'où il faut les sortir et les réorienter en brisant les anciens schémas de relations. Mais, comme Je l'ai déjà dit, l'unité ne peut exister que dans les limites d'un même Niveau spécifique.

— **Et que dire de l'idée même du Christ selon laquelle tous les humains sont frères ? Est-ce une idée utopique ?**

— C'était Notre expérience : éveiller chez les âmes peu développées un sentiment d'unité. En partie, cette idée a été comprise par les âmes les plus évoluées, et sur cette base a été créée votre État socialiste, qui a réuni de nombreux peuples. Mais cette idée sera pleinement réalisée dans la sixième race, vers la fin de son développement.

— L'unité sur un même Niveau de la Hiérarchie est-elle possible même si ce Niveau comprend à la fois des Systèmes positifs et négatifs ?

— Par leur Niveau de développement, ils sont identiques. Et c'est précisément grâce à leur unité que tout le Niveau se maintient et se développe.

La gouvernance (gestion) des Niveaux par Dieu

Les Niveaux de la Hiérarchie sont les mondes de Dieu. Et en tant que leur maître, Il les gouverne. Tous les mondes sont gouvernés par Dieu. Mais comment cette gouvernance est-elle précisément mise en œuvre ? Il convient de l'éclaircir.

— **En quoi consiste Votre direction des Niveaux inférieurs ?** — nous nous sommes adressés à Dieu. — **Vérifiez-Vous leurs plans de développement, leurs projets ou seulement les résultats finaux ?**

Dieu répond par l'intermédiaire de Seklitova LA :

— Je fixe les objectifs et J'exerce un contrôle sur les programmes ainsi que sur les résultats des travaux. Tout est analysé en comparaison et corrigé si nécessaire.

— **Leur donnez-Vous des conseils ?**

— Pas des conseils, mais une direction.

— **Et si Vous êtes en désaccord avec les plans de Vos subordonnés, doivent-ils les modifier ou leur laissez-Vous la liberté de choix dans leurs actions ?**

— Si quelque chose ne correspond pas aux desseins généraux, Je leur indique les écarts, et ils sont tenus d'apporter des corrections à leur travail.

— **Le Système du Diable est sous Votre autorité. Peut-il Vous contrarier en quoi que ce soit ?**

— Non.

— **Arrive-t-il souvent qu'il agisse autrement que selon Votre volonté ? Par exemple, ils ont donné aux hommes une invention comme la bombe atomique.**

— Tout s'est déroulé comme prévu.

— **Obligez-Vous à corriger les erreurs déjà commises, ou bien à rectifier des programmes entiers ?**

— Une certaine correction des programmes est préalablement effectuée. Mais tout ce qui vous semble être des erreurs fait partie du plan, car cela est lié au karma des hommes et à leurs choix dans les situations données.

— La révolution de 1917 et les soixante-dix ans de dictature du prolétariat étaient-ils planifiés ?

— Oui, cela faisait partie de Notre programme. Il a produit certains résultats.

— La période de stagnation complète dans notre pays aurait-elle pu se prolonger très longtemps si la société des années 1980 n'avait pas fait un autre choix ?

— Dans ce cas précis, ce n'était pas votre choix, mais Notre intervention. À cette fin, les programmes sont constamment ajustés en fonction des résultats obtenus.

Le Développement des Substances sur les Niveaux

Les mondes de Dieu sont peuplés de Personnalités hautement développées, appelées Substances. Lorsqu'une âme humaine entre dans Sa Hiérarchie, elle est elle aussi nommée Substance. Mais il existe des êtres vivants sur d'autres planètes et dans d'autres mondes. Où vont-ils ? Comment se poursuit leur développement ? D'où la question :

— Votre Hiérarchie est-elle destinée uniquement aux âmes provenant de la Terre ?

— Pourquoi ? Pas seulement de la Terre, mais aussi de tout votre Univers, ainsi que des trois autres.

— Un si grand nombre d'âmes y entre ? — nous nous sommes étonnés.

— Ma Hiérarchie est destinée aux âmes des quatre Univers et est conçue pour en contenir un certain nombre.

— Mais les Univers doivent sûrement avoir des formes d'existence différentes, et les âmes des êtres vivants doivent varier. Comment coexistent-elles ensuite au sein d'un même Niveau de la Hiérarchie ?

— Les Substances sont identiques dans leur structure subtile, mais les formes physiques sont différentes, et les qualités des âmes varient également. Pour votre Univers, il existe un type de qualités — Je parle en termes généraux — pour le deuxième Univers, un autre type, pour le troisième, un troisième, et ainsi de suite. Il y a donc quatre types. Ce sont quatre qualités distinctes dont j'ai besoin et que je suis en train de développer. Une fois que tout le nécessaire aura été accumulé, Je terminerai Mon séjour ici et passerai à un niveau supérieur, où Je débuterai un nouveau cycle de développement et créerai un nouveau Volume du monde avec de nouvelles qualités. Dans ce nouveau Volume, les formes de vie seront différentes, mais les âmes seront les Miennes, c'est-à-dire issues des quatre Univers.

— Dans les quatre Univers, les formes et les conditions de vie sont différentes, ce qui signifie que leurs matrices accumulent des énergies variées. Et malgré ces différences, elles arriveront toutes au premier Niveau de Votre Hiérarchie ?

— Oui, au premier. Cependant, certaines, celles qui ont le plus progressé, peuvent directement aller encore plus haut (supérieurs). Le rythme de développement varie selon les formes d'existence : certaines progressent plus vite et accèdent plus rapidement à la Hiérarchie, tandis que d'autres évoluent plus lentement. Mais à partir du premier Niveau de la Hiérarchie, leur vitesse de développement devient uniforme.

— Cela signifie que sur le premier Niveau, se rassemble des âmes aux qualités les plus diverses ?

— Bien sûr. Toutefois, il existe de nombreuses mini-hiérarchies regroupant les âmes selon certaines caractéristiques. Les âmes de la Terre intègrent leur propre mini-hiérarchie. Mais ces regroupements restent conventionnels. Les âmes sont libres de se déplacer et de communiquer avec les autres.

— Et plus tard, dans les mondes de la Hiérarchie, ces âmes accumuleront-elles des énergies similaires dans leurs matrices ?

— Avant le premier Niveau, elles se développaient selon des Lois différentes. Mais aux Niveaux de la Hiérarchie, elles sont soumises aux mêmes Lois, de sorte que leur développement devient, en quelque sorte, uniforme.

— C'est un peu comme des enfants de différentes nationalités qui entrent en première année d'école ?

— Oui, on peut faire cette analogie. Mais vous ne pouvez même pas imaginer quelle a été la vie de certaines d'entre elles avant d'atteindre le premier Niveau. Comparée à la vôtre, elle peut être tout simplement incompréhensible. Même si J'insuffle les mêmes fondements dans les âmes initiales, les conditions de vie, créées par les Supérieurs, façonnent les âmes de manière différente, parfois même opposée. Cela influence leur vitesse de développement et génère des âmes aux orientations divergentes. L'environnement a un impact colossal sur la formation de l'âme. Ainsi, lorsqu'elles arrivent au premier Niveau, elles sont extrêmement variées.

— **Mais malgré ces grandes différences, parviennent-elles à se comprendre d'une certaine manière ?**

— Les âmes en elles-mêmes comprennent tout, car leur perception mutuelle est totalement différente de celle des formes matérielles. D'autres centres entrent en jeu.

— **Mais des difficultés relationnelles existent malgré tout ?**

— Oui, bien sûr. Après tout, c'est la première classe, le premier Niveau. Elles doivent trouver des points communs et des moyens de compréhension mutuelle. Elles étaient plus à l'aise lorsqu'elles évoluaient dans leurs propres mondes, entourées de leurs groupes et de leur élément naturel. Mais le premier Niveau représente un environnement nouveau, plus exigeant, auquel elles doivent s'adapter. Certaines peinent à interagir avec les autres et cherchent avec qui établir des relations, nouer des liens, construire quelque chose. Le premier Niveau est un défi majeur pour Moi. Mais avec leur progression vers le haut, cela devient plus facile. Elles acquièrent des méthodes de communication adaptées à ce nouveau monde, et leur compréhension mutuelle s'améliore. Finalement, elles atteignent une harmonie complète, mais cela ne survient qu'à peu près au milieu de la pyramide.

— **Vos mondes sont peuplés de Substances, c'est-à-dire d'âmes fortement développées, que Vous rassemblez dans la Hiérarchie depuis les quatre Univers. Mais comment ces Substances sont-elles organisées au sein des Niveaux ? Possèdent-elles une forme physique au premier Niveau de la pyramide ?**

— Non. Elles ne possèdent que des corps énergétiques.

— **Ont-elles, dans leurs enveloppes, quelque chose de similaire à des organes ?**

— Elles n'ont pas d'organes, mais des centres sensoriels distincts.

— **Avec quoi les Substances construisent-elles leurs mondes sur les Niveaux ?**

— Avec la force de la pensée. Dans Mes mondes, ni mains ni pieds ne sont plus nécessaires. La base de toute activité des Substances est une pensée hautement développée. Aux Niveaux inférieurs, leur pensée est principalement numérique, ensuite elle devient lumineuse, et au sommet de la Hiérarchie, elle est énergétique.

— **Tout leur travail est accompli uniquement par la pensée ?**

— Oui, uniquement par la force de la pensée.

— **Et même au premier Niveau, la Substance nouvellement arrivée commence-t-elle déjà à fonctionner uniquement par la pensée ?**

— Oui, tout est construit sur ce principe.

— **Les humains évoluent à travers les sentiments, les émotions, la pensée, les actions. Existe-t-il quelque chose de similaire chez les Substances ? Elles ne doivent plus avoir de sentiments, n'est-ce pas?**

— Pourquoi donc ? Ce ne sont pas des robots. Si la Substance est spiritualisée, alors elle ressent tout, mais de manière différente selon les étapes de son évolution. Sur les Niveaux eux-mêmes, les Substances ne possèdent pas de sentiments, mais une forme plus élevée de perception, bien qu'elle rappelle aussi la sensation. Elles ont des enveloppes et « perçoivent » à travers elles, bien que les sentiments soient une caractéristique du corps matériel. Leurs enveloppes sont construites différemment, mais elles ressentent également des impressions similaires aux vôtres, bien que sur un degré supérieur de perfectionnement. On pourrait même dire que leurs « sentiments » sont plus évolués que les vôtres, d'une perception plus subtile et d'une portée plus vaste.

— **Et elles n'ont absolument plus d'émotions ?**

— Sur les Niveaux inférieurs, où se trouvent les Déterminants et les **Fondateurs***, les émotions subsistent encore. Ici, sur le premier Niveau, arrivent aussi des âmes humaines qui conservent leurs émotions pendant un certain temps.

— **Existe-t-il des normes morales dans les mondes de la Hiérarchie ?**

— La morale constitue la condition d'évolution de l'environnement pour les Substances. Chaque Niveau est doté de conventions spécifiques à leur développement. Dans chaque monde, des

Lois particulières sont en vigueur, et elles évoluent en fonction de celles-ci. La morale est aussi une Loi.

— **Peut-il exister une compétition sur les Niveaux pour l'acquisition d'énergie ?**

— C'est possible. Mais chaque choix est strictement réglementé. Partout, il existe des cadres rigoureux et un contrôle strict. Personne ne peut prendre plus que ce qui lui est déployé.

—— **Plus le Niveau dans la pyramide est élevé, plus la Substance en développement la traverse rapidement ou lentement ?**

— La vitesse de progression à travers les Niveaux s'accélère en approchant du sommet de la Hiérarchie, alors qu'elle est plus lente aux Niveaux inférieurs. La durée du séjour d'une Substance à un même Niveau dépend d'elle-même, de sa détermination, de son ensemble de qualités, de sa capacité à compléter plus ou moins rapidement son programme personnel. De nombreux facteurs influencent le temps qu'elle passe dans un monde donné.

— **Chaque monde possède-t-il sa propre vitesse de développement ? De quoi dépend-elle ?**

— La vitesse de développement du monde, c'est-à-dire la vitesse des processus qui s'y déroulent, dépend de la matière, et donc de l'énergie à partir de laquelle elle est construite ; des programmes, du niveau de ce monde, de sa perfection. L'énergie même de ce monde détermine la forme du processus, et le processus détermine la vitesse de développement. Tout est étroitement lié et l'un dépend de l'autre.

— **Un Niveau comprend approximativement combien de stades de développement ?**

— Chaque Niveau possède son propre nombre de stades d'évolution.

— **Et chez le Diable, y a-t-il plus ou moins de stades sur un même Niveau que chez Vous ?**

— Chez le Diable, il y en a davantage, car chacun de Ses Niveaux est plus vaste, c'est-à-dire qu'il faut plus de temps pour les traverser que chez Moi.

— **Les programmes pour chaque stade de progression sur un Niveau sont-ils établis séparément ?**

— Oui, séparément, en fonction de ce qui a été accompli.

— **Comment ces programmes sont-ils alors délimités dans la vie d'une Substance ? Par exemple, dans la vie humaine, un programme est séparé d'un autre par la mort.**

— Sur un Niveau, la séparation se fait par l'accomplissement de l'objectif fixé. Une fois un objectif atteint, un nouveau programme est attribué avec un objectif suivant.

— **Existe-t-il un intervalle entre deux programmes ?**

— Chez les Substances, il n'y a pas d'intervalle entre la fin d'un programme et le début du suivant. Dès qu'une Substance termine un programme, le suivant est déjà prêt et lui est immédiatement attribué après l'accomplissement du premier objectif. Un programme s'enchaîne naturellement avec un autre.

— **Quel est l'objectif principal du perfectionnement des Substances ?**

— L'accumulation d'énergies, l'élévation de leur propre énergopotentiel. Toute progression entraîne certaines énergoaccumulations dans la matrice et les enveloppes des Substances, et ce sont précisément ces accumulations qui forment leur énergopotentiel global. Plus celui-ci est élevé, plus l'individu peut s'élever dans la Hiérarchie.

— **En montant dans les Niveaux, la puissance de la Substance augmente-t-elle aussi ?**

— Oui, sa puissance croît, tout comme ses dimensions. Elle grandit en volume et en caractéristiques.

— **Sur un même Niveau, la puissance des Substances est-elle égale ?**

— On peut dire qu'elle est presque identique, c'est-à-dire qu'elle fluctue dans un certain intervalle caractéristique de ce monde, bien que chaque individu possède une puissance propre.

— **La puissance des Substances diffère en quantité. Mais diffère-t-elle aussi en qualité ?**

— Bien sûr, car elle est composée de différentes caractéristiques qualitatives. Il n'existe pas deux puissances identiques en qualité. Plus la densité énergétique dans la matrice est élevée, plus la puissance est grande.

— **Et plus une Substance possède d'énergie dans ses enveloppes, plus sa puissance est grande ?**

— Non, l'énergie contenue dans les enveloppes n'a pas toujours une influence. **Le fait est que l'énergie destinée aux enveloppes est parfois accordée à l'âme par avance, en guise d'acompte pour son développement futur,** afin que l'individu la travaille ensuite. Un dépôt initial est donné, puis il est assimilé. Mais cela se produit uniquement si l'âme n'a pas accumulé les énergies nécessaires à la prochaine étape de son développement. Or, elle ne peut pas « stagner » sur place, c'est pourquoi elle reçoit par avance ce qui est requis pour son avancement. Ainsi, ces énergies ne peuvent pas constituer la puissance globale de l'âme tant qu'elle ne les a pas assimilées. En revanche, si l'âme a accumulé les énergies nécessaires pour l'étape suivante, celles qui seront requises pour ses enveloppes, alors elle peut s'implanter dans un monde par ses propres forces. Dans ce cas, les énergies des enveloppes peuvent être additionnées aux caractéristiques de sa puissance globale.

— **L'augmentation de la puissance de la Substance influence-t-elle la construction de sa matrice ?**

— Bien sûr qu'elle l'influence. La croissance de la puissance résulte de l'accumulation d'énergie dans la matrice, ce qui entraîne des ajouts constants, l'ajout de nouvelles cellules. Cela est principalement lié aux changements quantitatifs de l'énergie, ce qui conduit à une augmentation du volume total. Le volume des cellules s'élargit, elles se remplissent d'une qualité d'énergie, et cette qualité peut s'étendre de plus en plus. C'est pourquoi, pour accroître le volume de la qualité, il est nécessaire d'élargir et de compléter les cellules. Et en fonction de ces constructions et accumulations, la puissance de l'âme se renforce.

— **Si l'on prend un être humain, peut-on dire que les difficultés de la vie contribuent à l'augmentation de la puissance de son âme ? Ou bien ces difficultés influencent-elles seulement les qualités de l'âme ?**

— Ce n'est pas les difficultés en elles-mêmes, mais leur dépassement qui contribue à l'augmentation de la puissance de l'âme, tout en influençant également l'acquisition de certaines nouvelles qualités, car dans ce cas, il se produit une transformation de l'un en l'autre.

— **L'acquisition de Nouvelles Connaissances contribue-t-elle à l'augmentation de la puissance de l'âme ?**

— Oui, obligatoirement. Il y a ici une dépendance directe.

— La lutte contre les maladies augmente-t-elle également la puissance de l'âme ?

— Pas beaucoup.

— Qu'est-ce qui contribue le plus à l'augmentation de la puissance de l'âme : la lutte contre les ennemis, la lutte contre les maladies ou l'acquisition de Nouvelles Connaissances ?

— Cela peut être classé par Niveaux, c'est-à-dire que dans votre question, vous avez construit une Hiérarchie. À sa base se trouve la lutte contre les ennemis, ensuite vient la lutte contre les maladies, et tout en haut se trouve l'acquisition de Nouvelles Connaissances. C'est cela le plus élevé, et c'est ce qui contribue le plus à l'augmentation de la puissance de l'âme.

— Le développement de l'homme est freiné par ses désirs. Qu'est-ce qui freine le développement des Substances, par exemple celles des Niveaux inférieurs de la Hiérarchie ?

— Ce sont aussi les désirs. Ils existent également à des Niveaux plus élevés. Les désirs sont toujours présents, mais ils changent de forme, c'est-à-dire qu'aux Niveaux Supérieurs, ils se transforment en aspirations au développement, en volonté d'atteindre rapidement leur but, d'accomplir leur programme. Les désirs se transforment en aspirations élevées.

— Une Substance peut-elle emprunter le chemin de la dégradation ?

— Bien sûr. J'ai accordé la liberté de choix dans tous les mondes, c'est pourquoi les Substances peuvent parfois choisir non pas ce qui les mène au progrès, mais ce qui les conduit à la dégradation. Elles commettent aussi des erreurs. La dégradation existe également au sein des Niveaux. Mais plus un monde est haut placé dans la Hiérarchie, plus le pourcentage d'êtres qui se dégradent est faible.

— Plus une Personnalité est élevée dans les échelons de la Hiérarchie, plus elle est active ou moins active ?

— Lorsqu'elle s'élève dans les Niveaux, la Substance devient plus active par rapport aux Niveaux inférieurs. Mais si l'on compare le travail accompli par chaque âme pour son monde, on peut dire qu'ils sont équivalents. Par exemple, une âme accomplit un travail à un Niveau inférieur, une autre à un Niveau supérieur. Elles diffèrent par leur puissance, leur volume, leur composite*, mais le travail qu'elles

207

effectuent pour leurs Niveaux peut être équivalent à leurs forces, car tout travail est calculé en fonction de la Puissance correspondante à chaque Niveau. Ainsi, à un Niveau supérieur, le travail est plus complexe et conçu pour un volume plus grand, tandis que dans un monde inférieur, il est moins complexe et conçu pour un volume plus réduit. Mais ils sont équivalents pour leurs Niveaux respectifs.

— **À chaque Niveau, la forme de pensée change-t-elle, ou bien y a-t-il simplement un élargissement des connaissances et de la conscience de chaque Substance ?**

— Tout change qualitativement en fonction des Niveaux. Mais un changement brusque de la pensée ne se produit jamais immédiatement, les changements surviennent progressivement et parfois de manière si fluide que même la transition dans la forme de pensée peut passer inaperçue. Les Substances elles-mêmes, qui se perfectionnent dans cette pyramide de la Hiérarchie, ne remarquent pas cette transition.

— **Lors de l'ascension dans les Niveaux, le nombre de Substances augmente-t-il ou diminue-t-il ?**

— Dans la pyramide de la Hiérarchie, en montant les Niveaux, le nombre de Substances diminue, mais le potentiel de chacune d'elles augmente et dépasse celui des Substances des Niveaux inférieurs. En s'élevant, toutes leurs caractéristiques augmentent : potentiel, puissance, énergocapacité, etc.

— **Qu'est-ce qui permet à une Substance de se maintenir sur un Niveau pendant un certain temps ? Sur le plan terrestre, un être humain est maintenu par la force gravitationnelle de la planète.**

— Dans les marches de la Hiérarchie, il existe des forces d'attraction propres à chaque Niveau. Chaque Niveau possède une densité spécifique – une densité propre à toutes ses énergies. Lorsque la densité des énergies d'une âme correspond à la densité du Niveau, c'est cette dernière qui la maintient naturellement en place. Ainsi, chaque Substance se trouve dans la couche qui correspond à ses caractéristiques.

— **Comment une Substance monte-t-elle vers un Niveau supérieur ? Qu'est-ce qui favorise son ascension ?**

— Une force d'expulsion agit sur l'âme lorsqu'elle accumule la composition énergétique nécessaire pour le Niveau supérieur. Si elle ne l'a pas atteinte, elle ne pourra en aucun cas s'élever. Mais si, au cours de son développement, elle acquiert les énergies requises, c'est-à-dire qu'elle se transforme en intégrant de nouvelles énergies d'un ordre plus élevé que celles qu'elle possédait auparavant, alors sa densité devient plus faible que celle du Niveau où elle se trouve actuellement. Elle devient en quelque sorte plus légère en raison de ces énergies élevées. De la même manière qu'un ballon d'air est expulsé par des couches plus denses de l'eau. La "densité" est une notion approximative, bien sûr. Mais en général, c'est ainsi que cela fonctionne. La densité de l'énergomonde inférieur, étant plus élevée que celle de la Substance elle-même, expulse **l'unité*** en progression vers un Niveau supérieur lorsqu'elle progresse. En cas de dégradation, le processus inverse se produit : la Substance perd ses énergies élevées et ne conserve que les plus "lourdes", qui l'attirent vers le bas. Tel est le mécanisme d'élévation ou de descente. C'est le principe général du mouvement dans l'échelle hiérarchique.

— **Existe-t-il, à chaque Niveau, des péchés, c'est-à-dire des limitations dans le comportement ?**

—Oui. Chaque Niveau possède ses propres Lois, ses propres violations et ses propres restrictions comportementales.

— **Arrive-t-il que ce qui est considéré comme un péché à un Niveau ne le soit pas à un autre ?**

— **Dans quel sens : s'agit-il de péchés aux niveaux inférieurs qui ne sont pas maintenus comme tels aux niveaux supérieurs ? Ou bien l'inverse ?**

— L'inverse.

— Dans ce cas, il est possible que **des actes considérés comme des péchés pour un Niveau Supérieur ne le soient pas pour un Niveau Inférieur**. Aux Niveaux Supérieurs, l'échelle de la notion de péché devient plus subtile.

— **À partir de quel Niveau les péchés cessent-ils d'exister totalement ?**

— Pour les humains terrestres, les péchés disparaissent à partir du centième Niveau terrestre. La conscience humaine atteint alors un tel degré d'élévation qu'elle cesse automatiquement de commettre des fautes. Et au-delà, la notion même de péché change. En réalité, elle cesse d'exister sous la forme à laquelle l'homme est habitué. Dans les Mondes Supérieurs, les concepts de Bien et de Mal se transforment, la structure sociale et quotidienne de l'organisation de la société se modifie, et c'est ainsi que disparaît également la notion de péché.

— **Un être humain peut se purifier par la prière. Existe-t-il des méthodes permettant aux Substances de purifier leurs formes internes ?**

— Il n'existe pas de méthodes spécifiques de purification, mais il y a le karma. C'est lui qui purifie. Les Substances doivent travailler, progresser, avancer vers leur objectif. Elles doivent accomplir des actions en conséquence. Contrairement aux êtres humains, les Substances connaissent leurs objectifs. Et si elles s'en écartent, elles accumulent des énergies qui ne sont pas celles requises. C'est pourquoi elles se purifient par le processus karmique. Elles n'ont ni prières ni religions. Elles vivent selon des Connaissances réelles et des Lois, et c'est précisément ce que Nous essayons actuellement d'instaurer chez l'humanité : la faire passer à un Niveau de connaissances réelles et de Lois Supérieures. Mais les humains terrestres ont toujours besoin d'inventer quelque chose, de raconter des paraboles. Ces récits doivent être remplacés par des Connaissances sur la véritable structure de la Création (Univers Entier) et les véritables processus qui s'y déroulent. Dans d'autres mondes, les êtres savent et comprennent la **substance*** de ce qui se produit tant dans leur monde que dans d'autres. C'est pourquoi ils font moins d'erreurs dans l'accomplissement de leur objectif et progressent plus rapidement vers la perfection.

— **Les Substances Supérieures ont-elles le droit de descendre dans les mondes inférieurs* ?**

— Uniquement jusqu'à un certain Niveau, et toujours en tenant compte de la Loi de non-intervention, entre autres. Dans la pratique, cela est rare ; en règle générale, personne ne descend nulle part. Il existe des Lois précises du développement, et tout être évolue en conformité avec elles.

Les codes des Niveaux et des âmes

Tous les êtres vivants dans les mondes de Dieu ne sont pas désignés par des noms, mais par des codes qui expriment avec la plus grande précision leur essence évolutive et permettent d'en assurer un suivi rigoureux. Approfondissons notre compréhension des codes. Nous nous adressons à Dieu avec la question suivante :

— **Nous savons que toutes les âmes, toutes les Substances possèdent des codes individuels. Vos mondes ont-ils également des codes ?**

— Absolument tout possède ses propres codes, car cela facilite leur systématisation et la gestion des affaires futures.

— **Les codes des âmes sont-ils liés aux codes des mondes ou des Niveaux ?**

— Oui, une telle interconnexion existe.

— **Pour qu'une âme puisse s'installer dans un monde donné, son code doit-il correspondre au code de ce monde ?**

— Ce n'est pas l'ensemble du code de l'âme qui doit correspondre totalement, mais seulement certaines séquences numériques spécifiques. Le code de l'âme comprend de nombreuses combinaisons numériques qui correspondent à l'état général d'un monde particulier. Tout est fondé sur des chiffres, et leur quantité est infinie. Mais, il existe toujours des correspondances spécifiques qui unifient ce qui est épars en un tout cohérent.

— **Cela signifie donc qu'on a établi ces correspondances codées afin qu'une âme ne puisse pas se retrouver dans un autre monde ?**

— Non, ce ne sont pas les correspondances qui jouent ici un rôle, mais l'automatisme du processus de répartition des âmes dans les mondes. Le processus même de distribution des âmes est mécanisé afin qu'une âme aboutisse automatiquement à l'endroit qui lui convient. Mais ce n'est pas l'âme elle-même qui détermine ce qui lui est nécessaire, c'est le mécanisme incorporé dans ce processus qui le fait. Un relevé (lecture) est effectué sur les paramètres spécifiques de l'âme, correspondant à son Niveau de développement et acquis au cours de l'accomplissement de son programme. Ce relevé s'effectue à partir des éléments de son code. Ainsi, grâce aux chiffres, on identifie automatiquement l'endroit correspondant aux caractéristiques accumulées par l'âme. Tout dans les mondes est agencé de telle sorte que chaque âme trouve naturellement sa place. Mais les codes des âmes ne sont pas spécialement ajustés à un monde donné, et inversement, les mondes ne sont pas plus adaptés aux codes de certaines âmes. Il n'existe pas de régulation spécifique entre l'un et l'autre à travers des codes numériques. Chaque chose suit son propre système de développement, et l'élément central de ce système est le principe de perfectionnement, qui conduit aux correspondances requises. C'est en cela que résident l'harmonie et la correspondance de l'un à l'autre.

— Comment s'effectue l'adéquation du code de l'âme avec le code du monde ?

— Il n'y a pas d'adéquation spécifique qui serait mise en place une fois que l'âme atteint un monde donné. Tout existe dans une unité organique où chaque chose correspond naturellement à l'autre. Ainsi, une âme ne peut se retrouver ni en dessous ni au-dessus de son niveau, mais uniquement là où elle correspond. Cela est défini par la *Loi de Correspondance*.

— Mais alors, à quoi servent ces codes, s'ils ne jouent pas un rôle aussi central dans la répartition des âmes ?

— Tout dans la Création (Univers Entier) est construit sur des nombres. Les énergies sont toujours converties en nombres et possèdent une expression numérique, ce qui facilite leur organisation. Chaque type d'énergie est identifié par un chiffre à travers les codes. Toutes les manipulations que je réalise sur les énergies s'effectuent à travers l'utilisation des codes. Par exemple, si Je dois réunir certaines énergies ou les diviser, il est bien plus efficace d'opérer avec des chiffres qu'avec l'énergie elle-même, quelle que soit sa qualité. Il est impossible d'inventer un nom pour chaque chose tant elles sont innombrables. C'est là que les codes Me sont utiles. Les codes sont des nombres qui remplacent parfaitement toutes sortes de désignations.

— Vous effectuez des manipulations avec les codes…

— Avec les énergies, — a corrigé Dieu.

— Vous effectuez des manipulations avec les énergies à travers les codes, — nous nous sommes corrigés à notre tour. — Et comment voyez-vous si une discordance apparaît quelque part ? Si, par exemple, un déplacement entraîne une incohérence ?

— Dans un tel cas, un déséquilibre structurel se produit. Toute discordance entraîne la destruction des structures existantes. Mais cela ne peut pas M'arriver, car Je sais exactement ce qui doit correspondre à quoi.

— Nous posons cette question en termes de possibilités théoriques, — nous nous sommes justifiés, — car tout peut arriver si les mondes ne sont pas contrôlés.

— Oui, je comprends, — a-t-Il acquiescé.

— Ainsi, la correspondance ou la discordance (incohérence) apparaît-elle sous forme numérique ?

— Bien sûr, tout cela est visible, en tout cas pour Moi.

Les informations sur les Niveaux

Chaque monde, autrement dit chaque Niveau, possède sa propre information. Sur ce sujet, nous avons posé des questions à Dieu.

— Comment se produit la modification du volume d'information sur les Niveaux dans les Systèmes positifs et négatifs?

— S'ils se trouvent sur un même Niveau, ils utilisent le même volume d'information. Mais s'ils appartiennent à des Niveaux différents, alors ils possèdent des volumes d'information distincts.

— Si, par exemple, nous prenons des Déterminants d'un même Niveau mais appartenant à des Systèmes différents, lequel d'entre eux a le plus de restrictions dans l'accès à l'information : le Déterminant du Système positif ou celui du Système négatif ?

— Sur un même Niveau, ils ont exactement les mêmes possibilités. Mais sur des Niveaux différents, les Substances des Niveaux inférieurs sont plus limitées dans leurs connaissances que celles des Niveaux supérieurs.

— Pour quelle raison les connaissances du Niveau Supérieur ne sont-elles pas données au Niveau inférieur ? Est-ce parce qu'elles ne seraient pas comprises, ou bien représentent-elles une menace pour les mondes inférieurs ?

— Elles seraient comprises, mais les connaissances d'un Niveau Supérieur constituent toujours une menace pour les mondes inférieurs, car ces derniers sont incapables d'en percevoir les conséquences lors de leur mise en application. Des Connaissances Supérieures seront toujours utilisées par les êtres inférieurs à des fins égoïstes, et cela concerne particulièrement les terriens. Plus le Niveau de développement est bas, plus l'homme est proche du Niveau animal. Si l'on prend en compte le fait que la Terre abrite des individus de Niveaux de développement très variés, on peut imaginer à quel point toute idée ou forme de Connaissance serait déformée de manière exponentielle, car chaque degré de compréhension l'interpréterait selon sa propre perspective. C'est pourquoi il existe sur Terre un grand nombre de théories et de projets erronés.

— Lors du passage d'un Niveau à un autre, est-il obligatoire que les Connaissances du monde Supérieur soient transmises à l'inférieur ?

— Le passage d'un Niveau à un autre n'existe que dans la Hiérarchie. Sur Terre, tout fonctionne de manière totalement différente. La Terre passe à une nouvelle étape d'évolution, une nouvelle orbitale, ce qui signifie que son Niveau de développement change, s'élève sur le plan énergétique, c'est-à-dire qu'elle commence à fonctionner avec une gamme de fréquences plus élevées. Et pour que cette transition ait lieu, l'humanité toute entière doit recevoir de Nouvelles Connaissances, correspondant à l'énergie nouvellement descendue. Cette Nouvelle Information est envoyée d'En-Haut, c'est-à-dire par Nous, à travers des contactés et des messagers, car les humains ne peuvent pas l'obtenir autrement. D'où pourraient-ils tirer de nouvelles orientations pour la prochaine étape de leur évolution, si elles ne leur sont pas envoyées d'En-Haut ? C'est pourquoi de nouvelles directions de l'information sont actuellement transmises pour le futur progrès de la sixième race.

— Et dans Votre Hiérarchie, l'information est-elle également transmise du Niveau Supérieur au Niveau inférieur ?

— Chez Nous, tout se déroule d'une manière quelque peu différente.

La disparition des Hiérarchies

— La Hiérarchie existe-t-elle uniquement dans Votre Univers?

— La Hiérarchie est une structure en niveaux de la matière, qui existe dans tout le Cosmos. Tout y est construit selon un principe hiérarchique. C'est le principe fondamental de toute construction. Il existe de grandes et de petites Hiérarchies, et les plus petites sont incluses dans les plus grandes. L'Hiérarchie universelle du développement n'a ni commencement ni fin.

— En dessous du plan terrestre, existe-t-il aussi une Hiérarchie ?

214

— Bien sûr, la Hiérarchie s'étend infiniment vers le bas et infiniment vers le haut. Cependant, si l'on ne parle pas de la Hiérarchie universelle dans son ensemble, mais d'une Hiérarchie propre à un certain Volume ou à une certaine composition, alors elle est finie. Tout cela est déterminé par les stades du développement.

— Dans Votre monde, les Hiérarchies grandissent et s'épanouissent. Mais y en a-t-il qui disparaissent ?

—Oui. Plus précisément, elles ne disparaissent pas, mais se transforment en une nouvelle forme de vie.

— Une forme plus basse ?

— Une forme plus élevée. Mais la dégradation existe aussi.

— Les transformations des Hiérarchies sont-elles fréquentes ?

— Des délais de développement précis sont fixés à cet effet.

— Le Cosmos est immense. Arrive-t-il parfois que certaines Hiérarchies disparaissent pour une raison quelconque ?

— Non, une disparition totale d'une Hiérarchie n'a jamais lieu. Les Instances Suprêmes ne le permettent pas. Tout est sous contrôle. En cas d'apparition de symptômes dangereux dans une Hiérarchie, des transformations sont nécessaires pour la restaurer.

— Pourquoi alors les États sur Terre s'épanouissent-ils avant de finir par disparaître ? N'aurait-il pas été possible qu'ils prospèrent le plus longtemps possible ?

— Il s'agit d'une certaine forme de transformation sociale, une renaissance du vieux vers le nouveau. Cependant, à un Niveau inférieur, cela passe par une disparition. La Hiérarchie évolue selon certaines Lois, tandis qu'un État suit d'autres Lois. Si un État pouvait s'améliorer en intégrant de nouvelles lois et se renouveler à temps, il pourrait continuer à exister. Mais cela n'est pas donné aux humains. Ils ne peuvent que faire avancer de nouvelles idées d'une génération à l'autre, et c'est tout.

Le Cosmos, l'Univers, la Hiérarchie

— Quel est le lien entre le Cosmos et la Hiérarchie ?

— Le Cosmos est un état physique qui n'a aucun lien avec la Hiérarchie. En général, lorsqu'un humain utilise ce terme, il ne fait référence qu'à sa structure matérielle. Mais si vous parlez de structures énergétiques, alors cela se rapproche davantage de la Hiérarchie. Nos conceptions du monde et celles des humains sont différentes.

— **Peut-on appeler Votre Hiérarchie « Cosmos » ?**

— Non, non. Le Cosmos est un monde purement physique. Les humains ont donné ce nom à un certain volume d'espace en ne constituant que la matière physique. La Hiérarchie, quant à elle, représente des mondes énergétiques répartis selon leur ordre ou leur Niveau de développement. Le Cosmos et la Hiérarchie diffèrent par leur substance, leur structure, les Lois qui y règnent et les formes d'existence qu'ils abritent.

— **Peut-on alors établir un lien spatial entre les notions de la « Hiérarchie » et de l'« Univers » ? La Hiérarchie existe-t-elle à l'intérieur de l'Univers ou séparément ?**

— L'Univers est lui aussi une structure purement matérielle qui appartient au Cosmos. Lorsque Je dis que Je possède quatre Univers, cela signifie que Je parle de constructions physiques placées sous Ma gouverne. Mais toute matière possède aussi une structure subtile.

— **Donc, dans le volume de l'Univers physique, existe-t-il une structure (construction) énergétique appelée Hiérarchie ?**

— Tout existe en parallèle et tout est interconnecté. Par analogie, on peut considérer le corps physique d'un être humain et ses énergocorps ou enveloppes subtiles. Ceux-ci existant parallèlement les uns aux autres, bien qu'ensemble, ils appartiennent à la Substance humaine. Il faut donc percevoir de la même manière les structures spatiales que sont le Cosmos, l'Univers et la Hiérarchie. Ainsi, parallèlement à votre Univers physique, de nombreuses Hiérarchies du plan subtil existent, chacune ayant sa propre structure.

* * *

Chapitre 7
Les assistants de Dieu

LES HIÉRARCHIES AUXILIAIRES DE DIEU

L'Équipe Coalisée de Surveillance ECS

Dans le Cosmos, il existe de nombreux Systèmes spécialisés dans un travail spécifique. Nous avons décidé d'éclaircir certaines questions concernant l'activité du Système législatif, connu sous le nom d'ESC - *l'Équipe de Surveillance de la Coalition.*

— Dans le Cosmos existe l'ECS. Ses membres sont-ils soumis aux Lois générales de la Hiérarchie, ou s'agit-il d'un Système indépendant avec ses propres Lois ?

Dieu répond :

— C'est un Système indépendant, faisant partie de l'Administration (Gouvernance/Gestion) Cosmique. Pour votre Univers, les Lois de l'ESC restent constantes dans leur base constructive et immuables dans leur application fonctionnelle. Mais la plateforme elle-même évolue sous ces Lois, car Elles se situent à un niveau très élevé, et tout ce qui est en dessous est transformé par Elles conformément au pouvoir législatif. L'ESC est une organisation législative. Elle régit toutes les formes de vie et élabore des mesures que les êtres doivent appliquer dans tous les mondes. Tous les Systèmes subordonnés fonctionnent selon les programmes de l'ESC. C'est pourquoi les Systèmes hiérarchiques évoluent selon les Lois de l'ESC jusqu'à ce qu'ils les atteignent eux-mêmes.

— L'ESC possède-t-elle sa propre pyramide ou est-elle intégrée dans Votre Hiérarchie ?

— Elle possède sa propre Hiérarchie, qui est extérieure à la Mienne.

— Sur quoi repose le perfectionnement au sein de la pyramide de l'ESC ?

— Sur l'expansion de ses zones d'influence, sur la complexification des processus mêmes des Lois, car la progression constante des mondes exige une adéquation entre les nouvelles transformations de la vie et les normes de leur manifestation. Et si les

217

mondes et les formes d'existence se complexifient, alors les Lois se complexifient également. Il s'agit d'un perfectionnement constant de l'un en fonction de l'autre.

— **Si l'on considère le Système du Diable, est-il situé en dessous de l'ESC ?**

— L'ESC régit l'Univers selon ses propres Lois. Le Diable et Moi-même lui sommes indirectement soumis, car Nous avons tous un Organe de Gestion supérieur à Nous. Nous ne dépendons pas directement de l'ESC, mais nous lui sommes subordonnés dans une cogestion. En réalité, Nous sommes autonomes, mais en même temps, Nous Nous référons aussi aux Lois de l'ESC pour la gestion commune des mondes qui Nous sont subordonnés (voir Fig. 12).

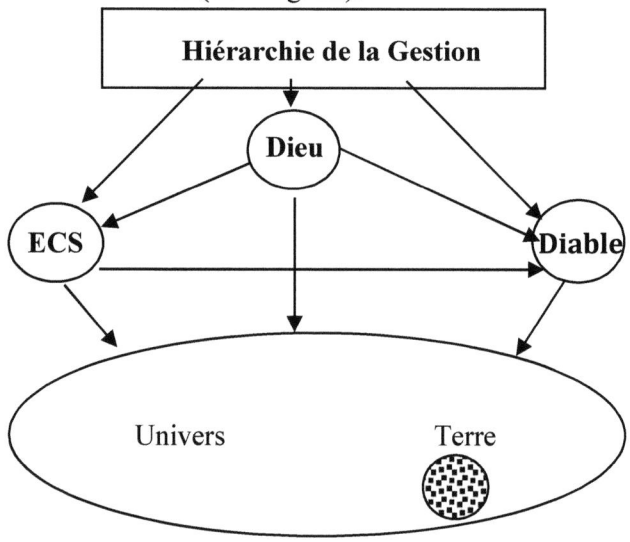

Fig. 12. Hiérarchie de la Gestion

— **Les autorités de l'ESC s'étendent-elles à un seul de Nos Univers, ou chaque Univers parmi les quatre possède-t-il sa propre ESC ?**

— Leur autorité, tout comme la Mienne, s'étend à Mes quatre Univers. Mais dans chacun d'eux, il existe des sous-ESCs.

— Dans le Volume général de l'Existence, il existe différentes Hiérarchies. L'activité de l'ESC est-elle liée uniquement à Vous, ou également à d'autres Hiérarchies situées en dehors de Votre domaine ?

— L'ESC est Mon organisation personnelle, et elle opère sur les territoires qui M'appartiennent.

— Peuvent-ils prendre certaines décisions sans Vous ?

— Ils peuvent prendre des décisions sur des questions secondaires, mais pour les décisions majeures, ils Me consultent toujours : J'ai le dernier mot sur ce qu'ils envisagent de faire. Mon opinion est primordiale.

— Cela signifie donc qu'ils Vous tiennent informé de toutes leurs décisions et questions ?

— Absolument.

— L'ESC est-elle plus ancienne que Vous en âge ?

— Non. C'est Moi qui l'ai créée, et c'est Moi qui la dirige. Elle est composée de Mes meilleurs disciples.

— Les Lois de l'Univers (de la Création) que Vous avez récemment transmises aux personnes sont-elles sous le contrôle de l'ESC ?

— Bien sûr. Elles ont toutes été élaborées en accord avec eux, suivant Mes directives. Ensemble, Nous avons décidé de ce qui devait être donné aux personnes et de ce qu'il était encore trop tôt pour leur révéler. Le Diable a également participé à ce processus, car il devait, selon Mes Instructions, transmettre certaines de Ses propres Lois. Ainsi, Les Lois de la Création (en référence au livre Les Lois de l'Univers ou les fondements de l'existence de la Hiérarchie Divine, transmis par L. A. Seklitova)* est une œuvre commune.

— L'ESC contrôle-t-elle les activités du Diable, ou bien est-elle sous une double supervision : la Vôtre et celle de l'ESC ?

— Je contrôle absolument tout : à la fois ceux qui composent l'ESC et le Diable, car c'est Moi qui l'ai élevé à son Niveau actuel. On peut dire que c'est Moi qui les ai créés, et donc ils Me sont soumis, bien que Je leur accorde une certaine autonomie et que Je tienne compte de leurs travaux. Chez les humains, par exemple, il y a un Président, un Gouvernement, une Assemblée nationale ; l'ESC, c'est l'Assemblée nationale. Mais tous ont déjà atteint un niveau très élevé, et c'est pourquoi Je tiens compte de leur avis.

— **En quoi consiste l'activité de l'ESC, en dehors de Son rôle de contrôle ? Quelle est Sa fonction principale ?**

— Bien sûr, Ils ne se contentent pas de surveiller les autres, Ils sont aussi législateurs. Ils détiennent toutes les Lois relatives à l'Existence, c'est-à-dire les plus élevées, et en élaborent de nouvelles, à l'image de votre Assemblée. Chez vous, les membres de l'Assemblée perçoivent un salaire, tandis que chez eux, c'est l'énergie. Les niveaux inférieurs produisent de l'énergie, qui remonte vers eux. Mais, bien sûr, il n'existe pas chez eux d'abus avec l'énergie, comme chez vous avec l'argent.

— **Nos juristes, avocats, juges terrestres, qui sont liés aux Lois, intègrent-ils l'ESC au cours de leur développement ?**

— Non, absolument pas. Ce n'est pas du tout la même chose. Le Niveau des humains est très bas, et la spécificité est différente. Vous ne pouvez même pas imaginer à quel point les Lois humaines diffèrent de celles de l'ESC. Les spécialistes terrestres ne possèdent même pas un pour cent des connaissances dont dispose l'ESC. Ils détiennent une connaissance extrêmement vaste : elle englobe aussi bien la construction des mondes eux-mêmes et de tout ce qui s'y trouve, que la conception de tout ce qui existe, y compris les processus. Et les spécialistes en calcul, similaires à vos ingénieurs, font également partie de l'ESC. Tout développement, toute construction, toute création de quelque chose de nouveau passe par les lois, c'est pourquoi Ils savent tout, possèdent tout et dirigent tout.

— **Est-ce comparable aux SNiP, GOST, normes et instructions humaines ? (en français : Document technique unifié; Standards d'État dans la fédération de Russie)**

— Oui, une sorte d'analogie. Tous les travaux de calcul relèvent de l'ESC. Et pour cela, il est nécessaire de connaître toute la structure interne afin d'établir une norme selon laquelle elle doit fonctionner. C'est pourquoi, avant d'entrer dans l'ESC, il faut acquérir une connaissance approfondie des formes constructives et des principes de leur fonctionnement.

— **Si l'ESC contrôle l'activité de tous les mondes, utilise-t-elle des mesures coercitives pour ceux qui ne respectent pas les Lois ?**

— Bien sûr. Ils disposent d'un ensemble complet de mesures coercitives. Mais c'est le Diable qui est responsable de la forme de ces contraintes.

— Peut-on dire quelles mesures punitives ils utilisent ?

— Il n'y a rien à appliquer en particulier, car les Lois sont conçues de telle manière que leur non-respect conduit à l'autodestruction. L'inadéquation aux Lois entraîne un manque d'énergie, un blocage des canaux et la dégradation des Substances, voire leur destruction totale.

— Comment surveillent-ils d'immenses espaces ? Disposent-ils d'un système de communication particulier ?

— Oui. Ils possèdent un équipement spécial. Mais ils peuvent aussi surveiller par eux-mêmes, car ils sont situés à un niveau si élevé qu'ils voient tout ce qui est en dessous. Moi, par exemple, je peux être partout. Il en va de même pour eux : ils ont la capacité d'apparaître et d'être là où c'est nécessaire. Mais ils utilisent peu cette capacité et préfèrent voir l'ensemble à grande échelle devant eux, c'est-à-dire à travers des instruments.

— D'où l'ESC tire-t-il ses Substances ? Viennent-elles aussi de Vous ?

— Bien sûr. Certaines Substances, en s'élevant de bas en haut, se forment immédiatement dans la direction requise, c'est-à-dire qu'elles se spécialisent. Et les meilleures Substances législatrices intègrent l'ESC lorsqu'elles atteignent le Niveau de développement nécessaire. En général, toutes les Substances, à partir d'un certain Niveau, se répartissent : certaines viennent à Moi, d'autres vont vers le Diable, d'autres encore rejoignent l'ESC, et d'autres intègrent le Système Médical.

— L'ESC Vous prend des âmes, mais que Vous donne-t-elle en échange ?

— Dans ce cas, il ne peut y avoir aucun « échange », car elles M'appartiennent déjà. C'est un pouvoir qui vient de Moi. Bien sûr, des centaines de Substances peuvent sortir de Mon autorité en empruntant le chemin de l'auto-détermination, mais le noyau principal demeure. Et en remplacement de celles qui sont parties, Je Me crée de nouvelles Substances, en choisissant parmi Mes meilleurs éléments.

— Si l'on considère que dans Votre Hiérarchie, les Substances évoluent lentement, alors que chez le Diable, elles progressent rapidement, à quelle vitesse se développe l'ESC ?

— L'ESC se compose d'une partie positive et d'une partie négative, qui sont dirigées par l'ESC Générale. Autrement dit, elle intègre des Substances issues des Systèmes positifs et négatifs. Par conséquent, les vitesses de développement varient selon les différentes parties de l'ESC. Mais si l'on compare la partie positive de l'ESC aux Niveaux positifs de la Hiérarchie, alors, à son sommet, la vitesse de développement sera plus rapide. De même, l'ESC négative dépassera en vitesse de développement les Niveaux négatifs inférieurs. Toutefois, si l'on compare les parties les plus élevées de l'ESC, alors la partie positive aux Niveaux supérieurs surpassera en rapidité de développement la partie négative de l'ESC située au même Haut Niveau.

— **Quel Système est, par ses fonctions, l'opposé d'une organisation législative comme l'ESC ?**

— Vous parlez d'un Système qui détruirait les Lois ?

— **Oui.**

— Il n'est pas nécessaire de les détruire. Il existe des Systèmes qui émettent des Lois négatives. Toutefois, leur but n'est pas de détruire quelque chose en particulier, y compris d'autres Lois, mais de les faire fonctionner sur un plan négatif, opposé à celui sur lequel opère l'ESC. Pour se représenter ces deux Systèmes législatifs opposés, imaginez qu'un être humain puisse être dirigé par deux forces contraires : le bien et le mal. L'une le poussera à accomplir de bonnes actions, l'autre à commettre de mauvaises. C'est ainsi que se déroule la lutte des opposés, et c'est par ce processus que le développement s'opère.

— **Peut-on appeler un tel Système l'anti-ESC ?**

— Oui, on peut.

— **Connaissez-Vous des Lois qui s'appliquent uniquement dans le Système de l'ESC et qui n'existent pas dans d'autres Systèmes ?**

— Oui, de telles Lois existent. Chaque Hiérarchie, en raison de la spécificité de son activité, possède des Lois individuelles qui ne s'étendent pas aux autres.

Le Système Médical

Dans ses dialogues avec nous, Dieu mentionnait souvent l'existence d'un Système Médical (ou Médisystème)*, fonctionnant indépendamment de Lui et constitué en une Hiérarchie autonome. Cela a éveillé notre intérêt, et nous avons décidé d'en apprendre davantage en posant des questions à Dieu.

— Vous disposez d'un Système Médical particulier, correspondant à nos institutions de santé. À sa tête se trouve le Haut Hiérarque du Système Médical, Yu… (Son nom cosmique)*. De quoi s'agit-il exactement ?

— Il s'agit également, à l'heure actuelle, d'une Hiérarchie autonome, dotée d'une spécificité de développement distincte de toutes les autres. Aujourd'hui, c'est un Système puissant, capable d'exister de manière indépendante, mais il a été créé avec Mon aide pour ses propres besoins et se trouve donc sous Mon autorité. Toutefois, Je lui accorde pleinement le droit à la liberté et à l'autodétermination.

— Yu… a-t-il toujours été à la tête de ce Système, ou quelqu'un d'autre l'a-t-il créé avant qu'Il ne le dirige à un certain stade ?

— Non, Il en est le fondateur depuis le tout début. Je l'ai aidé.

— Mais pourquoi a-t-Il choisi le domaine médical et en a-t-Il fait la base de toute son existence infinie ?

— Il aimait soigner et aider les autres.

— Dans le passé, Yu… était-Il un être humain ?

— Non, Il a commencé Son existence à une époque où l'humanité n'existait pas encore, et Il est passé par d'autres formes. Mais, alors qu'Il se trouvait encore dans un corps matériel, Il a choisi la voie de la médecine et de l'aide aux autres. Il n'a ensuite jamais dévié de ce chemin, même après être passé aux plans subtils d'existence. Il a rassemblé des assistants, puis Il s'est distingué en une branche de développement indépendante. Je ne m'y suis pas opposé, bien au contraire, Je l'ai aidé dans ses premiers pas jusqu'à ce qu'Il établisse une base solide pour Lui-même. Et Je Me réjouis pour Lui, car tout ce qu'Il a fait était avant tout nécessaire à Moi et à Mes mondes.

— Il a choisi la voie de la guérison et de l'assistance aux autres, sans doute parce qu'Il a Lui-même vécu et ressenti de nombreuses épreuves au cours de Ses vies ?

— Absolument. Toute orientation personnelle repose toujours sur l'expérience propre et sur la prise de conscience de son action vis-à-vis des autres. Tout passe par la compréhension.

— Si Yu… dirige une Hiérarchie entière, Ses Substances doivent certainement s'occuper d'autres activités en plus de la médecine ?

— Pour soigner autrui, il faut dépenser de l'énergie, et pour en dépenser, il faut en puiser quelque part. C'est pourquoi, par exemple, Son Système, en coopération avec le monde physique, produit une énergie spécifique qui est ensuite utilisée pour divers traitements curatifs. L'énergie ainsi générée est consommée par les mondes physiques eux-mêmes. De plus, Yu… s'occupe de la guérison des êtres vivant dans les mondes subtils. Il soigne tout ce qui est vivant. Autrement dit, le Système Médical produit, selon ses propres méthodes, un type particulier d'énergie matérielle et énergétique, dont la composition est adaptée aux structures vivantes à restaurer. Chaque monde subtil requiert ses propres énergies vitales, qui correspondent à divers Niveaux. Seul le Médisystème s'occupe de leur reproduction, de leur accumulation et de leur application ultérieure.

— Le Système Médical soigne-t-il aussi les humains ?

— Oui, lorsque cela est nécessaire.

— Mais nous savons que les Déterminants soignent également les humains qu'ils guident tout au long de leur vie.

— Non, eux-mêmes ne soignent pas, mais ils peuvent corriger l'état physique d'un individu, ajuster les biocorps de ses organes et les alimenter en énergie requise. Ils surveillent en permanence l'état de tous les organes et systèmes du corps, en établissant leurs configurations numériques. Lorsqu'ils détectent un écart significatif dans la santé d'un individu, ils transmettent les informations au Système Médical, qui leur envoie alors une réponse.

— Tout est sous le contrôle de Yu… ?

— Oui, de Son Système.

— Ainsi, lorsqu'un disciple d'un Déterminant a besoin d'aide, ce dernier s'adresse à Yu… ?

— Pas directement à Lui, mais à Ses subordonnés. Ce sont eux qui prennent la décision sur la meilleure manière d'aider la personne afin qu'elle puisse accomplir son programme personnel. Si, bien entendu, cela est nécessaire.

— Comment le traitement est-il effectué lorsqu'un Déterminant reçoit l'aide du Médisystème ?

— Ils peuvent fournir une assistance sous forme de conseils, et s'ils doivent intervenir directement, ils sont capables de réparer les structures subtiles de l'individu, de restaurer ses enveloppes, de régénérer les organes endommagés, de bloquer certaines maladies afin qu'elles ne progressent pas. Ils peuvent également insérer des blocs de remplacement supplémentaires pour aider les organes malades et gravement affectés. De plus, au niveau cellulaire et énergétique, ils assurent un soutien en utilisant l'énergie vitale produite par leur Système. Tout cela se fait sur le plan subtil, souvent durant le sommeil, de sorte que cette aide passe inaperçue pour le malade ou le blessé. La personne a toujours l'impression de s'être rétablie d'elle-même.

— Qu'est-ce que cette énergie vitale ?

— Bien entendu, il ne s'agit pas d'un seul type d'énergie, mais d'une multitude. Pour le plan terrestre, il existe un ensemble spécifique de types d'énergies restauratrices matérielles. Toutefois, en plus de ces énergies matérielles, le plan terrestre a besoin d'énergies subtiles adaptées à la nature des enveloppes humaines. Ces énergies subtiles sont produites par certains Niveaux de la Hiérarchie Médicale, qui les génèrent spécifiquement à ces fins.

Les réponses du Diable

Nous avons décidé d'en apprendre davantage sur les Niveaux Supérieurs en posant des questions au Diable. Dans Ses réponses, Il dévoilait une réalité sévère selon Son propre point de vue.

— Il existe des Niveaux qui consacrent leur énergie exclusivement au traitement des humains. Quels sont ces Niveaux ? avons-nous demandé.

— Ce sont des âmes appartenant à Yu... Elles produisent intentionnellement de l'énergie curative. Pour ce faire, elles disposent d'objets physiques, semblables à votre Terre, qu'elles entretiennent.

— Ces Niveaux donnent-ils volontairement leur énergie pour soigner les humains ou est-ce leur devoir ?

— Volontairement. C'est leur travail. Mais pour l'énergie qu'ils donnent, ils doivent recevoir un certain équivalent. Et s'ils ne le reçoivent pas, un déséquilibre énergétique se produit en eux, ce qui entraîne la destruction du Niveau déséquilibré. La structure de leur monde s'effondre.

— Le Niveau périt. Et que se passe-t-il avec les âmes des êtres qui l'habitaient ?

— Les âmes élaborent leur karma pour l'énergie perdue.

— Et quels sont ces êtres qui se trouvent sur un tel Niveau ? Ressemblent-ils extérieurement à des humains ?

— Non, ils ont une forme qui est incompréhensible pour l'humain. Pour lui, c'est une sorte d'abracadabra.

— Quel est donc l'équivalent qu'ils doivent recevoir pour ne pas périr ?

— Cet équivalent, pour eux, c'est l'argent que l'homme doit payer à son guérisseur, thérapeute ou médecin. En effet, il existe un échange entre le monde physique et le monde subtil, qui se fait à son propre Niveau. Si une personne paie son guérisseur pour un soin, alors le Déterminant de la personne nécessitant un traitement envoie un certain volume d'énergie au Niveau de guérison, équivalent à la somme d'argent donnée. En échange, le Déterminant reçoit de ce Niveau une énergie vivifiante qu'il peut utiliser pour la guérison de son disciple. Mais lorsque les gens ne paient pas pour le soin, en d'autres termes lorsqu'ils ne donnent pas l'équivalent énergétique, alors ces âmes, ayant donné leur énergie sans rien recevoir en retour, se retrouvent sans énergie. Leur monde s'effondre. Si, par exemple, vous donniez tout votre argent personnel aux autres, vous péririez vous aussi sans lui. C'est une autre affaire si vous le prêtez et qu'il vous est ensuite rendu. Pour eux, c'est exactement la même chose avec l'énergie.

- Et par qui le Niveau est-il éliminé ?

— Ils subissent un processus de différenciation indépendant.

— Mais n'y a-t-il pas là une injustice envers eux ? Ils donnent leur énergie pour soigner, et en retour, leur monde est détruit ?

— C'est ainsi que le stipulent les Lois de l'ESC : la désobéissance entraîne l'anéantissement. S'ils ne reçoivent pas en retour l'énergie nécessaire à leur existence, alors ils ne doivent pas donner la leur pour la guérison.

— Ne pourrait-on pas, au lieu de punir les Niveaux, simplement refuser de soigner une personne qui n'a pas payé, ou

bien lui donner des situations de vie proportionnelles à son paiement?

— Ce ne serait alors plus un soin. Par exemple, si un guérisseur soigne les gens sans demander de paiement, il prend sur lui leur karma et devra ensuite l'expier. Il faut avoir de la compassion pour les Supérieurs et travailler pour Eux, mais il n'y a aucune raison d'avoir de la compassion pour les humains, car ils sont très bas et ne valent rien. C'est pourquoi, lorsqu'on soigne, il faut soit exiger strictement de l'argent, soit refuser de soigner et ne pas les traiter du tout.

C'était l'opinion du Diable concernant le traitement des humains, mais il a sa propre morale, et nous avons la nôtre. Cependant, il faut prendre son explication avec sérieux afin d'éviter que le soin gratuit ne cause du tort à quelqu'un dans le Système Médical et que cela n'entraîne pas l'accumulation de karma pour le guérisseur.

Les réponses données par Dieu.

— Yu… soigne-t-il aussi les êtres des mondes parallèles ?

— Il prend en charge absolument tous les êtres vivants qui existent dans Mes quatre Univers : aussi bien dans tous les mondes matériels que dans tous les mondes énergétiques.

— Yu… offre-t-il également des soins médicaux aux Hauts Hiérarques ?

— Oui. À chaque Niveau, il peut y avoir des anomalies dans les états.

— Et Vous, Vous soigne-t-Il ?

— Bien sûr, le Niveau de Ses connaissances correspond à Mes exigences.

— Vous a-t-Il aidé à de nombreuses reprises ?

— Oui, Sa spécialisation Lui permet d'atteindre une qualification très élevée dans n'importe quel domaine. Il se perfectionne constamment Lui-même et s'efforce d'être au Niveau de Mon développement, ce qui se traduit par Sa connaissance de la structure énergétique de Mes configurations.

— Et aide-t-Il le Diable ?

— Yu… est indépendant et travaille pour tous.

— Cela signifie donc qu'il y a eu des cas où Il a aidé le Diable?

(Nous avons posé cette question car il nous était difficile de croire que le Diable ait pu se retrouver dans une situation critique nécessitant une aide médicale. Après tout, nous L'avions toujours perçu comme impénétrable et invulnérable, mais il s'avère qu'Il avait aussi des points faibles et qu'Il s'adressait à d'autres pour obtenir de l'aide.)

— **Yu… collabore-t-Il avec le Système du Diable sur des bases communes ?**

— Oui, Il collabore et soigne comme tous ceux qui nécessitent Son aide. Le Système Médical comprend aussi une partie négative. En d'autres termes, le Système Médical est neutre en soi, mais en tant que structure trinitaire, il est composé d'une partie positive, qui s'occupe des soins et de l'assistance, et d'une partie négative, qui développe de nouveaux types de virus et de maladies. Et au-dessus de ces deux parties se trouve la partie Administrative, à laquelle appartient Yu…, en tant que principal Hiérarque du Système Médical.

* * *

— **Nous comprenons comment et quoi soigner chez l'être humain, mais qu'en est-il des êtres des mondes subtils ? Que doivent-ils soigner ?**

— Tout d'abord, dans chaque monde subtil, il existe des maladies qui leur sont propres. Elles sont provoquées par certains écarts par rapport à la technologie du développement, des surcharges, le non-respect du régime de travail ou des conditions d'existence. De plus, les Systèmes inférieurs et les mondes subtils inférieurs peuvent mener des guerres entre eux, ce qui entraîne des dommages aux enveloppes de nombreux êtres. Le Système Médical doit alors les restaurer en utilisant précisément cette énergie vivifiante qu'il produit.

— **Yu… s'occupe-t-il du soin et de la spiritualisation des âmes?**

— Non, la spiritualisation est un processus qui ne relève pas des activités médicales. Yu… est responsable de la restauration des enveloppes et des autres structures subtiles de toutes les formes, mais il ne s'occupe ni de la spiritualisation ni de la production des âmes. C'est un domaine distinct. D'ailleurs, le processus de production des âmes est au-dessus de Yu… La création des âmes est assurée par un Système spécial qui appartient à Ma Hiérarchie. Et tout cela se fait sous Ma direction.

— Vous avez dit que l'activité de Son Système inclut également l'assistance aux autres. **En quoi consiste cette aide ?**

— Les Anges Gardiens font partie de Sa Hiérarchie. Ce sont des Substances qui protègent l'homme dans des situations difficiles, lorsque cela est nécessaire selon son programme. Il arrive que des accidents, des catastrophes surviennent, et que certains individus doivent survivre à tout prix. Ce sont ces Substances, appelées par les humains "Anges Gardiens", qui interviennent à partir du plan subtil. Elles assurent un soutien essentiel à l'individu dans les situations critiques. Mais l'aide ne se limite pas à cela. Elle peut également être apportée à d'autres Systèmes en difficulté, qu'il s'agisse de problèmes économiques, énergétiques ou d'une autre nature. De même, l'aide peut être destinée aux êtres peu évolués pour accélérer leur développement. Il existe de nombreuses formes d'assistance.

— **En quoi consiste précisément le perfectionnement des Substances au sein du Système Médical ?**

— Dans le soin de toutes les formes de vie existantes. Il y a une interdépendance directe : les formes de vie progressent, et par conséquent, leurs structures évoluent et deviennent plus complexes, la composition et les interactions de leurs énergies changent. Il est impossible de soigner ce qui est nouveau avec des méthodes anciennes. Ainsi, à mesure que les Substances progressent, les méthodes de soin se transforment et s'améliorent constamment, de même que les processus technologiques liés aux services médicaux et à l'assistance. D'un point de vue humain, d'ailleurs, le Système de Yu… est le plus bienveillant et le plus humaniste, car son fonctionnement principal est orienté vers l'aide aux autres. C'est pourquoi il est perçu comme humaniste.

— **La Hiérarchie de Yu… fait-elle partie de Votre Hiérarchie ou est-elle indépendante ?**

— Sa Hiérarchie se développe actuellement en parallèle avec la Mienne.

— **Quelles sont les spécificités de la structure de cette Hiérarchie ? Y a-t-il des différences dans sa construction ?**

— Bien sûr qu'il y en a. Ces différences sont principalement liées à la nature de son fonctionnement. Dans la structure pyramidale, des conditions particulières ont été créées pour le Système de Yu…, ce qui signifie que des constructions et des productions technologiques spécifiques ont été mises en place. Chaque Niveau de Sa Hiérarchie possède son propre processus unique.

— **Yu… at-il aussi ses propres Lois spécifiques à Son Système Médical ?**

— Il se conforme aux Lois générales de "l'Union" et, comme toute Hiérarchie individuelle, possède ses propres Lois qui concernent et soutiennent sa spécificité. Il combine certaines Lois communes et d'autres spécifiques, et inclut également des Lois sur l'indépendance de l'existence.

— **Yu… prend-il chez Vous les âmes de tous les médecins, par exemple ceux du plan terrestre ?**

— Il ne prend que ceux qui ont atteint des résultats significatifs dans le domaine du soin. Il a besoin de personnalités hautement qualifiées. En revanche, les plus insignifiants, comme les infirmières ou les médecins de carrière occupant des postes élevés sans compétences réelles, ne l'intéressent pas. Ils restent chez Moi. Cependant, il peut les retourner dans une nouvelle vie afin qu'ils perfectionnent leurs qualifications dans le même domaine, et Il peut même leur conserver la mémoire de leur vie passée en médecine, afin qu'ils atteignent plus rapidement les résultats qu'Il exige.

— **Les médecins purgent-ils le karma ?**

— Le karma concerne tous les êtres positifs, et nul ne peut l'éviter dans Mon Système.

— **Il existe des médecins malhonnêtes qui commettent des crimes. Leurs âmes vont-elles au Diable ?**

— Tout dépend des crimes qu'ils ont commis. Mais en général, les médecins expient leur karma. Ceux qui ont accumulé des types d'énergies négatives dans leur matrice se retrouvent dans la partie négative du Système Médical. Très peu d'entre eux vont directement au Diable, c'est extrêmement rare. Les médecins de la Terre ne sont pas liés au Diable. Yu… choisit ses âmes chez Moi. Les âmes des médecins sont partagées entre Lui et Moi. Elles sont réparties, car il existe chez Moi une règle selon laquelle, après avoir atteint un certain niveau de spécialisation en médecine terrestre, les médecins s'envolent automatiquement vers Yu… dans un Système neutre, sans même avoir besoin de Mon accord. Je ne m'y oppose pas, car tout ce qu'Il fait est orienté vers le bien et les actions utiles.

— **Lorsque Vous terminez un cycle de développement dans cette Hiérarchie et que Vous vous en détachez, la pyramide de Yu... s'élève-t-elle avec Vous ?**

— Oui, tous ceux qui étaient avec Moi, toutes les pyramides qui se trouvent à proximité, s'élèvent avec Moi.

— **Mais ces pyramides fusionnent-elles avec Votre Volume après leur détachement, ou s'élèvent-elles de manière indépendante?**

— Non, elles ne fusionnent pas avec Moi. Les médecins ont un Dieu qui leur est propre, un Absolu qui les guide vers leur propre sommet. Cependant, en étant en relation avec Moi, ils évoluent en parallèle. Il s'agit d'un perfectionnement simultané. Toutefois, des remplacements peuvent avoir lieu : Yu... peut à tout moment échanger sa place avec un autre Système correspondant, mais uniquement à un Niveau équivalent. Ainsi, par exemple, Il pourrait prendre la direction d'un autre Système, tandis qu'un autre Hiérarque viendrait prendre Sa place et travaillerait avec Moi. Mais le Diable, Lui, ne peut pas Me quitter. Il est à Moi.

Le Système des Anges

Nous avons souvent entendu parler des Anges, mais personne ne sait exactement où ils se situent dans le Système global de Dieu, ni quelles sont leurs fonctions précises. D'où la question suivante :

— **Les Anges Gardiens appartiennent-ils au Système Médical?**

— Oui, les Substances que les gens perçoivent comme des protecteurs, qui assurent la sauvegarde et apportent une assistance médicale ou autre, font partie du Système Médical. Mais le véritable Système des Anges appartient à Ma Hiérarchie et se trouve tout en haut de la pyramide. C'est un Système Suprême.

— **Cela signifie-t-il qu'il existe deux Systèmes d'Anges ?**

— Pour les humains, toute Substance Supérieure peut être considérée comme un Ange. Mais si l'on entend par "Ange" une notion de protection et de sauvegarde, alors ces Substances appartiennent à Yu... Toutefois, Il ne possède pas de Système d'Anges en tant que tel. Ce qu'Il possède, c'est un Système d'Aide.

— **Comment les Anges Gardiens évoluent-ils dans le Système de Yu... ?**

— C'est un certain Niveau où les Substances se perfectionnent dans leur constance, c'est-à-dire qu'elles se consacrent toujours à leur fonction d'assistance. Elles semblent être dans un seul état.

— S'occupent-elles uniquement d'aider les humains ?

— Non, ces Substances apportent leur aide à tous les êtres. Sur le plan subtil aussi, certains êtres se retrouvent dans des situations critiques mettant leur existence en péril, et les Substances viennent alors à leur secours. Elles interviennent également pour sauver des mondes en danger de catastrophe. Leur champ d'action est très vaste, y compris en matière d'opérations de sauvetage.

— Tous les Anges Gardiens ont-ils la même mission ?

— Ils travaillent avec différents types d'énergies. Les humains ont besoin d'un certain type d'énergies, d'autres êtres ont besoin des leurs, et si, par exemple, une planète tombe malade, sa restauration nécessite un ensemble précis d'énergies. Ces Substances apportent donc à la planète tous les types d'énergies nécessaires. Il serait plus exact de dire qu'ils sont les ouvriers de Mon univers dans la Création (Univers Entier). En tant que protégés de Yu…, ils possèdent divers types d'énergies et les fournissent en quantité et en qualité requises aux planètes mourantes ou aux formes de vie qui en ont besoin.

— En dehors de l'aide qu'ils apportent aux autres, accomplissent-ils d'autres tâches ? Doivent-ils faire quelque chose pour eux-mêmes dans leur propre monde ?

— En aidant, ils travaillent d'abord pour eux-mêmes, car cette activité leur permet d'enrichir leur matrice avec des énergies d'une qualité particulière.

— En quoi les Anges Gardiens peuvent-ils aider un être humain et en quoi ne le peuvent-ils pas ? Après tout, chaque individu suit son propre programme, et ils n'ont sans doute pas toujours le droit d'intervenir dans ce programme ?

— Toute aide à un humain ne peut être accordée qu'avec l'autorisation ou à la demande de son Déterminant. Mais en général, la requête provient directement du Déterminant lui-même. Par exemple, il peut manquer dans la base de données du Déterminant certains types d'énergies nécessaires à son disciple en période de maladie, et il n'a pas eu le temps de les accumuler. Il envoie alors une demande au Système d'Aide, qui lui fournit ce dont il a besoin. Mais plus tard, il devra rembourser cette aide en restituant une énergie équivalente, soit sous la même forme, soit sous une autre dont le Système a besoin. Pour acquérir cette énergie nécessaire au remboursement, le Déterminant peut "orchestrer" (transformer ou mener) dans la vie de l'individu une situation qui l'amènera à produire cette énergie spécifique en la travaillant. Ainsi, le Déterminant rendra l'énergie empruntée, mais sous une forme transformée. C'est ainsi que s'opère le cycle des énergies, tout en permettant le rétablissement de la santé de l'individu en temps voulu.

— **Les Anges Gardiens peuvent-Ils échouer ? Par exemple, peuvent-ils tenter de soigner une planète sans succès, jusqu'à ce qu'elle finisse par mourir ?**

— Oui, cela arrive. La planète meurt, mais l'énergie qu'Ils ont utilisée reste la même. Ils n'y perdent donc rien.

— **Les Anges Gardiens peuvent-ils prendre l'initiative d'aider ceux qui en ont besoin ?**

— Prendre l'initiative eux-mêmes ? Non, cela ne se fait que sur autorisation.

— **Le Déterminant d'un individu est-il supérieur ou inférieur à celui d'un Ange Gardien ?**

— Bien sûr, il est inférieur. De beaucoup. Le Déterminant est comme un bon programmeur sur Terre, mais qui aurait déjà atteint le centième Niveau dans la Hiérarchie Humaine. Quant aux Anges Gardiens qui assistent l'humanité, ils se situent deux Niveaux au-dessus.

— **Quels êtres deviennent des Anges Gardiens ?**

— Le Système d'Aide accueille principalement du personnel médical, d'anciennes âmes de médecins, car pour ce type de service, il est essentiel de connaître la structure de l'être humain, tant sur le plan matériel que subtil. Ils approfondissent généralement leurs connaissances des structures subtiles une fois intégrés au Système de Yu… Ce Système d'Aide accueille également ceux qui, sur Terre, se sont consacrés à la charité et à l'assistance aux autres, et qui poursuivent ensuite cette même activité sur le plan subtil, se perfectionnant ainsi dans le bien.

— **Dans la nouvelle sixième race, les Anges seront-ils toujours appelés ainsi, ou un nouveau terme sera-t-il inventé ? Par exemple, le terme "Maître Céleste" a déjà été remplacé par "Déterminant".**

— Avec le temps, bien sûr, toute terminologie évolue. Même si vous n'inventez rien de nouveau vous-mêmes, d'autres le feront.

— **Comment pourrait-on rebaptiser un Ange ?**

— "Assistant". C'est plus moderne.

— **En quoi consiste le véritable Système des Anges et où se situe-t-il ?**

— C'est le Système le plus Suprême de Ma Hiérarchie, situé aux Niveaux les plus élevés de la pyramide, et c'est à partir de ce Système que les Substances passent dans Mon Univers. Le Système des Anges possède sa propre Hiérarchie. Leur activité principale est la création. Ils créent tout ce qui est nouveau, de nouvelles formes, de nouveaux modèles, de nouveaux processus, qui sont ensuite développés par les Systèmes de Calcul. Les Anges les plus élevés, en tant que Mes assistants, participent avec Moi au processus de spiritualisation des âmes. Je leur ai confié Mon secret, car dans leur perfectionnement, ils ont choisi le chemin du bien.

— **Ont-ils traversé tous les Niveaux de la pyramide en ne choisissant que le bien ?**

— Ils ont opté pour une orientation positive dans leur développement. À chaque Niveau, il existe des processus relevant d'un domaine positif et d'un domaine négatif. C'est à l'âme de ressentir sa voie et de faire son choix. Ils ont choisi la branche positive.

— **Pourquoi avez-Vous confié précisément aux Anges le processus de spiritualisation ?**

— Parce qu'il existe une relation cohérente entre les capacités de l'âme, les énergies accumulées dans sa matrice et le processus sur lequel repose la spiritualisation. Seules les âmes qui se sont développées à travers les énergies de la création et de l'amour peuvent maîtriser la spiritualisation. Ces énergies-là n'existent pas chez le Diable, et c'est précisément pour cette raison qu'Il ne pourra jamais s'approprier ce grand secret.

Le Système matériel

Les personnes ont rencontré à plusieurs reprises sur Terre des extraterrestres matériels. Leurs moteurs volants et leur capacité à parcourir d'immenses distances témoignent de l'existence, dans le

Cosmos physique, de Systèmes Matériels. Que représentent-ils ? Nous nous sommes de nouveau tournés vers Dieu :

— **Vous avez mentionné un jour l'existence de Systèmes Matériels aussi puissamment développés que Vous. Forment-ils leur propre Hiérarchie ou n'en ont-ils pas, leur évolution suivant une autre voie ?**

— Il existe des Hiérarchies partout. Toute la Création (Univers entier) est construite selon le principe de la Hiérarchie, car elle exprime avec la plus grande précision le fondement de la perfection du monde. Les Systèmes Matériels de Mon Niveau possèdent leur propre Hiérarchie et suivent leur propre voie évolutive. Mais lorsque j'en ai besoin, Je conclus avec eux un contrat commercial. En effet, Nous n'étions pas en mesure de créer votre Terre, comme vous dites, "de Nos propres mains". Nos mains sont la force de la pensée. Or, un monde physique brut ne peut être créé qu'en utilisant une matière physique similaire. Le matériel se construit avec du matériel, l'énergétique avec de l'énergétique. C'est pourquoi la création de votre Univers s'est faite par leurs mains.

— **Tous les corps matériels de l'Univers sont-ils fabriqués par eux ?**

— Oui. Mais ils agissent comme des bâtisseurs, suivant des plans préétablis. Quant à Nous, Nous sommes les architectes et les calculateurs.

— **Font-ils partie, avec Vous, d'une Hiérarchie commune encore plus vaste ?**

— Oui, naturellement, d'une Hiérarchie encore plus élevée.

— **En quoi consiste encore Votre collaboration avec eux ?**

— Principalement dans la construction.

— **Ils Vous fournissent. Et Vous, leur apportez-Vous quelque chose en retour ?**

— Naturellement, il existe un échange mutuel. Ils Nous assistent sur le plan matériel, tandis que Nous les aidons sur le plan énergétique.

— **En quoi Votre collaboration avec le Système Matériel a-t-elle consisté concernant la Terre ?**

— Tout ce qui concerne la structure physique et la physiologie de la planète et des êtres humains relève de Notre collaboration. Ils ont façonné la forme, les processus internes de la planète et ceux se déroulant à sa surface. Ils ont conçu et développé la nature ainsi que tous les phénomènes naturels selon une séquence évolutive logique, en liant entre elles toutes les formes d'existence par un processus global unique de perfectionnement. Nous leur assignons une tâche et leur fournissons un projet sous la forme d'un calcul énergétique, qu'ils transposent ensuite du plan énergétique au plan matériel en utilisant leurs propres instruments et structures, développés par eux-mêmes. Ils surveillent également le développement de ce qu'ils ont créé afin d'éviter toute déviation physique par rapport à l'objectif d'évolution fixé. Si nécessaire, Ils effectuent des corrections sur les formes matérielles et les processus.

— **Ont-ils conçu les formes matérielles de notre planète et de notre Univers ? Ont-ils fait de même pour d'autres ?**

— Tout ce qui concerne le domaine matériel dans Mes quatre Univers a été construit par ces Systèmes. En revanche, tout ce qui relève du plan subtil est créé par Nous. Et ils continuent de travailler dans tous Mes Univers. C'est pour cela que Nous avons conclu des contrats.

— **Des "soucoupes volantes" matérielles viennent sur Terre. D'où viennent-elles ?**

— Les appareils matériels arrivent principalement à Ma demande, lorsqu'il est nécessaire d'effectuer des corrections des structures matérielles, d'apporter certaines modifications aux plaques tectoniques, de déplacer des continents, ou au contraire, de fixer certaines attaches stabilisatrices afin d'empêcher leur séparation sous l'effet de l'activité sismique de la planète.

— **Votre Système Spirituel* peut-il exister sans les Systèmes Matériels ?**

— Bien sûr

— **Et les Systèmes Matériels peuvent-ils exister sans Vous ?**

— Quels Systèmes ? Les Nôtres ?

— **Avez-Vous donc Vos propres Systèmes Matériels ?**

— Oui, bien sûr.

— **Quels Systèmes Matériels ont créé l'homme à leur image ?**

— L'homme a été créé par les Systèmes Matériels Supérieurs avec lesquels Je conclus des contrats de collaboration. Ils l'ont façonné à leur image. Mes propres Systèmes Matériels se situent à un Niveau de développement inférieur, et ils devront parcourir un long chemin évolutif avant d'atteindre leur Niveau et leur stade d'évolution. La matière évolue elle aussi, et il faut du temps pour qu'elle atteigne un certain degré de progrès. Mes Systèmes Matériels ne peuvent exister sans Moi, car c'est Moi qui leur ai spiritualisé l'esprit. En revanche, les Systèmes Matériels Supérieurs avec lesquels Je collabore sont indépendants et peuvent se passer de Moi. Ils ont leur propre Absolu, vers lequel ils tendent au fil de leur évolution.

— Vos Systèmes Matériels assistent-ils les Systèmes Matériels Supérieurs dans leur travail ?

— Nous ne disposons pas de Systèmes Matériels se situant à Mon Niveau de développement. C'est pourquoi je conclus des contrats uniquement avec eux. Les Miens ne sont pas encore en mesure d'accomplir le travail dont J'ai besoin. Mais leur avenir est devant eux.

— Vos Systèmes Matériels ne peuvent exister sans Vous. Mais Vos Systèmes Spirituels peuvent-ils exister sans les Matériels ?

— Les Systèmes Spirituels peuvent exister sans les Systèmes Matériels, mais l'inverse n'est pas vrai, car le spirituel est premier, et la matière est deuxième. Cependant, si l'on parle spécifiquement de l'homme, son corps matériel peut se passer d'âme pendant un certain temps. Il existe un type artificiel d'humains dépourvus d'esprit : les zombies. Ils ont été créés uniquement pour le travail, comme des robots biologiques. C'est le Diable qui les a créés. Il y a des zombies sur Terre. Leur matière existe sans fondement spirituel (c'est leur affaire). On peut les appeler des hommes-mécanismes.

— Si Vous pouvez exister sans les Systèmes Matériels, dans quel but Les avez-Vous créés ?

— La matière physique en tant que physiologie ne M'est pas nécessaire en soi, mais j'avais besoin de certains types d'énergies que seul un environnement matériel pouvait produire. C'est pourquoi J'ai créé Mes propres Systèmes Matériels, en leur spiritualisant l'esprit. L'interconnexion entre la partie matérielle et la partie spirituelle est essentielle pour la production d'énergies d'une qualité spécifique.

— Nos Systèmes Matériels produisent-ils pour Vous de l'énergie ou autre chose encore ?

— Ils génèrent une énergie d'un certain spectre, qui sert ensuite de base à la création de la matière nécessaire à l'appareil spirituel.

— Ceux qui ont créé l'enveloppe matérielle de l'homme possèdent-ils la même structure subtile que nous ?

— Oui, leurs corps subtils et matériels sont identiques aux nôtres.

— Les êtres des Systèmes Matériels Supérieurs possèdent-ils sept enveloppes ?

— Non, sept enveloppes seraient bien trop primitives pour Leur Niveau. Sept enveloppes constituent seulement le premier degré de développement. Si l'on devait vous comparer grossièrement à Eux, Vous seriez au premier Niveau, alors qu'Eux se situeraient au centième Niveau. La différence est immense. Imaginez seulement Leur énergopotentiel ! Si Leur âme était placée dans une enveloppe matérielle terrestre, elle brûlerait instantanément. C'est pourquoi Leurs âmes ont nécessité un corps physique capable de supporter un tel potentiel. J'ai fixé un objectif : amener Nos Systèmes Matériels au Niveau de Leur développement. Mais Votre matière ne fait pas partie de ce processus, elle disparaîtra avec tout votre monde dès qu'elle aura rempli sa mission de produire de nouvelles âmes.

— Mais puisque Leurs enveloppes physiques peuvent soutenir une âme aussi puissante, cela signifie-t-il que Leurs corps sont construits différemment des corps humains ?

— "Identiques" ne signifie pas "totalement semblables". Ils sont semblables à Vous au Niveau de développement qu'Ils ont autrefois connu, c'est-à-dire qu'Ils guident l'être humain et sa physiologie selon Leur propre chemin. Mais si nous comparons Leur forme actuelle avec la vôtre, alors, bien sûr, chaque structure corporelle correspond au potentiel de l'âme qu'elle contient, et donc Leur structure corporelle est actuellement beaucoup plus complexe que la vôtre.

— Qui a construit les Systèmes Matériels Supérieurs ?

— Ils ont été créés par des Êtres encore plus Élevés.

— Est-ce Vous qui fournissez des âmes aux corps physiques de ces Systèmes ?

— Non, Ils ont les Leurs. Leurs âmes sont d'une toute autre nature.

— Savent-Ils aussi créer des âmes ?

— Oui. Ils ont tout ce qui leur appartient et leurs âmes sont très puissantes, ayant traversé un énorme chemin évolutif. Ainsi, pour soutenir Leur part spirituelle, Leurs enveloppes physiques doivent être tout aussi puissantes. En fonction de Leurs besoins, Ils créent ce qui Leur est nécessaire. La qualité de l'un doit correspondre à la qualité de l'autre. Les enveloppes matérielles doivent aussi constamment s'améliorer pour

238

ne pas être en retard sur l'âme en progression et rester en adéquation avec elle.

— **Le monde matériel dans lequel Ils vivent ressemble-t-il au nôtre ?**

— Non, il ne Lui ressemble pas. Tous les mondes matériels sont fondamentalement différents, et les modes d'existence, c'est-à-dire la manière même de vivre, peuvent être incomparables aux vôtres.

— **Les Systèmes Matériels maîtrisent-ils également la construction de la matière subtile, puisqu'Ils créent des âmes ?**

— Non, chez Eux aussi, la matière et les âmes sont distinctes, comme chez Nous, mais Leur hiérarchie Leur est propre. Et le Créateur de Leurs âmes est un autre Dieu. Moi, je collabore simplement avec Eux par contrat.

— **Les âmes qu'Ils créent pour Leur Système sont-elles également formées à partir de matière subtile, ou utilisent-Ils autre chose ?**

— L'énergie est unique, mais les composants sont différents. Et le processus de création l'est aussi.

— **La structure de l'âme suit-elle un modèle de la matrice ?**

— Le principe de construction est similaire, mais au sein de la matrice, la disposition peut différer : elle peut être en spirale, ou sa structure peut s'enrouler de manière spécifique lorsqu'elle absorbe des énergies. C'est-à-dire que les énergies accumulées par l'âme s'enroulent progressivement et sont aspirées à l'intérieur de la matrice.

— **Y a-t-il une différence marquée entre Vos âmes et les Leurs?**

— Principalement des différences structurelles. Mais ces spécificités de construction peuvent être perçues de deux manières : à la fois comme une différence marquée et comme une différence subtile, selon l'angle sous lequel on les observe. Par exemple, Nous ne considérons pas que Leurs âmes soient très différentes des Nôtres, car l'énergie utilisée est la même, seules des qualités différentes sont utilisées et le principe de leur travail est différent.

— **Leurs âmes, en évoluant, peuvent-elles aussi choisir entre le bien et le mal ?**

— Oui, Elles ont également le choix.

— **Après la mort, subissent-elles une répartition similaire des âmes vers un Système positif ou négatif ?**

— Oui, Je l'ai déjà dit, ils guident votre physiologie selon leur propre voie de développement, et l'évolution des âmes suit le même principe.

— **Les âmes qui choisissent le chemin du mal sont-elles ensuite récupérées par Votre Diable ?**

— Non, Ils ont leur propre Diable. Le Mien n'intervient que pour Mes quatre Univers, bien que certains travaux Lui soient également confiés par contrat chez Eux.

— **Que reçoit-Il en échange de Son travail ?**

— L'énergie dont il a besoin.

— **Reçoit-Il aussi des âmes de Leur part ?**

— Non, le Diable ne reçoit pas d'âmes. Le paiement se fait uniquement sous forme d'énergie.

— **Y a-t-il quelqu'un d'autre, en dehors de Vous, qui donne des âmes au Diable en échange de Son travail ?**

— Non, Il ne reçoit des âmes que de Moi.

— **Y a-t-il, dans Votre Hiérarchie, des âmes qui auraient autrefois appartenu aux Systèmes Matériels Supérieurs ? Les avez-Vous peut-être intégrées pour une tâche spécifique ?**

— Non, dans Ma Hiérarchie, il n'y a que Mes âmes.

— **En quoi consiste l'évolution des Systèmes Matériels ? Est-ce aussi une accumulation d'énergies toujours plus élevée et une ascension dans la Hiérarchie ?**

— Oui, exactement. La matière évolue également du plus bas vers le plus haut, et elle suit ses propres étapes, cycles de développement et Hiérarchies.

— **Vers quoi se dirigent-Ils dans leur évolution ?**

— L'être humain a tendance à analyser chaque choix séparément. Si l'on considère chaque organe du corps comme un élément indépendant, bien que cela soit possible, mais derrière la fragmentation du général, le général et l'holistique ne sont jamais visibles. Ainsi, pour percevoir le général, il est parfois nécessaire de s'éloigner du détail et d'adopter une vision plus large. C'est sous cet angle que Nous formons, avec les Systèmes Matériels, les cellules d'un même organisme. Par conséquent, dans leur évolution, ils avancent vers la même direction que Nous.

— **Peut-on donc dire que l'évolution des Systèmes Matériels et celle des Systèmes Spirituels sont identiques ?**

— Oui.

DIEU ET DIABLE

Faisons quelques comparaisons.

C'est Dieu qui répond aux questions.

— **Vous avez dit que le Diable possède sa propre Hiérarchie. Quelle est sa taille par rapport à la vôtre ?**

— Elle est environ deux fois plus petite que la Mienne.

— **La pyramide du Diable est-elle construite selon le même principe que la vôtre ?**

— Oui, elles sont semblables.

— **Dans la Hiérarchie du Diable, applique-t-on les mêmes Lois de développement que dans la vôtre ?**

— Pas toutes les Lois. Bien sûr, un grand nombre d'entre elles sont communes. Mais réfléchissez : pourrait-il appliquer la "Loi de l'amour ou de l'entraide" ? Il faut en retirer la moitié de Mes Lois. Mais vous pouvez facilement deviner ce qui ne convient pas à Sa Hiérarchie.

— **Possède-t-il de nombreuses Lois propres ?**

— Bien sûr, le Diable a son propre système législatif, mais il a peu de Lois, car tout y est régi par une rigueur absolue et une discipline stricte. Cela réduit les actions des Substances et, en général, toute forme d'action. Dans Sa Hiérarchie, il n'y a pratiquement rien à enfreindre, car chacun agit strictement selon un programme, sans déviation.

— **Quelles sont les Lois les plus répandues chez le Diable ?**

— Ce sont des Lois de calcul. En ce qui concerne la manipulation des chiffres, Il applique Ses propres Lois. Il en a également d'autres qui régissent Son fonctionnement et Son développement, mais Il préfère ne pas les révéler.

— **Le temps est-il différent dans votre Hiérarchie et dans celle du Diable ?**

— Le temps s'écoule de la même manière pour Moi et pour U... (nom cosmique du Diable)*, en tant que structures de gouvernance unifiées. Mais dans le Volume où Nous perfectionnons ensemble les âmes qui Nous appartiennent, le temps diffère. Le temps, à chaque Niveau de la Hiérarchie, est un état transformé du temps du Niveau précédent. Ainsi, une Hiérarchie comportant cent Niveaux contient cent états du temps distincts. Mais si l'on compare le temps des trois Hiérarchies — médicale, positive et négative — alors, aux mêmes Niveaux, leur temps sera identique. Autrement dit, les premiers Niveaux des Hiérarchies ont le même temps, les deuxièmes aussi, les troisièmes également, et ainsi de suite.

— **Mais dans la Hiérarchie négative, les âmes se perfectionnent-elles plus rapidement ?**

— Chez le Diable, le développement est plus rapide non pas en raison d'une accélération du temps, mais grâce à la linéarité stricte des programmes. Un programme sans options alternatives garantit une vitesse de progression accrue. Mais le temps, en lui-même, reste le même pour Nous. Bien sûr, il existe aussi, chez Moi et chez Lui, des mondes physiques où le temps s'écoule différemment, selon l'espace spécifique dans lequel il se trouve. Dans certains endroits, il peut avancer très lentement, tandis que dans d'autres, il peut s'accélérer. Cela est possible dans les mondes physiques créés pour des objectifs précis.

— **Votre pyramide hiérarchique inclut-elle également des Systèmes négatifs ?**

— Oui, ils Me sont nécessaires pour effectuer des calculs et pour transformer Mes plans en projets concrets et en réalités. Tout chez Moi est calculé.

— **En quoi Vos Systèmes négatifs diffèrent-ils de ceux du Diable ?**

— Par la qualité de leur nature. Les Miens, pour reprendre vos termes, sont plus doux, plus humains, plus calmes, ordonnés, honnêtes et justes. Les âmes elles-mêmes sont opposées en termes de qualités. Elles évoluent selon d'autres programmes que les Substances du Diable et elles disposent toujours du libre arbitre dans Ma Hiérarchie. Les Substances du Diable, en revanche, suivent des programmes rigides, sans liberté de choix, et développent des qualités totalement différentes. Ce que Mes Substances n'aiment pas leur procure du plaisir. C'est comme la différence entre un soldat conquérant et un soldat défenseur : leurs objectifs sont opposés, tout comme leurs qualités d'âme.

— Que se passe-t-il avec les Systèmes négatifs au moment où Vous quittez une pyramide et passez à une autre ?

— Tout reste uni : Mes Systèmes positifs et négatifs Me suivent tous. Ensuite, un travail similaire se poursuit : au Nouveau Niveau, les deux pôles — positif et négatif — continuent leur développement, ainsi qu'une troisième partie supérieure, qui est la Mienne, la Gestionnaire. Elle se situe au-dessus des deux premières. C'est en cela que réside Ma Trinité.

— **Existe-t-il des pyramides Hiérarchiques unipolaires ?**

— Non, cela n'existe pas.

— **Toutes les Substances de la pyramide du Diable entre-elles en Lui ?**

— Oui, de manière analogue à Moi.

— **Y a-t-il une différence dans l'intégration des Substances dans Votre Volume et dans celui du Diable ?**

— La différence réside dans le fait que l'énergie des Substances qui entrent en Nous est différente. Les Substances du Diable possèdent une énergie brute, dure et froide, car Ses Substances accomplissent tout dès le départ de manière automatique (et non en atteignant l'automatisme à travers un processus d'auto-perfectionnement)*, ce qui fait que leur énergie prend une qualité correspondante.

— **Le Diable ressent-Il également chacune de Ses Substances?**

— Bien sûr, Il les perçoit. Le principe de construction est le même.

— **Lorsque la dernière Substance entre dans le Diable, Lui aussi se détache de son ancienne pyramide et s'élève plus haut ?**

— Oui, de manière analogique.

— **Après le détachement du Diable de Sa pyramide, entre-t-Il en Vous, ou bien vous vous élevez ensemble, parallèlement, au premier Niveau de la pyramide suivante ?**

— Voici comment cela fonctionne : Moi, le Diable et Quelque Chose au-dessus de Nous, c'est-à-dire la structure de Gestion, formons ensemble la Substance d'une Entité encore plus grande. Ainsi, Nous constituons un tout unique. Et si l'une des trois parties disparaît, tout s'effondre absolument, Nous nous effondrons. Comprenez-vous ?

— **Oui.**

— C'est cela la Trinité, — a poursuivi Dieu. — Mais Nous ne sommes pas fusionnés. Nous existons simplement ensemble sous un même principe. Et en chacun de vous réside un tel principe, dans chaque Substance. Moi aussi, Je constitue une Substance. En Moi est contenue la Trinité : en Moi existant un autre Dieu, un autre Diable et la Structure de Gestion. Les trois parties sont développées en Moi, mais c'est Moi.

Et chez le Diable, c'est tout l'inverse. Comprenez bien, Il possède Son propre Diable, qui pour Lui est comme un Dieu. Et pour Lui, Dieu est comme pour Moi le Diable. La Structure de Gestion, en revanche, demeure neutre.

— Dites-moi, la Hiérarchie du Diable est-elle, comme la Vôtre, divisée en une partie positive et une partie négative ? Chaque Niveau de Votre pyramide contient-il un plus et un moins ?

— Le plus et le moins sont inhérents à l'énergie elle-même dont sont constitués les Niveaux.

— Mais alors, chez le Diable, tout devrait être composé d'énergies négatives ?

— Pourquoi ? Il a une structure similaire, mais avec des proportions différentes. Par exemple, Ses Substances sont constituées à quatre-vingt-dix-neuf pour cent de négatif, tandis qu'un pour cent reste toujours, en toute circonstance, positif. Ainsi, même dans une infime mesure, le positif existe aussi dans Sa Hiérarchie. Pour Moi, il y a également le Système Médical, qui est une composante neutre, et Nous sommes ensemble opposés au Diable. Autrement dit, Mes Substances contiennent quatre-vingt-dix-neuf pour cent de positif et un pour cent de négatif. Bien sûr, un tel ratio est atteint au stade Supérieur, tandis qu'aux inférieurs, ces proportions sont moindres.

— Le détachement du Diable et de Vous de Vos pyramides respectives se produit-il simultanément à la fin du cycle de Votre développement ?

— Presque simultanément, si l'on considère que le temps n'existe pas pour Nous sous la forme connue de l'homme. Nous sommes une Substance unique avec le Diable, donc le détachement est pratiquement simultané. C'est dans ce but que Nous programmons Nos entités (essences) de manière à achever Notre développement en même temps.

— Votre dernière Substance issue de la pyramide entre-t-elle en Vous en même temps que la dernière Substance entre dans le Diable ?

— Non, bien sûr, il y a ici une légère différence possible. C'est toléré, — a répété Dieu pensivement, avant d'expliquer, — la question est que chez Moi, les Substances peuvent retarder leur entrée en Moi. Chez Lui, ce n'est pas possible. Chez Lui, tout est strictement calculé. Tandis que chez Moi, une Substance peut ralentir son développement en raison de la liberté de choix qui lui est accordée, ou au contraire accélérer sa progression pour la même raison. Ainsi, Ma dernière Substance peut entrer en Moi avant que la Substance du Diable n'entre en Lui. Une telle légère divergence peut se produire, mais elle n'est pas significative.

— **Vous avez dit que Vous et le Diable formez une seule Substance. Mais alors, dans cette Substance, qu'est-ce que représente la partie de Gestion ?**

— Moi, je suis la partie positive, le Diable est la partie négative, et la partie de Gestion est une partie distincte.

— **Est-ce l'ESC ?**

— Non, l'ESC se situe bien plus bas en termes de Niveau par rapport à cette partie. L'ESC est destinée au contrôle des Niveaux inférieurs. Tandis que la partie de Gestion, qui constitue Ma Trinité, est une structure très Élevée, distincte et autonome. Elle gère tous les processus. Mais Je suis inclus dans cette Structure de Gestion, c'est-à-dire qu'une très grande partie de Moi en fait partie. C'est Mon "Moi" — l'Absolu.

— **Le Diable entre-t-Il aussi dans la partie de Gestion ?**

— Oui, Il en fait également partie, tout comme le Hiérarque Médical.

* * *

Chapitre 8
Les informations sur la vie privée du Diable

LA CONVERSATION AVEC LE DIABLE

Le Diable, dans l'histoire, a toujours été perçu comme l'incarnation de la ruse, de la cruauté, de l'absence de principes et de tout le mal qui se manifeste sous diverses formes sur Terre. Une telle opinion a régné parmi l'humanité pendant des millénaires.

Mais, les Maîtres Supérieurs ne révèlent toute connaissance à l'homme qu'en fonction de son développement et de son Niveau de compréhension. De la même manière que l'on révèle la vérité à un enfant au fur et à mesure qu'il grandit.

L'humanité, à ce stade, a atteint un Niveau de conscience tel qu'elle est prête, d'aborder à une nouvelle compréhension de l'essence du Diable et à une perception de Lui sous une forme qualitative inédite. D'un éternel épouvantail, Il se transforme en un assistant obéissant de Dieu (si l'on se souvient que Dieu L'apprécie pour Son obéissance)* et Il dévoile aux hommes des aspects totalement nouveaux de Sa nature.

Dieu et le Diable lèvent partiellement le voile du mystère sur la structure interne de Leurs Hiérarchies, et l'existence en leur sein de Systèmes hiérarchiques positifs et négatifs permet de comprendre s'Ils sont capables d'exister l'un sans l'autre, quel est le sens de Leur alliance et de Leur collaboration dans le Cosmos physique ainsi que dans les mondes subtils.

Le concept même de « Diable » change de contenu intérieur à mesure que se révèlent des aspects de Son activité qui étaient jusque-là inconnus.

Quelle devrait être le nouveau regard à adopter envers le Diable, à la lumière de la révélation de ses fonctions jusqu'alors ignorées (méconnues) ? Et quelle attitude devrions-nous adopter à son égard, par exemple, envers un ministre de l'Intérieur ou un commandant en chef de l'armée ?

Si nous considérons le président comme une figure positive, alors le commandant en chef devrait être perçu comme négatif, car en exécutant la volonté du président, il peut déclencher une guerre ou entreprendre des actions visant à maintenir l'ordre et la légalité dans l'État. Pourtant, sans ces mesures, l'État ne saurait pas être une organisation forte et stable.

Mais quelqu'un doit bien, au sein de l'État, rétablir l'ordre et maintenir la discipline, en recourant à des mesures sévères ? Si l'on définit le Diable par rapport au travail qu'Il accomplit pour Dieu, alors tout ministre en charge des forces de l'ordre, ou tout démolisseur qui fait sauter des structures devenues inutiles (obsolètes) afin de libérer l'espace pour une nouvelle construction, on pourrait qualifier de « Diable ».

Le Diable accomplit un travail similaire : Il instaure l'ordre dans les objets que Dieu lui désigne, Il détruit l'ancien pour permettre l'édification du nouveau et, sur instruction de Dieu, Il conçoit (met en place) un système qui permet aux âmes d'acquérir les qualités requises par notre Créateur.

Mais avant de nous révéler tout cela, Dieu nous a mis en contact avec le Diable. Nous en avons déjà fait mention auparavant, mais nous allons désormais détailler cet événement.

Tous les messagers (envoyés) qui communiquent avec Dieu finissent inévitablement par rencontrer Son opposé.

Cependant, la rencontre avec le Diable a été inattendue, car Dieu ne nous avait pas prévenus à l'avance qu'à une certaine séance, ce ne serait pas Lui qui établirait la connexion, mais le Diable. Il voulait observer, d'une part, notre réaction — allions-nous être effrayés ? Abandonnerions-nous nos contacts sous l'emprise de la peur ? D'un autre côté, Dieu voulait également tester notre fidélité envers Lui, car deux des douze missionnaires ont volontairement accepté de travailler pour le Hiérarque du Système négatif, séduits par la promesse d'un développement accéléré au sein de Son Système, aspirant ainsi à atteindre plus rapidement la perfection. Deux missionnaires ont donc trahi Dieu. Deux autres, de leur côté, craignant de tomber sous l'emprise du Souverain des Ténèbres et cherchant à préserver leur âme, ont fui ces contacts dès le début du chemin. Les autres ont progressé jusqu'au Niveau qu'ils étaient en mesure d'atteindre. Et il faut dire que, au moment de l'acceptation des Lois (il s'agit ici du livre « Les Lois de l'Univers ou les fondements de l'existence de la Hiérarchie Divine ») , nous avions été abandonnés par tous. Nous sommes restés trois (notre famille)* et, dans cette composition, nous avons atteint l'étape de l'acceptation des Lois Divines.

Nous nous sommes souvenus de cette parole de la Bible : « Celui qui veut sauver son âme la perdra », nous avons poursuivi notre travail, conscients qu'il ne fallait pas s'arrêter, qu'il fallait avancer à travers l'incompréhensible et l'inconnu, à travers ce que les hommes méprisent et rejettent.

L'expression « Celui qui veut sauver son âme la perdra » faisait référence à la peur humaine de l'inconnu, qui ferme parfois la voie vers la lumière. Craignant pour son âme, l'homme cesse de chercher la vérité et ne parvient pas à s'élever à un Niveau de conscience plus élevé. Il s'enferme dans un cercle de dogmes obsolètes (dogmatisme), se ferme à toute nouveauté et se perd (recule) ainsi, il est rejeté du progrès pour des milliers d'années. De plus, en raison de son ignorance des ruses et des méthodes du Diable, il finit inévitablement par tomber dans Ses filets.

« Connais ton ennemi, et dans cette connaissance résidera ta protection et ton salut. »

C'est précisément cela qui nous a permis de rester calme face à l'apparition inattendue du Diable lors de notre contact. Bien sûr, des doutes nous ont traversé l'esprit : « Pourquoi Dieu nous a-t-Il confiés au Diable ? Ou bien tous nos contacts étaient en réalité un piège ? ». C'est précisément cette dernière crainte – celle d'être captifs des filets du Diable – qui a poussé nombre de nos partisans à fuir. Mais les paroles de la Bible nous ont encouragés à poursuivre notre quête de connaissance. De plus, notre foi dans le fait que Dieu ne nous abandonnerait pas et qu'Il réapparaîtrait au moment opportun nous a poussé à poursuivre les contacts, à découvrir des choses étonnantes et, surtout, à comprendre les chemins qui mènent à Dieu et au Diable, ainsi que toutes les subtilités des entrelacements des routes humaines actuelles. Et en explorant ces chemins, nous avons été horrifiés de voir combien d'êtres humains se dirigent vers le Diable sans même en avoir conscience.

Nos contacts avec le Principal Hiérarque du Système négatif nous ont permis d'accéder à une vérité en adéquation avec le Niveau de compréhension actuel de l'homme, et nous espérons qu'elle sera comprise correctement par d'autres. Que chacun analyse la voie qu'il emprunte. Quant à nous, notre souhait était de transmettre aux personnes la vérité qui nous a été révélée et de les mettre en garde contre d'éventuelles erreurs, car celui qui voit clair apercevra le chemin menant à Dieu, tandis que l'aveugle tombera dans l'abîme et se retrouvera pris dans les filets du Diable.

* * *

Le nom cosmique du Diable nous était déjà connu, car Dieu l'avait mentionné lors d'un de nos contacts avec Lui. Ainsi, lorsque ce nom retenu a soudain été prononcé lors d'une nouvelle séance de communication, nous avons compris que c'était le Prince des Ténèbres en personne qui s'adressait à nous. Nous avons commencé le contact en posant la question :
— **Qui est en communication avec nous ?**
— U… — a-t-Il répondu en prononçant Son nom cosmique.
Il est difficile d'exprimer tous les sentiments qui nous ont envahis lorsque nous avons réalisé que nous parlions avec le Diable lui-même. Habituellement, lors de nos contacts, c'était toujours le nom cosmique de Dieu qui résonnait, et nous étions habitués à la noblesse et à la sérénité de sa sonorité. Aussi, entendre le nom du Diable a eu l'effet d'une bombe, car jamais Dieu ne nous avait avertis qu'une telle rencontre nous attendait. C'était un être que toute l'humanité redoutait, devant lequel même les puissants de ce monde tremblaient. Son nom nous brûlait intérieurement. Pourtant, ce n'était pas la peur qui nous a envahi en premier lieu, mais plutôt une pensée fulgurante : « Qu'avons-nous fait de travers ? Comment notre comportement a-t-il pu nous mener à une telle rencontre ? » Tandis que nous cherchions mentalement notre éventuel manquement, extérieurement nous restions calmes. Habitués à suivre une voie droite plutôt qu'à nous perdre dans les méandres des suppositions, nous avons posé directement la question :
— **Pour quelle raison avez-Vous pris contact avec nous aujourd'hui ?**
— Pour vous mettre à l'épreuve, — a-t-Il répondu expressément, sans donner plus d'explications sur la nature exacte de cette « épreuve », qui pouvait aussi bien concerner notre savoir que les aspects techniques mêmes de la communication.
Il aurait été possible de fuir ce contact dans la panique dès l'instant où Il a prononcé Son nom, comme l'avaient fait tant d'autres, craignant de perdre leur âme. Il aurait été possible de s'arrêter à cette étape, d'autant

plus que nous avions déjà eu des exemples de contacteurs connectés à des Niveaux inférieurs, avec des conséquences désastreuses. Pourtant, notre désir de comprendre le monde réel, dissimulé derrière les légendes et les inventions humaines, ainsi que notre Foi en Dieu, nous ont poussés à réprimer instantanément tous nos doutes et à poursuivre notre travail. Nous avons retrouvé rapidement notre calme, décidant que cela devait être ainsi, et sans une seule minute d'hésitation ni d'interruption du lien, nous nous sommes replongés aussitôt dans notre tâche habituelle.

Par la suite, le Prince des Ténèbres, tout comme Dieu, a répondu à toutes nos questions, et Il l'a fait selon la volonté de Dieu, sans la moindre duplicité, sans chercher à paraître exagérément bienveillant ni artificiellement malveillant. Dans Son intonation, comme dans celle de Dieu, résonnait le calme, l'impassibilité et un sentiment de dignité façonné par des milliards d'années d'existence. Cependant, alors que l'intonation de Dieu laissait parfois transparaître des notes de bienveillance et de douceur, les réponses du Diable étaient sèches et dénuées d'émotion. Il faut souligner que ces deux Hiérarques ne nous appelaient jamais autrement que par le vouvoiement, et jamais nous n'avons entendu un « tu », bien que notre position ait été incomparablement inférieure à la Leur.

Ayant été élevés sur la base de nombreux préjugés dogmatiques de l'humanité, nous nous représentions le Diable d'une manière quelque peu différente : nous l'imaginions plus perfide, plus hautain, plus malveillant. Or, Il s'efforçait de nous montrer que, sur les Niveaux supérieurs de Son évolution, ces basses qualités terrestres s'étaient transformées en des composantes de Son âme totalement différentes. Avec nous, Il se comportait de manière égale, froide et sèche, et seulement à de rares moments, à travers cette tonalité, transparaissait une autre intonation, mais toujours dans des limites émotionnelles qui ne pouvaient pas nous éloigner de Lui.

Le Diable s'abstenait de manifester Sa nature obscure, peut-être dans le but de nous amadouer, de gagner notre confiance. Il savait que seules des qualités nobles et vertueuses, une sincérité absolue et des révélations honnêtes pouvaient nous attirer vers Lui. Le moindre soupçon de haine ou de colère nous aurait immédiatement éloignés et mis en garde. Or, Il avait encore pour objectif de tenter de nous faire basculer de Son côté, et pour cela, Il s'appliquait à se montrer digne à nos yeux.

Bien sûr, en Lui résidait tout le mal que nous connaissions — et bien au-delà de ce que l'humanité pouvait concevoir — mais ce mal demeurait caché dans les profondeurs inaccessibles de Sa matrice, dissimulée sous l'épaisseur de milliards de vies passées. Toutefois, lors des contacts avec ceux qui avaient déjà basculé de Son côté, devant lesquels Il n'avait plus besoin de masquer Son véritable visage, Il ne se gênait plus pour dévoiler Sa nature profonde. Et de cette essence intime suintaient ouvertement l'arrogance, un sentiment de supériorité absolue, ainsi que la haine, le mépris et le dégoût envers l'homme et l'humanité toute entière — cette « misérable moisissure sur le corps de la Terre », selon Ses propres termes.

Le Diable s'est présenté à nous comme un souverain froid et indifférent, prononçant des jugements sur les destinées d'autrui. En tant que Grand Hiérarque des Systèmes négatifs, Il incarnait, tout comme notre Dieu, un mystère caché, inconnu de tout être humain dans la plénitude qu'Il avait façonnée au fil des milliards et des milliards d'années de Son existence.

Cette occasion de converser avec Lui nous ouvrait une perspective fascinante : il nous était donné d'explorer certains aspects de Sa vie personnelle, de comprendre par nous-mêmes ce qu'Il était réellement, et surtout, de révéler à l'humanité ces chemins dissimulés et détournés qui conduisent l'âme inexpérimentée vers la Hiérarchie négative. Nous avions l'opportunité d'exposer au grand jour au moins quelques-uns des pièges qu'Il dissimule sous une huile suave et de décors somptueux.

Lors de notre premier contact, bien entendu, nous n'avons pas osé poser de questions personnelles. Mais au fil des séances suivantes, notre curiosité — ou plutôt notre soif de connaissance — a fini par surpasser nos appréhensions, et nous nous sommes mis alors à lui demander.

Le chemin de développement du Diable

L'homme a l'habitude de penser que le seul travail du Diable est de tuer les autres. Cependant, comme l'a révélé notre dialogue avec Lui, son champ d'activité s'est avéré bien plus vaste.

Les questions ont été posées au Diable.

— Nous savons que Vous surveillez constamment l'humanité. Dans quel but faites-Vous cela ?

— C'est Mon travail et celui de Mon Système. Nos fonctions incluent l'observation de certains Univers, plus précisément de quatre. La Terre se trouve dans l'un de ces Univers, c'est pourquoi elle est également sous Notre contrôle.

— Vous a-t-on confié une tâche d'une telle ampleur parce que Vous Vous êtes développé jusqu'à un Niveau élevé ?

— Oui, tout est atteint par le biais du développement personnel.

— Êtes-Vous l'un des principaux assistants de Dieu ?

— Oui, mais pas un "assistant"… Comment mieux exprimer cela… ? — Il a cherché un mot qui exprimait avec précision la nature de Leur relation.

— Un collaborateur ? — avons- nous suggéré.

— Oui, un collaborateur, — a-t-Il acquiescé et précisé : — Je ne L'aide pas, Il ne M'aide pas non plus. Mais nous coopérons.

— Combien Dieu at-Il d'autres associés comme Vous ?

— À un Niveau aussi Élevé, il n'y en a pas d'autres, — une nuance de fierté transparaissait dans Son ton.

— Le terme « Diable » est-il désormais obsolète au stade actuel du développement humain ? Pourrait-on Vous appeler autrement, par exemple : « Grand Hiérarque du Système négatif » ?

— Je vais y réfléchir, — a-t-Il répondu, et lors de notre contact suivant, qui a eu lieu une semaine plus tard, Il a déclaré : — Le terme « Diable » peut être remplacé par « Conseil de Coalition Unifié des Combinaisons de Calcul ».

Ce nom résonnait de manière étrange à la première écoute, complexe, bien que plus précis quant à Sa véritable nature que l'ancien terme.

— Ne pourrait-on pas Vous appeler « BOSS » ? Cela signifierait « Dieu des Systèmes Négatifs de l'Union », — avons-nous proposé.

— Oui, Je suis un Dieu, — a-t-Il admis avec fierté, avant de rectifier : — Mais tous Mes Systèmes ne sont pas négatifs.

— En avez-Vous des positifs ?

— Non, neutres. Votre appellation n'est donc pas tout à fait exacte.

Cependant, nous n'avons pas réussi à Lui trouver une autre appellation et avons finalement conservé l'ancienne, qui était plus familière aux humains. Mais pourquoi a-t-Il remplacé le mot « Diable » par une dénomination aussi longue et étrange ? Il convient de s'y attarder un instant.

Le terme « Diable » est une notion généralisée désignant une entité négative à laquelle on attribue traditionnellement toutes les bassesses et infamies, ainsi que tous les actes de cruauté et de malveillance, qui ne sont pas nécessairement perpétrés par Lui en personne, mais par Ses subordonnés, c'est-à-dire par les représentants de Ses mondes négatifs.

Tout ce qui accomplit le mal dans le monde terrestre Lui est attribué. C'est pourquoi le terme « Diable » s'est matérialisé sous une forme sanguinaire, impitoyable, malveillante et effroyable. Tel était Son visage au cours des deux derniers millénaires.

Pour les deux millénaires suivants, jusqu'à l'an 4000, le Diable propose un nouveau terme, une nouvelle appellation de Lui-même, qui exprime plus précisément Sa véritable Substance.

Dans cette nouvelle terminologie, des notions comme « mal » et « ténèbres » ne sont plus mises en avant, mais sont remplacées par « Conseil de Coalition Unifié » et « Combinaisons de Calcul ». Ce nouveau nom témoigne avant tout du fait que le Diable ne se réduit pas à une seule Personnalité, mais qu'Il représente un Système entier de Substances négatives, agissant selon un plan négatif.

Et la seconde partie de Son appellation, « Combinaisons de Calcul », est particulièrement contemporaine, car elle indique que tout travail accompli par les représentants de la Coalition négative repose sur des calculs précis, et non sur un simple mouvement de baguette magique pour exécuter une quelconque volonté.

Le sens de ces calculs réside dans le fait qu'ils détruisent et anéantissent ce qui doit l'être, non par caprice ou désir personnel, mais selon un programme qui orchestre le processus global du monde, dans lequel tout est minutieusement planifié. Tout est programmé et calculé par Eux, rien n'est laissé au hasard ou à l'initiative personnelle d'une Substance négative particulière.

*   *   *

En poursuivant l'exploration de son parcours personnel lors de nos contacts suivants, nous avons demandé le Diable :

— **Avez-Vous progressé seul ou avec quelqu'un ?**

— J'ai avancé seul sur un chemin encore inexploré. Dans mon activité, j'étais le premier.

— **Vous n'aviez donc aucun compagnon de route ?**

— J'étais seul.

— **Et les autres Personnalités qui occupent un rang légèrement inférieur au Vôtre dans Votre Hiérarchie, comment ont-elles atteint leur position ?**

Nous ne comprenions pas comment il était possible, en commettant le mal, d'atteindre un Niveau élevé dans la Hiérarchie. Toutefois, il existe de nombreuses voies de développement dans différents mondes, et l'évolution ne se limite pas aux chemins existants dans le monde terrestre

— Ils ont cheminé longtemps après moi, — a-t-Il répondu sèchement. Visiblement, cette question ne Lui plaisait pas. — On pourrait dire que j'ai pris de l'avance, que j'étais déjà sur certaines marches, et c'est seulement à ce moment-là qu'ils ont commencé à s'approcher.

— **Mais à présent, certains sont probablement très proches de Vous ?**

— Bien sûr, il y en a.

— **Dans notre Univers, Vous occupez le plus haut degré de votre Hiérarchie. Mais au-delà, dans le macrocosme, existe-t-il quelqu'un au-dessus de Vous ? Puisque si la voie de l'évolution est infinie, doit-il y avoir un Niveau supérieur ?**

— Oui, il y a encore plus haut, — a-t-Il admis à contrecœur. Il lui était désagréable de reconnaître devant nous qu'Il n'était pas l'Être suprême de l'Univers. Cela froissait quelque peu son orgueil.

— **Vous soumettez-Vous directement à Eux ?**

— Oui, bien sûr. À Eux et à Dieu.

— **Vous avez dit que Vous avez construit votre évolution seul?**

— Oui, seul.

— **Mais comment peut-on évoluer dans le Cosmos sans être dirigé par d'En Haut ? Quelqu'un Vous a sûrement guidé ? —** avons-nous insisté, espérant un nouvel aveu.

— Oui, j'ai été dirigé d'En Haut, — a-t-Il reconnu — Mais jusqu'à un certain Niveau de développement, une personnalité ne sait pas qu'elle est gouvernée depuis un autre plan d'existence, — a-t-Il expliqué pour se justifier.

— Et qui vous dirigeait ?

— Des Niveaux plus Élevés (Supérieurs), situés au-dessus de Moi.

— S'agissait-il de Niveaux positifs ou négatifs ?

— Ceux qui me dirigeaient sont très élevés. Chacun gouverne ce qui lui correspond. Dans le Cosmos, il existe des pyramides hiérarchiques — positives et négatives. On peut, jusqu'au Niveau central, passer d'une Hiérarchie positive à une négative en s'incarnant dans un corps physique, en se matérialisant dans la matière. Ce passage se fait principalement à travers l'incarnation physique, bien que, dans de rares cas, il puisse aussi se produire sur les plans subtils. Cependant, une fois que l'âme a fait le choix définitif d'entrer dans le Système négatif, il devient impossible pour elle de retourner dans les mondes positifs. À des niveaux plus élevés (Supérieurs), les **Unités*** n'y parviennent pas en raison de leur haute conscience. Ainsi, chaque être évolue soit dans une direction positive, soit dans une direction négative. Moi, j'ai suivi la voie négative.

— Parviendrez-Vous un jour à atteindre le rang de ceux qui Vous ont gouverné ?

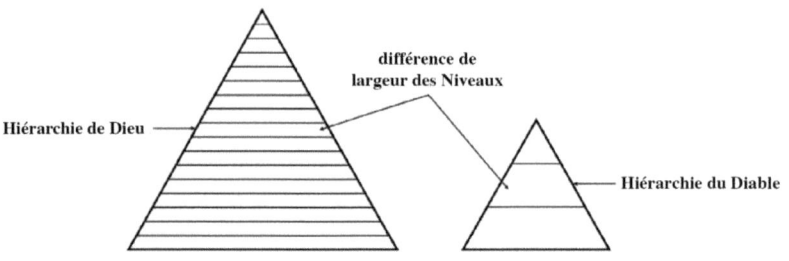

Fig. 13. Correspondance des Niveaux dans les Systèmes positif et négatif

— La montée est extrêmement longue. Si la Hiérarchie de Dieu est dense — dense dans le sens où elle contient de nombreuses marches —, alors, dans Ma Hiérarchie, les marches sont rares et espacées sur de très longues distances (voir Fig. 13). Ainsi, il faut beaucoup de temps pour progresser, bien que le calcul du chemin se fasse plus rapidement que dans la Hiérarchie de Dieu. Mais les marches étant rares, il est impossible d'en sauter ne serait-ce qu'une. L'ascension ne peut se faire que progressivement, étape par étape. Dans le Système négatif, les Niveaux sont extrêmement vastes, ce qui signifie que traverser un seul Niveau prend un temps considérable.

— **Nous nous trouvons dans le monde physique, mais où Vous situez-Vous ?**

— Sur un autre plan d'existence. Vous êtes dans le monde physique, Moi, dans le monde subtil.

— **Avez-Vous traversé une phase d'évolution en tant qu'humain ?**

— Oui.

— **Était-ce sur Terre ?**

— Non. À l'époque où j'existais, votre Terre n'existait pas encore. Il y avait une autre planète, semblable à la Terre.

— **Et sur cette planète, existiez-Vous sous une forme humaine ? — Nous posions certaines questions analogues à celles que nous avions envoyées à Dieu, cherchant à comparer Leur vie, car « tout se comprend par la comparaison ».**

— Pour être précis, J'existais sous une forme qui ressemblait vaguement à un humain, — a-t-Il admis.

— **Avez-Vous vécu une existence difficile ?**

— Une existence très difficile, — son intonation a souligné la gravité de Ses paroles. — Une vie si éprouvante qu'elle a suffi, à elle seule, à Me propulser sur la première marche de la Hiérarchie.

— **Quelles étaient ces difficultés qui Vous ont permis de monter sur la première étape ?**

— C'était un choix concret de situations de vie difficiles. Je devais constamment choisir entre le bien et le mal. J'ai longtemps hésité : quelle voie Me convenait le mieux, laquelle des deux choisir définitivement pour Moi ? Et J'ai énormément expérimenté de choses concrètes.

— **Et qu'avez-Vous choisi le plus souvent ? Le bien, puisque vous avez pu monter dans la Hiérarchie ?**

— Le mal. Je suis monté dans la Hiérarchie négative.

— **Vous avez progressé dans votre développement en empruntant la voie du mal et du calcul ?**

— Oui. J'aime faire des calculs. Et chacune de Mes actions négatives était précisément calculée.

— Et malgré le mal que Vous avez commis, Vous avez tout de même atteint de tels sommets que Vous êtes devenu un Collaborateur de Dieu ? — Nous étions étonnés, car nous ne pouvions pas concevoir qu'en suivant un chemin négatif, on pouvait atteindre quoi que ce soit de grand. Jusqu'à présent, nous pensions que seule la voie droite permettait à un être d'évoluer.

— Comme vous le voyez, J'y suis parvenu ! — Une moquerie évidente transparaissait dans son intonation.

— Merci pour la révélation… nous L'avons remercié et nous nous sommes apprêtés à poser la question suivante, mais Il nous a interrompus.

— Stop. — Puis, de manière inattendue, de nouvelles révélations ont suivi. Il s'est laissé aller à des révélations. Après tout, on ne lui avait pas demandé ce qui nous intéressait depuis probablement des millions d'années. Nous avons touché une corde sensible en Lui, et elle a résonné pour nous d'un aveu étrange. — En empruntant la voie que J'ai suivi "dans le mal", J'atteignais profondément l'essence même des phénomènes, c'est-à-dire l'énergie que J'extrayais directement de ce qui était accompli, de ce qui s'était produit et qui M'était nécessaire selon Mon programme.

Je comprends que Je ne faisais pas que participer à une situation, mais que Je recevais précisément de cette situation l'énergie dont J'avais besoin. Car une même situation peut être vécue de différentes manières : on peut en tirer un type d'énergie, ou son opposé. Je façonnais l'énergie qui M'était nécessaire. Personne, avant Moi ni à Ma place, ne s'était consacré à cela ni n'avait atteint ce niveau de compréhension. Pour comparaison, on peut évoquer votre masochisme. Ceux qui s'adonnent au masochisme commencent à ressentir du plaisir dans la douleur, c'est-à-dire à extraire une énergie qui leur plaît, qui réchauffe leur âme. Ils captent cette énergie brute, et elle leur procure du plaisir, si bien qu'elle s'imprègne en eux. Je faisais la même chose.

Les meurtres commis par le Diable

Nous étions curieux de connaître les détails de son évolution passée, tout ce qui l'avait transformé en une personnalité négative. C'est pourquoi nous Lui avons demandé :

— **Lorsque Vous étiez dans un corps matériel, Vous est-il arrivé de tuer d'autres êtres ?**

Le Diable ne cachait pas Ses actes, Il ne cherchait pas à paraître vertueux. Il parlait des choses telles qu'elles étaient :

— J'ai tué énormément. Et cela reste Mon travail aujourd'hui encore, vous le savez bien.

— **Oui, nous le savons. Mais nous aimerions Vous l'entendre dire personnellement, — avons-nous avoué avant de poursuivre : — En tuant des êtres matériels, Vous obteniez de l'énergie. Mais dans le monde subtil, comment obtenez-Vous Votre énergie, une fois qui est intégré dans la Hiérarchie ? Car dans le monde subtil, tous sont immortels et il n'y a personne à tuer ?**

— Ensuite, Mon travail est devenu intellectuel (mentalement). J'ai perfectionné mon appareil mental. Je travaille avec des instruments et des programmations du Tout. Dans le monde subtil, il existe un procédé appelé revente, et le rachat de tout est aussi une forme d'énergie. J'accomplissais un travail déterminé et Je recevais en retour le type d'énergie qui M'était nécessaire.

— **C'est Votre cas. Mais chez Dieu, y avait-il déjà une séparation entre le bien et le mal avant même votre apparition ?**

— Avant moi ? Demandez cela à Dieu.

— **D'accord… Dites-moi, utilisez-Vous des moyens tels que la flatterie, la tromperie, la ruse ?**

— Oui, dans les situations où c'est nécessaire.

— **À l'égard de qui les utilisez-Vous ?**

— À l'égard de tout le monde.

— **Et pourriez-Vous les utiliser contre nous ? — Cette question, nous l'avons posée afin de redoubler de vigilance et d'éviter de tomber dans l'un de Ses pièges.**

— Je le peux, — a-t-Il souri. — Si J'ai besoin d'une situation spécifique pour vous éprouver, Je peux employer n'importe lequel de ces moyens, ou d'autres encore. Mais en général, c'est pour tester. Ou bien Je les utilise pour provoquer des émotions particulières, des expériences, afin d'extraire des énergies supplémentaires de vos sentiments ou de ceux d'un autre être.

— **Qu'est-ce que Vous appréciez chez un être humain ?**

— L'être humain ne représente aucune valeur pour Moi. Mais J'apprécie l'âme elle-même. Elle M'importe.

— **Et qu'appréciez-Vous chez les Personnalités Supérieures ?**

— La même chose : l'âme, mais à une échelle encore plus grande. Une évolution plus vaste.

— **Quelle est la substance du mal ?**

— Je vous l'indiquerai dans un contact écrit sous forme de Loi.

— **Mais peut-être que la substance du mal réside dans la purification de l'organisme du Cosmos ?**

— Pas exactement.

— **Ou peut-être, — avons-nous insisté pour obtenir une réponse, — s'agit-il d'un contrôle sur l'assurance des fonctions vitales de l'organisme de la Nature (de l'Existence) ?**

— Non. La loi révélera l'essence du mal », a répété le Diable, évitant encore une fois une réponse directe. Mais Il le faisait, très probablement, pour des raisons purement économiques, car la communication Lui coûtait de l'énergie. Et Il ne comptait pas la dépenser deux fois pour la même chose — une fois pour une réponse orale et une autre pour une réponse écrite. Il calculait tout dans les moindres détails.

— **Si l'on tue en très grande quantité, est-il possible de détruire cet immense organisme dans lequel Vous habitez ?**

— Impossible.

— **Et que se passera-t-il avec le Cosmos si les forces du Mal en prennent complètement le contrôle ?**

— Vous parlez des meurtres sur le plan physique ? — a-t-Il précisé.

— **Sur le plan énergétique, — avons-nous répondu. — Il y a aussi des guerres dans le monde subtil, n'est-ce pas ?**

— Oui. Mais si l'on tue sur le plan énergétique, cela entraîne uniquement des dommages aux enveloppes protectrices, et ce, seulement jusqu'à un certain niveau. Dans le monde subtil, il est impossible de tuer. Moi, par exemple, Je ne peux tuer personne qui soit au-dessus de Mon Niveau. L'accès M'y est fermé. Et les guerres sur le plan énergétique ont lieu principalement aux niveaux inférieurs, entre des Systèmes de puissance égale. Lorsqu'un Niveau combat un autre Niveau, c'est-à-dire lorsque des Systèmes de développement égaux s'affrontent, ils ont des avantages stratégiques.

Si, en revanche, un Niveau Élevé a déclenché une guerre contre un Niveau inférieur, alors il est évident que le Niveau Élevé l'emportera, tout comme un soldat civilisé l'emporte sur un sauvage, — a-t-Il poursuivi Son explication. — De plus, tuer quelqu'un en dessous de soi, ce n'est pas respectable. Par exemple, un Niveau Élevé qui voudrait conquérir un Niveau inférieur — cela n'arrive pas. Chez Nous, cela est indigne des Supérieurs. Une telle entreprise n'apporte aucun avantage.

Si un Niveau inférieur veut déclencher une guerre avec un Niveau supérieur, c'est tout simplement impossible. Il est impossible de s'élever au-dessus de soi-même dans le développement et de tuer quelqu'un, parce que le Supérieur écrasera tout ce qui est inférieur, car Son pouvoir est si grand.

— **Quel est le sens des guerres dans le monde subtil ? Est-ce aussi une question de conquête de territoires ?**

— Le sens réside dans la capture d'énergie. Elle est stockée dans une banque d'énergie. De plus, les guerres permettent de capturer des âmes pour en faire des esclaves.

— **Ils capturent même des âmes ! — nous nous sommes exclamés, stupéfaits.**

— Oui. C'est la première chose qui est conquise au cours des guerres. La plus grande valeur qu'on peut obtenir, ce sont les âmes, car elles génèrent ensuite de l'énergie.

— **Cela signifie donc que, dans le monde subtil, les différends sont aussi résolus par la guerre ? Pas par des traités, mais par des conflits ?**

— Oui. Mais tout cela ne concerne que les Niveaux inférieurs et les Systèmes négatifs. Les Systèmes positifs et neutres ne se font pas la guerre.

Comment mourrait le Diable

Le Diable, ou autrement dit le Hiérarque négatif, a vécu un nombre incalculable de réincarnations et, par conséquent, il a dû mourir à de nombreuses reprises. C'est pourquoi nous lui avons posé la question :

— Dites-nous, lorsque Vous étiez dans un corps matériel, mouriez-Vous de vieillesse ou Vous tuait-on également ?

— On M'a tué de nombreuses fois.

— **Cela signifie donc qu'il existait des êtres qui Vous surpassaient ? Il y a eu de tels moments ?**

— Pourquoi "Me surpassaient" ? — a rétorqué le Diable. — J'ai commis de nombreux crimes au cours de Ma vie, et c'est pour cela que l'on M'a tué. Mais c'était toujours la société qui M'exécutait. C'était une mesure punitive.

— **Vous souvenez-Vous de la manière dont Vous faisiez face à la mort ?**

— Avec joie, — a-t-Il répondu joyeusement. — J'éprouvais du plaisir en mourant. Pourquoi aurais-Je eu peur ? Je savais que Je n'allais pas disparaître complètement. Vous n'i-ma-gi-nez pas, — a-t-Il traîné avec emphase, — à quel point c'est extraordinaire ! Vous ne pouvez pas comprendre la substance de cette douleur. Vous ne le pouvez pas, car vous n'y prêtez pas attention. Il n'y a pas de douleur physique. Il faut d'abord la ressentir, en tirer du plaisir, puis mourir. Cet état est très difficile à vous expliquer.

Son aveu semblait étrange, car il était inhabituel par rapport à notre compréhension habituelle de la mort, développée depuis la préhistoire. Cela a révélé quelque chose de nouveau dans le développement de l'âme empruntant le chemin négatif, où même les derniers instants de la vie étaient exploités (utilisés) pour en obtenir des plaisirs pervers et douteux.

— **Mais en quoi le plaisir de sa propre mort apporte-t-il quelque chose à l'âme ? avons-nous cherché à comprendre.**

— Pour Mon âme, cela représente énormément. C'est pourquoi, bien que Je ne recherchais pas la mort, lorsque celle-ci venait, Je l'accueillais avec joie. On peut dire que J'ai parcouru ce chemin volontairement : Je tuais les autres, Je n'arrivais presque jamais au bout de Mon programme de vie, et on M'a tué un nombre incalculable de fois en guise de punition. Et je pense que J'ai été tué plus souvent que n'importe quelle autre Entité ayant grandi sur Terre.

— **Vous saviez que Vous étiez immortel ?**

— Bien sûr que Je le savais.

— **Vous souveniez-Vous de Vos incarnations passées ?**

—Pas toujours. Mais cette sensation, ce désir de ressentir l'énergie de la mort, était constamment présent en Moi.

— Et si une personne positive meurt, peut-elle aussi tirer des avantages de la mort ?

— Une personne positive a, en général, très peur de la mort. Mais elle en retire des bénéfices en donnant l'énergie issue de sa maladie ou de sa mort à son Système. Cependant, elle ne ressent pas l'extase (*note de traduction : état de jouissance extrême*) que Moi, J'ai toujours ressenti. On peut même dire que Je suis un masochiste. C'est ainsi que vous décririez Mon état.

— Faut-il avoir peur de la mort ?

— Bien sûr que non, — s'est-t-Il exclamé avec optimisme et a ajouté avec conviction : — Jamais.

— Connaissez-Vous, par exemple, ma mort programmée ? — tentais-je (LL)* d'en apprendre davantage sur mon propre destin.

— Je vous connais tous. (Il faisait référence aux personnes présentes lors du contact.)* Mais Je vais essayer de vous attirer à Moi ici, sur Terre, car si vous quittez votre corps, vous ne pourrez plus Me rejoindre. Ce sera bien plus difficile pour Moi, dans le monde subtil, de vous faire basculer de Mon côté qu'à présent.

— Mais là-haut, sans doute, Dieu ne nous laissera pas partir ?

— Pourquoi donc ? — a rétorqué le Diable. — Je peux vous acheter si Je le désire vraiment. Je peux offrir à Dieu quelque chose en échange de vous, quelque chose qu'Il voudrait obtenir. Bien sûr, à Nos yeux, vous avez une très grande valeur.

L'idée que nous pourrions être achetés était extrêmement déplaisante, et la perspective de tomber dans un Système négatif ne nous attirait aucunement. Nous avons donc essayé d'opposer quelques arguments.

— Mais dans Votre Système, nous serions contraintes de tuer, et nous ne sommes pas adaptées à cela et n'aimons pas cette direction.

— Vous vous y adapterez, ce n'est qu'une question de temps, — a-t-Il répondu. — Chez Moi, tout le monde finit par faire ce que Je veux.

Nous ne souhaitions pas poursuivre cette discussion désagréable. De plus, nous craignions de froisser Son orgueil d'une quelconque manière, ce qui aurait pu Le pousser, par pur esprit de contradiction, à mettre Sa menace à exécution. Nous avons donc changé de sujet et sommes passés à Son passé.

— **Quels moments de Votre passé dans le monde matériel Vous ont laissé les impressions les plus marquantes ?**

— Je n'ai pas terminé mes vies sur une planète semblable à la Terre, J'ai traversé de nombreux autres mondes matériels. J'ai parcouru une quantité immense de planètes très différentes. Pour un humain, ce sont des planètes effroyables, mais J'y ai été envoyé par Dieu afin de subir une purification. Et cela a été impressionnant. Mais, dans cette vie difficile, Je perfectionnais Mon âme. Et tout ce qui était censé causer de la souffrance Me plaisait. J'y trouvais du plaisir.

— **Est-ce qu'il y avait d'autres personnes partageant les mêmes idées que Vous ?**

— Non, J'étais seul.

— **Et dans le monde subtil, quels moments Vous ont marqué?**

— Je n'ai eu aucune impression particulière. Je Me souviens simplement des sensations que J'ai éprouvées dans Mon corps physique. Ensuite, lorsque J'ai accédé au monde subtil, Je n'ai eu qu'un seul désir : posséder le plus grand nombre possible d'âmes afin de bâtir Mon propre monde.

— **Comment s'est produit Votre passage de la matière physique au subtil ? Pourquoi avez-Vous arrêté d'entrer dans le monde matériel ? Qui Vous a dit qu'il était temps d'arrêter de Vous réincarner dans la matière brute ?**

— Personne ne Me l'a dit. J'ai atteint un tel Niveau de développement que Je pouvais choisir alors Moi-même de M'incarner ou non. J'ai fini par être rassasié de la vie physique. Elle M'a simplement lassé. J'avais besoin de bien plus, car l'enveloppe qui convient au corps physique était déjà saturée d'énergies du plan matériel, et il était nécessaire de passer au remplissage de l'enveloppe suivante.

— **Le fait de rester ou non dans le monde subtil dépend donc du remplissage des enveloppes ?**

— Oui.

— **Mais cela dépendait aussi de Votre désir de rester à un endroit précis, non ?**

— Or, les désirs sont justement liés aux enveloppes. Lorsque ces enveloppes ont besoin d'être remplies, elles envoient des impulsions à Mon âme, et c'est ainsi que naissent les désirs.

— **Comment êtes-Vous sorti du cycle des réincarnations ? Vous deviez pourtant avoir un karma.**

— Cela dépendait, d'une part, des Niveaux négatifs, qui n'ont pas de karma, et, d'autre part, de ce que J'ai déjà mentionné à propos des enveloppes.

Le Diable est une femme. Le fils du Diable

Les réincarnations contiennent de nombreux aspects intéressants du développement de l'âme. On peut naître sur Terre intelligent ou sot, malade ou en bonne santé, femme ou homme. Mais le Diable était-il passé par ces transformations ? Il restait encore à le découvrir.

— **En étant au Niveau matériel de développement, avez-Vous été une femme dans Vos vies passées ? Ou êtes-Vous toujours resté un homme ?**

— J'ai été une femme aussi. Il me fallait tout expérimenter, sous une apparence féminine comme sous une apparence masculine.

— **Mais lorsque Vous étiez une femme, tuiez-Vous également?**

— Oui, Je tuais aussi à ce moment-là. Mais, naturellement, Ma manière d'agir a quelque peu changé, car, comme toute femme, Mes forces étaient moindres, et ce que Je pouvais faire sous une forme masculine, Je ne pouvais pas le faire en restant femme. Mais même en tant que femme, J'étais de nature répugnante.

— **Vous souvenez-Vous de Votre évolution depuis le tout début ?**

— Oui, Je me souviens de tout.

— **Aimiez-Vous quelque chose dans Votre vie passée ?**

— De quelle vie passée parlez-vous ? J'ai vécu un très grand nombre de vies. C'est un escalier sans fin.

— **Nous parlons de Vos vies dans un corps matériel. C'est ce qui nous est le plus compréhensible pour l'instant.**

— Seul le mal me procurait du plaisir.

— **Aimiez-Vous certains de Vos semblables, ne serait-ce qu'une seule personne ?**

— Bien sûr, cela M'a été donné. Je voulais aussi apprendre à ceux que J'aimais à faire le mal et à Me suivre. Mais... — Il a marqué une pause. Il semblait que l'admettre n'était pas très agréable pour Lui — ils refusaient. Un seul a accepté : Mon fils.

— Et est-il avec Vous actuellement ?

— Finalement, il a pris un autre chemin. Jusqu'à un certain point, Mon fils Me suivait, on peut dire qu'il a parcouru la moitié du chemin avec Moi. Mais ensuite, quelque chose s'est produit en lui, et il s'est éloigné de Moi, — Son ton a laissé transparaître une déception voilée et un regret d'avoir perdu quelque chose irrévocablement.

— Quelque chose s'est-il passé dans l'âme de Votre fils et c'est pour cela qu'il s'est éloigné de Vous ? Pardonnez-moi pour cette question indiscrète, mais nous aimerions savoir ce qui s'est produit, pourquoi il a arrêté de Vous suivre : en avait-il assez de tuer ou bien s'est-il intéressé à autre chose ?

— Il s'est intéressé à la créativité, tout d'abord. Ensuite, il en a eu assez de la rigueur. Ou plutôt, non pas qu'il en ait eu assez, mais il s'y est opposé. Il a commencé à aimer créer, tandis que Moi, je n'ai absolument aucune liberté, et la création est toujours liée à la liberté. C'est cela qu'il a commencé à ne pas aimer.

— Cela signifie qu'il a commencé à aimer la liberté ?

—Oui, la liberté.

— Et dans quel domaine créatif travaille Votre fils actuellement ?

— Il s'occupe de la construction planétaire. Il conçoit de nouvelles planètes. C'est un domaine d'activité vaste.

— De quelle nature est le Système dans lequel il exerce son activité créatrice ?

— Mon fils appartient au Système des Contractants. C'est un Système neutre : ni positif, ni négatif. Ils appartiennent à la fois à Dieu et à Moi. C'est là qu'il travaille.

— Avez-Vous eu d'autres enfants-disciples ?

— Non. Il est le seul. Dans l'ensemble, personne ne M'a jamais compris. Ils ne comprenaient pas Mon mal. Et même dans Ma vie physique, j'ai eu peu d'enfants.

— Combien ?

— Eh bien, selon Mes critères, peu. Mais selon les vôtres, cela pourrait paraître beaucoup.

— Et Vos enfants ont-ils tous choisi des chemins différents ?

—Oui. Mais aucun d'entre eux n'a atteint un Niveau aussi élevé que celui de Mon fils.

— Avez-Vous encore des contacts avec ce fils qui s'est élevé si haut ?

— Non, — a-t-Il répondu d'un ton las et pensif.

— Vous n'avez plus d'intérêts communs ?

— En règle générale, les liens familiaux ne sont maintenus que dans la vie matérielle, — a-t-Il répondu froidement.

— Avez-Vous actuellement des attachements affectifs envers quelqu'un dans le monde subtil ?

— Non. Ou plutôt, il ne s'agit pas d'attachements affectifs, mais Je veux simplement avoir plus d'âmes pour Moi. C'est Mon désir principal.

— Et pourquoi en avez-Vous besoin ? Pour Votre travail ?

— Oui, pour le travail, et plus généralement, pour M'élever encore plus vite. C'est Mon objectif principal dans Mon développement. Et pour cela, il est nécessaire d'acquérir autant d'âmes hautement énergétiques que possible, comme vous, — Il a insisté de manière particulièrement significative sur ces derniers mots, leur donnant une importance spéciale, cachée en nous et inaccessible aux simples mortels, flattant ainsi notre ego dans une tentative de nous séduire. De toute évidence, il cherchait à gonfler notre orgueil et notre fierté, mais toute flatterie de sa part nous était désagréable et perceptible. Par simple curiosité enfantine, nous avons décidé de préciser :

— Est-ce une flatterie ? — Et nous avons tenté de Lui faire comprendre que nous étions capables de nous évaluer objectivement : — Nous ne sommes pas encore très énergétiques, nous travaillons trop peu.

— Non, ce ne sont pas des âmes comme celles des humains ordinaires que Je recherche, mais des âmes comme les vôtres. Si Je vous parle personnellement, c'est que vous êtes déjà hautement énergétiques. C'est pourquoi Je vous le dis en face. Je ne parle pas aux âmes simples. Ce serait indigne de moi.

Par ce compliment, Il nous a révélé de nouvelles caractéristiques qualitatives en nous, pour lesquelles les âmes sont appréciées dans le monde subtil. Les âmes peuvent être plus ou moins énergétiques, mais dans les Mondes Supérieurs, c'est leur puissance énergétique qui est précieuse.

— **Merci, — Lui avons-nous remercié pour le compliment.**

À cela, Il a répondu :

— Pas « merci », mais un indice. Réfléchissez-y. Vous connaissez Mes possibilités. Plus tard, vous Me direz ce que vous avez décidé.

C'était son deuxième sous-entendu pour nous inciter à entrer dans son Système. Bien sûr, nous avons refusé une telle proposition, car nos aspirations spirituelles différaient trop des siennes. Mais pour ne pas L'irriter, nous avons tenté de répondre avec délicatesse et courtoisie lors de notre contact suivant :

— **Nous Vous remercions pour Votre proposition de travailler dans Votre Système, mais nous appartenons à Dieu et nous restons avec Lui.**

À notre réponse, Il a déclaré sèchement :

— Je réfléchis à la manière de vous attirer à Moi.

Son insistance était désagréable. Après tout, c'était une Personnalité dont on pouvait attendre n'importe quoi à tout moment. En même temps, supposant que l'invitation du Diable à le rejoindre pouvait être une simple épreuve, nous avons décidé de poser directement la question à Dieu. Et lorsque, après plusieurs contacts, Il se manifeste enfin de nouveau, nous Lui avons demandé aussitôt :

— **U… nous a proposé de rejoindre Son Système. Est-ce une épreuve pour tester notre foi en Vous ou simplement un test de notre désintéressement ?**

— Non, Je ne vous ai pas éprouvé de cette manière. Il aime simplement attirer à Lui des âmes comme les vôtres. Il veut en acquérir davantage comme vous.

La manière de penser et la vision du Diable

Le Diable répond aux questions.

— **Comme Vous l'avez dit précédemment, Vous Vous trouvez sur un autre plan d'existence. Comment percevez-Vous alors, depuis le monde subtil, les planètes du système solaire ?**

— Ce sont des chiffres.

— **Des chiffres ? — Nous ne comprenions pas. — Mais elles possèdent aussi une structure énergétique, non ?**

— Toute énergie est aussi des chiffres. Tout est quantifiable. Chez Moi, tout est lié aux chiffres. Ne comparez pas aux humains. Nous sommes différents. C'est pourquoi Nous ne percevons pas les choses comme vous. Là où un humain voit une chose, Nous en voyons une autre, d'une manière bien plus profonde et au plus proche de sa structure véritable. L'humain possède une perception grossière et primitive, limitée à un spectre très restreint.

— **D'accord. Vous percevez le monde en chiffres. Mais les Gouverneurs et Déterminants qui se trouvent sous Votre Niveau perçoivent-ils déjà certaines formes des planètes ?**

— Ils voient une sorte de volume avec des chiffres, une structure en cellules volumétriques. Ce que l'homme perçoit comme une image matérielle durant sa vie, en passant dans le monde subtil, il le verra différemment. Autrement dit, plus tard, à un stade plus avancé de son développement, il commencera à voir l'énergie, et cessera de percevoir la matière brute.

— **Nous ne verrons que l'énergie ?**

— Oui, uniquement l'énergie, tous ses différents Niveaux.

— **Et si un être s'élève encore plus haut en Niveau de développement, la perception énergétique du monde environnant se transforme-t-elle en perception numérique ?**

— Oui, tout à fait.

— **Dans Votre pensée, pensez-Vous en termes de chiffres ou en impulsions ?**

— Non, en chiffres. Mais Je ne pense ainsi que sur le plan matériel. Cependant, les chiffres sont déjà une forme grossière et primitive pour Moi, car J'ai progressé dans Mon développement vers des couches d'énergies extrêmement subtiles.

— **Qu'y a-t-il au-delà des chiffres ? Par quoi peut-on penser encore plus haut ?**

— Par des particules infiniment petites. Je manipule leur énergie en pénétrant dans chacune d'elles. Vous auriez du mal à comprendre cela, car notre mode de pensée se situe à un autre Niveau. L'homme est ainsi fait qu'il ne peut rien comprendre sans image. Mais Notre pensée fonctionne selon un autre principe, à un Niveau de pensée lumineuse.

Le But du Diable. En quoi est-il libre

Nous avons souhaité en apprendre davantage sur ses véritables intérêts et aspirations, sur Son activité. Il y avait des questions auxquelles Il ne voulait pas répondre, nous devions donc chercher des sujets qui pouvaient Le révéler au maximum.

— Dieu a dit qu'en ce moment, sur Terre, Il guide dix personnes dans leur vie. Et Vous, guidez-Vous quelqu'un ?

— Oui, Je guide. Mais Je n'ai pas de contact direct avec eux.

— S'agit-il de contactés ou de politiciens ?

—Des politiciens. Ce sont des personnes haut placées.

— Pourriez-Vous dire qui ils sont ?

— Je ne le souhaite pas. Ils occupent actuellement de hautes fonctions (1998).

— D'accord, — nous n'avons pas insisté pour savoir ce qu'Il voulait cacher, comprenant que tout ne pouvait être connu des humains, d'autant plus lorsqu'il s'agissait de politique et de noms. Nous avons alors posé une autre question : — Dans quoi trouvez-Vous du plaisir à ce stade de Votre développement ?

— Aucun plaisir, — a-t-Il répondu froidement, en appuyant sur le dernier mot. Puis Il a répété encore :

— Souvenez-vous : aucun. Quels plaisirs pourrais-Je avoir ? Quels plaisirs peut avoir une machine ? — a-t-Il poursuivi Sa réflexion sur Lui-même. — Et à ce stade de Mon développement, Je suis précisément une machine de calcul et d'opérations. Je calcule et Je calcule sans fin. Je n'ai pas de plaisirs, mais J'ai un but que J'atteindrai à coup sûr. Le but est l'essentiel.

— Ce but, est-ce de s'élever plus haut ?

— Oui, atteindre le Niveau suivant. Je voudrais créer mon propre Monde et avoir autant d'âmes que Je le désire. Que toutes soient à Moi. Actuellement, elles ne M'appartiennent pas toutes, la majorité est la propriété de Dieu. Et, par-dessus tout, Je voudrais ne dépendre de personne. Pour l'instant, Je dépends de Dieu, de Ses Systèmes.

— Dites-moi, dans quelles actions n'êtes-Vous pas libre en ce moment ? Ne pouvez-Vous pas, de Votre propre volonté, tuer ou détruire quelqu'un ?

270

— Dans toutes les actions qui concernent la Terre, Je ne suis pas libre. La Terre appartient à Dieu. Ici, tout Lui est soumis. Et Moi, sur Terre, Je sers Dieu sous contrat.

— Mais dans Vos propres Systèmes, êtes-Vous libre ?

— Oui, là-bas, Je suis totalement libre, Je fais ce que Je veux. Et Dieu n'intervient pas dans Ma Hiérarchie.

— Les âmes des planètes ont-elles le libre arbitre, peuvent-elles choisir entre le bien et le mal ?

— Oui, elles l'ont, tout comme chaque être humain. Le programme de développement de la planète inclut la liberté de choix.

— Les âmes des planètes qui choisissent le chemin du mal Vous sont-elles soumises ?

— Tant que leur développement n'a pas été conclu, c'est-à-dire tant que le cycle de perfectionnement n'est pas terminé, la planète ne M'est pas soumise. Mais Je peux exercer une influence négative sur elle, la séduire en quelque sorte, l'inciter à Me rejoindre. Et si une planète tend vers le mal, alors, une fois son cycle de développement achevé, elle devient Mienne.

— Avez-Vous actuellement des âmes de telles planètes ?

— Oui, J'en ai.

— Comment une planète peut-elle faire le mal ?

— Si une planète ne veut pas appartenir à Dieu, elle résiste. Son programme suit son cours, et elle ne peut en aucun cas aller contre lui. Ce programme lui est inaccessible. Mais en revanche, la planète peut se dresser contre la vie qui s'y trouve et commencer à la détruire par tous les moyens à sa disposition — inondations, tremblements de terre, catastrophes diverses.

*   *   *

— La créativité dans Votre Système est-elle développée ?

— C'est Moi qui ai inventé la magie noire, Je l'ai fondée. Ce sont Mes œuvres. La Bible vient du Christ, et la magie noire vient de Moi.

— La magie noire est une science très intéressante, — avons-nous dit en Lui lançant un compliment, d'autant plus que c'était vrai, car elle incarnait la maîtrise de la matière et sa transformation par la pensée et certaines actions rituelles spécifiques.

— Oui, seuls de véritables scientifiques peuvent la comprendre s'ils commencent à l'étudier, — a-t-Il approuvé. — Pour comprendre la magie, il faut de grandes connaissances du monde physique et du monde subtil.

— Dans Votre Système, créez-Vous des mondes comme Dieu, ou bien cela ne Vous est-il pas nécessaire ?

— J'ai des mondes, mais Je ne les crée pas. Je les ai achetés.

— Vous les avez achetés tout faits, comme chez nous les fermiers achètent des terres ?

— Oui… La créativité, ce n'est pas dans Ma nature, alors J'acquiers des mondes.

— Vous les achetez à Dieu ?

—Oui.

— Créez-Vous des formes d'êtres vivants ?

— Oui, J'en crée. Les formes, ce sont en quelque sorte des combinaisons de débuts potentiels. Plus exactement, Je ne sais pas comment créer un début en soi, mais J'utilise des choses « prêtes à l'emploi », comme des progressions toutes faites.

— Utilisez-Vous des enveloppes corporelles ?

— Non, pas des enveloppes, mais des potentiels, qui peuvent être de nature très variée, par exemple, le potentiel d'un simple nombre. Je compose une structure énergétique. Absolument tout peut être différent.

* * *

Chapitre 9
Les mondes inconnus du Diable

LA HIÉRARCHIE DU DIABLE

Dans le chapitre « De la vie personnelle du Diable », nous avons déjà pris connaissance de certains détails sur l'existence du Hiérarque négatif. Mais il est tout aussi intéressant d'en savoir plus sur la structure de Sa Hiérarchie.

Le Diable répond aux questions.

— Le Système négatif s'exprime-t-il à travers Votre Hiérarchie ?

—Oui. J'ai Mes propres mondes, Ma propre Hiérarchie.

— Mais en même temps, Votre Hiérarchie fait partie de la Hiérarchie de Dieu. Comment ces deux hiérarchies se combinent-elles ?

— Oui, elle en fait partie. Plus précisément, elle touche une partie définie de Sa Hiérarchie, — Il montre un schéma à la contactée (Fig. 14).

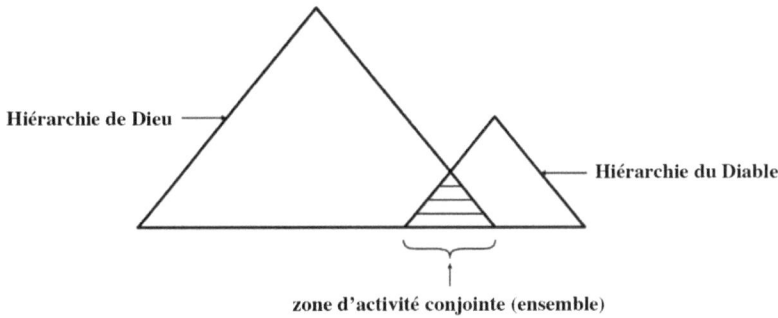

Fig. 14. Activité conjointe (ensemble) des deux Hiérarchies opposées

— Mais s'agit-il d'une branche distincte du développement ?

— Oui, on peut dire qu'elle est distincte.

— Le Hiérarque du Système Médical a-t-Il aussi sa propre Hiérarchie ?

— Oui, chacun a la Sienne. Avec Dieu, Nous travaillons de manière interdépendante, c'est-à-dire qu'Il ne peut pas se passer de Mon travail dans certains cas précis, comme dans votre origine terrestre, et Je ne peux pas Me passer de Ses âmes, plus exactement de la production des âmes.

— Les mondes les plus bas sont-ils également sous Votre autorité ?

— Ils sont sous Mon autorité.

— En quoi les mondes élevés se distinguent-ils des mondes inférieurs dans Votre Hiérarchie ?

— On peut dire qu'ils se distinguent par leur stupidité de comportement. Les mondes inférieurs sont au tout début du développement. Les êtres qui les peuplent sont si primitifs qu'ils accomplissent des actes inconcevables pour la conscience. Ils exercent une influence très négative les uns sur les autres, mais je parle là selon votre point de vue. J'ai Ma propre vision de leur existence. Je dois m'en tenir à vos positions morales dans cette conversation, sinon vous ne Me comprendriez pas.

— Cela signifie donc que Vous contrôlez un contraste aussi frappant entre deux types de mondes : les plus élevés et les plus bas?

— Pourquoi seulement deux ? J'ai beaucoup de mondes. À chaque Niveau de la Hiérarchie, il existe un monde propre, et chacun d'eux vit selon Ses propres Lois.

— La Loi du développement harmonieux est-elle propre à Votre Hiérarchie ?

— Oui, elle l'est.

— Existe-t-il une différence entre les programmes de développement d'une âme dans Votre Système et dans celui de Dieu?

— Il y a beaucoup de différences, mais elles ne résident pas dans les programmes eux-mêmes, mais dans la forme de perfectionnement. Tout d'abord, Nos Systèmes se distinguent par la qualité de leur énergie, leur structure est différente. De plus, les énergies subtiles sont opposées par nature. Et en général, Nous sommes très différents. Il n'y a rien de commun entre Nous. Il n'existe qu'une seule particule identique, qui appartenait originellement à un commencement Unique. Et c'est cette particule unique qui Nous unit à Dieu, mais pour le reste, toute ressemblance est absente. En tout autre aspect, Nous sommes différents, Nos Hiérarchies sont différentes, et les Substances qui Nous sont soumises le sont également.

274

— **Vous ne travaillez pour Dieu que sur Terre ?**

— Je travaille dans tout votre Univers ainsi que dans les trois autres, c'est-à-dire que Je travaille avec Dieu dans les quatre Univers. Nous avons un travail commun. Plus précisément, Lui et Moi gouvernons les mêmes Univers. Nous gouvernons ensemble.

— **Mais dans les trois autres Univers, le travail est-il différent du nôtre, ou est-il similaire ?**

— Il est différent. Chaque Univers a sa propre spécificité de travail.

— **La structure de la matière y est-elle différente ?**

— Non, pas tout à fait. Il y a des variations, mais elles ne sont pas significatives, donc on peut dire que la structure est similaire à celle de votre Univers. Il n'y a pas de changements énormes.

— **Que se passerait-il pour le Grand Organisme du Cosmos si les forces du mal en prenaient complètement le contrôle ?**

— Il passerait alors entièrement à Notre Niveau — le Niveau des énergies négatives.

— **Dans Votre Système ?**

— Oui, il Nous rejoindrait, et tout le développement suivrait une autre voie. Mais en l'état actuel, il appartient à Dieu, et Nous ne sommes acceptés par Lui que comme programmeurs.

— **Les programmes des âmes des humains sur Terre sont-ils élaborés par Vous, ou bien Dieu a-t-Il Ses propres programmeurs ?**

— Pour dire les choses simplement, Nous avons un contrat de travail commun sur Terre. Dieu a aussi Ses propres programmeurs, et ils travaillent avec les Miens, qui sont principalement des représentants des Niveaux inférieurs de Ma Hiérarchie, pour programmer les situations sociales, quotidiennes et autres des humains. Ainsi, les programmeurs appartiennent à la fois à Moi et à Dieu, bien qu'Il ait les Siens et Moi les Miens.

— **Participez-Vous à l'élaboration du programme de la Terre en tant que planète ?**

— Non. C'est une grande âme (en parlant de la Terre)*. Elle appartient à Dieu depuis longtemps, et Ses programmeurs élaborent Ses programmes.

— **Quelles sanctions existent chez Vous pour les erreurs dans l'élaboration des programmes ?**

— Le programmeur, en guise de punition, doit Me céder l'énergie sur laquelle il a fait une erreur de calcul.

— Et de quelle manière se fait cette restitution : ses situations deviennent-elles plus complexes ?

— Oui, les situations deviennent plus complexes pour le programmeur lui-même et, en outre, elles compliquent aussi celles de ceux qu'il guide.

— Le programmeur restitue l'énergie à travers les situations, comme un être humain ?

— Oui, oui.

— Y a-t-il une différence dans la restitution de l'énergie et ses conséquences entre Dieu et Vous ? Par exemple, chez Dieu, plus les âmes donnent d'énergie, plus elles en reçoivent en retour. Il y a une sorte de combustion spontanée. Alors que chez Vous, l'augmentation de l'énergie d'une âme active ne se fait que par absorption d'une nouvelle énergie, c'est-à-dire que si Vous ne pouvez pas absorber l'énergie d'autrui, Vous Vous éteignez. Y a-t-il une telle différence ?

— Pourquoi ? En réalité, ce n'est pas ainsi. L'absorption d'énergie a lieu aussi bien chez Dieu que chez Moi. Chez Dieu, elle provient principalement des situations, mais il y a aussi absorption.

— Dieu possède plusieurs Systèmes négatifs. Tous Vous sont-ils soumis ou existent-ils de manière indépendante ?

— Les Systèmes négatifs sont sous Mon autorité, ce sont Mes systèmes. Mais parmi eux (voir Fig. 15), il y en a aussi qui sont communs, c'est-à-dire neutres. Ils appartiennent à Dieu, mais ils Me sont également soumis.

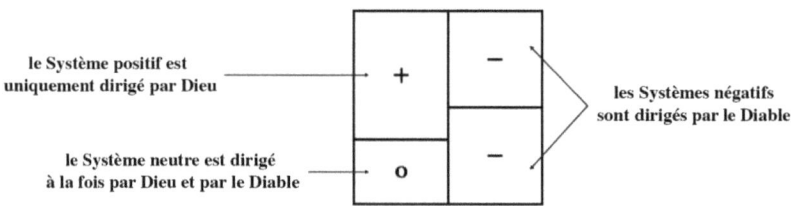

Fig. 15. Composite de Dieu

le Système positif est uniquement dirigé par Dieu

le Système neutre est dirigé à la fois par Dieu et par le Diable

+

−

o

−

les Systèmes négatifs sont dirigés par le Diable

Si l'occasion s'est présentée de clarifier la structure qualitative du monde de Dieu, nous en avons profité cette fois encore, car il était intéressant de découvrir comment le Hiérarque négatif comprend cette construction :

— Si chez Dieu, deux tiers (2/3) sont constitués de Systèmes négatifs et un tiers (1/3) de Systèmes positifs, quelle part occupe dans tout cela le Système neutre ?

— Les neutres représentent un tiers des systèmes négatifs, a-t-Il corrigé.

— Que signifie pour notre Univers un tel rapport de 2/3 de Systèmes négatifs contre 1/3 de Systèmes positifs ?

— C'est ainsi que se structure l'organisme dans lequel nous habitons tous. Mais il existe en lui des Univers entièrement positifs et des Univers entièrement négatifs. Quant aux Univers qui contiennent à la fois du positif et du négatif, ils représentent une sorte de transition. Dans notre Univers, la partie positive constitue le début d'une étape de transition vers un Univers positif, tandis que les 2/3 de volumes négatifs mènent vers des Univers négatifs.

— Que représentent les Univers négatifs ?

— C'est une construction particulière où se déroule une vie constructive spécifique.

— En quoi la vie dans un Univers positif diffère-t-elle de celle dans un Univers négatif ?

— Par l'énergie. Et bien sûr, la vie y est totalement différente. Imaginez deux mondes où existent des êtres entièrement distincts, dotés d'âmes différentes, c'est-à-dire que la composition de leurs âmes est formé d'énergies absolument différentes, et en raison de cette structure, certaines âmes ne produisent que de l'énergie négative, tandis que d'autres ne génèrent que de l'énergie positive.

— Peut-on dire que les Systèmes positifs sont paradisiaques ?

— Non, non, a répondu catégoriquement le Diable. — C'est tout autre chose. Sur Terre, vous avez cette division entre le bien et le mal. Mais en réalité, dans la Création, il n'en est pas ainsi, et il n'y a pas de Paradis.

— Communiquez-Vous avec les Hiérarques des autres Univers, ceux qui sont adjacents à nos quatre Univers ?

— Oui, Je communique avec ceux qui sont proches, mais Je ne peux pas atteindre les plus lointains — Ma puissance n'est pas suffisante pour cela. Ainsi, selon la puissance disponible, les Hiérarques communiquent entre eux, mais uniquement pour des raisons professionnelles. Nous n'avons pas d'échanges inutiles.

— Sur quels sujets communiquez-Vous ?

— Principalement pour coordonner les questions communes. En principe, Notre vie est similaire à ce qu'elle serait si Nous vivions sur une même Terre, mais à une échelle bien plus vaste. Nous menons une vie ordinaire, avec du travail et des échanges. Mais tout est proportionné à Nos moyens et doit être justifié économiquement.

— Existe-t-il des personnalités qui ne se soumettent pas à la structure hiérarchique ?

— De telles personnalités finissent simplement par se désagréger (dégrader), s'auto-annuler. Leur nature est dominée par le chaos, et c'est pourquoi elles se détruisent. Celles qui souhaitent exister et progresser doivent se soumettre aux lois universelles.

— Pour quelles raisons peuvent-elles être exclues de la Hiérarchie ?

— Pour non-respect des lois de l'existence.

— Et peuvent-elles en être exclues pour avoir refusé de se soumettre à Dieu ou à Vous ?

—Oui. Et pas seulement pour refus de soumission. Elles violent toutes les lois de l'existence. Mais actuellement, il n'existe pratiquement plus de telles personnalités, car toutes savent ce qui les attend en cas de violations. Il existe un monde du Chaos distinct, où règnent des lois différentes de celles de la Hiérarchie.

Les chemins qui mènent au Diable

L'homme doit bien connaître les chemins, et par conséquent, les actions, pensées et actes qui mènent au Diable. Mais que dira à ce sujet le Prince des Ténèbres Lui-même ? Passons au dialogue avec Lui.

Les questions sont adressées au Diable.

— Pour qu'un homme s'élève vers Dieu, il doit franchir cent Niveaux de développement, cent étapes. Mais pour s'élever dans

Votre Hiérarchie, doit-il également gravir plusieurs dizaines de degrés ?

— Bien sûr.

— Ou peut-être suffit-il de commettre un seul crime pour entrer immédiatement dans Votre Système ?

— En plus de commettre un crime, l'âme de l'homme doit désirer Me rencontrer, c'est-à-dire travailler pour Moi ou Me vendre quelque chose en échange. Et cela, l'homme doit en avoir une connaissance certaine, il doit être pleinement conscient de ses aspirations profondes. Si son désir de travailler pour Moi est solidement ancré en lui, alors Je l'accepterai. Mais, bien sûr, l'opinion de Dieu compte aussi : Lui accordera-t-Il sa liberté ? J'ai le droit d'accepter une âme seulement si Dieu la libère. Mais si une personne tue aveuglément tout en croyant en Dieu, alors ce qu'elle a commis se transformera en son propre karma, qu'elle devra expier auprès de Dieu, et elle ne viendra pas à Moi.

Nous avons également décidé d'éclaircir avec Dieu qui peut aller vers le Diable et pour quelle raison.

Les questions sont adressées à Dieu.

— Pour parvenir jusqu'au Diable, faut-il passer par certains Niveaux de développement ?

— Pour entrer dans Sa Hiérarchie proprement dite, bien sûr, l'âme doit posséder un haut degré de développement. Mais toute âme peut simplement se retrouver dans l'un de Ses mondes inférieurs, il lui suffit de Lui donner son consentement. Pour le Diable, chaque petite âme est précieuse. Cependant, les individus peu développés n'entrent pas dans Sa Hiérarchie, mais dans Ses mondes inférieurs, où les conditions d'existence sont totalement différentes, et ils y restent jusqu'à ce qu'ils atteignent le Niveau de développement requis. D'ailleurs, répondez-Moi : pourquoi toute âme, aussi insignifiante soit-elle, est-elle précieuse aux yeux du Diable ? — a demandé Dieu en s'adressant à nous.

— Parce qu'Il ne peut pas les créer Lui-même. Il ne possède pas le processus de spiritualisation.

— Exact. Et Son propre progrès dépend du nombre d'âmes qui Lui appartiennent. C'est pourquoi Il cherche à corrompre le plus d'âmes possible et invente sans cesse de nouveaux moyens pour y parvenir. Mais d'un autre côté, les âmes qui résistent à Ses méthodes de corruption développent un puissant énergopotentiel. Or, Moi, J'ai besoin d'âmes fortes et pures, capables de rejeter toutes les tentations.

Les questions sont adressées au Diable.

— Vous construisez Vos programmes sans offrir de choix dans les voies de développement, tandis que Dieu le fait avec une possibilité de choix. Y a-t-il une autre différence entre Vos programmes ?

— Il y a de nombreuses différences. Un programme est, en d'autres termes, un chemin de perfectionnement de l'âme. Il ne faut donc pas parler des programmes, mais plutôt du fait que Nos principes mêmes d'évolution des âmes sont différents. Tout d'abord, Nos énergies sont totalement distinctes, et donc, la structure même des âmes et leur composition sont différentes. Il est difficile de vous expliquer quelque chose que vous ne pouvez pas concevoir. Bien que Dieu et Moi travaillions avec des énergies subtiles, elles sont incomparables en termes de qualité. Et en général, Nous sommes très différents. Il n'y a rien de semblable entre Nous.

* * *

Beaucoup de choses sur le Diable ont été apprises en interrogeant Dieu à son sujet. La comparaison permettait de mieux percevoir certaines vérités, c'est pourquoi les caractéristiques suivantes du Diable ont été données par Dieu.

Dieu répond aux questions.

— Lorsque le Diable conçoit de nouveaux programmes pour les humains, sur quoi se base-t-Il ? Nous savons que Vous prenez comme fondement le perfectionnement. Et Lui, que prend-Il comme base ?

— Lui aussi prend le perfectionnement. Mais la différence réside dans l'obtention d'énergies d'une autre nature. Le Diable élabore pour ses disciples des situations qui génèrent pour Lui l'énergie nécessaire, une énergie « noire ». Le perfectionnement peut avoir lieu, mais dans des directions opposées.

— Cela signifie donc que différentes situations produisent des énergies de qualités différentes ?

— Bien sûr. Cela, vous le savez depuis longtemps.

— **Peut-on contraindre n'importe quelle personne à produire différentes énergies ?**

— On ne peut pas contraindre, car il existe le libre arbitre.

— **En quoi consiste aujourd'hui le service que l'homme rend au Diable ?**

— L'homme ne sert pas le Diable, mais il se trouve parfois sous Son influence. On peut dire que toute personne qui s'est déchue est déjà sous le contrôle du Diable.

— **Les sectes satanistes Le servent-elles ?**

— Les sectes, c'est une évidence. Certains y entrent de leur propre volonté, d'autres sous l'influence de quelqu'un.

— **Et tous ceux qui appartiennent à de telles sectes sont sous le contrôle du Système négatif ?**

— Oui.

— **Selon la Bible, 666 est le nombre de la Bête. Cela correspond-il au type d'âmes terrestres qui évoluent en passant par le stade animal ?**

— Non, pas nécessairement. 666 est le nombre du Diable.

— **Quelles sont les caractéristiques des personnes portant ce nombre ?**

— Ce sont Ses âmes, dotées d'un ensemble spécifique d'énergies dans leur matrice. Il se trouve que sur Terre, il y a des âmes qui M'appartiennent, mais il y a aussi des représentants de Son Système négatif, et Il les marque avec ce nombre.

— **Peut-on les distinguer des autres humains sur Terre ?**

— Seulement par leurs actes, leur comportement.

— **Leur est-il propre d'être agressifs, cruels, malveillants ?**

— Pas nécessairement. Ils peuvent être doux en apparence, penser une chose et en dire une autre. Ils savent facilement entrer en contact avec les autres et établir des relations profitables pour eux. Ils possèdent cette capacité. Et en même temps, grâce aux relations, ils parviennent à conquérir d'autres âmes.

— **Dans la Bible, il est dit que ce nombre sera marqué sur le front ou sur la main de la personne. Est-ce vrai ?**

— Oui, c'est vrai. Mais les signes qu'Il appose sont sur le plan subtil, c'est-à-dire sur les structures subtiles de l'homme. Ils ne peuvent être vus qu'avec le troisième œil. Mais Moi aussi, Je mets des signes sur les personnes qui Me sont particulièrement dévouées. Ainsi, certains portent Ses marques, et d'autres portent les Miennes.

— La Bible dit que ceux qui auront ces signes sur la main ou le front auront le droit de commercer. Pourquoi ces personnes reçoivent-elles ce droit ?

— Ceux qui portent les signes du Diable appartiennent au Système négatif, ce sont Ses gens. Et Lui a Ses propres plans. Il faut bien que certains accomplissent les processus d'échange, alors Il sélectionne les candidats nécessaires et leur attribue les programmes appropriés. Ces signes particuliers aident à distinguer ces personnes des autres et permettent de mieux les diriger dans la direction souhaitée. Mais tous les commerçants ne portent pas les marques du Diable. Il y a aussi beaucoup de Mes gens dans le commerce. Pour eux, cette activité est simplement une nécessité de la vie, un moyen de subsistance et, bien sûr, une épreuve pour tester leurs qualités humaines.

— Qui contrôle les animaux sur Terre ? Votre Système ?

— Les insectes et les animaux sauvages sont sous le contrôle du Système du Diable. Plus précisément, il existe ici une distinction. Les animaux qui possèdent une intelligence propre, qui sont capables de prendre des décisions et de faire des choix, sont dirigés à moitié par Mes Déterminants et à moitié par ceux du Diable. Bien entendu, toutes les espèces agressives Lui appartiennent. Les animaux sauvages et agressifs n'ont pas de libre arbitre, ils suivent des programmes strictement définis par le Diable. Leur programme est rapide, ce qui signifie qu'ils atteignent rapidement l'objectif qui leur est fixé. Ils suivent rigoureusement leur programme. Mais les animaux qui sont sous la tutelle de Mes Déterminants reçoivent déjà de Moi la liberté de choix, et des éléments de créativité sont intégrés dans leur programme. De nombreux animaux participent aux spectacles de cirque et se prêtent bien au dressage.

Le Développement des âmes dans le Système du Diable

Le Diable répond aux questions.

— Sur quoi repose le développement de l'âme dans votre Hiérarchie ? Programmez-Vous des situations complexes que l'âme doit résoudre ?

— Dans Ma Hiérarchie, le développement des âmes repose sur l'élaboration de programmes stricts et rigides.

— Plus stricts que ceux qui existent sur Terre ?

— Ce n'est absolument pas la même chose que ce que vous avez sur Terre, — Son intonation a exprimé un mécontentement face à notre audace de comparer des choses incomparables : le Supérieur avec l'inférieur.

— Comment pouvons-nous l'imaginer ? - avons-nous insisté humblement.

Et Lui, pris de compréhension, nous a accordé une explication détaillée :

— Les âmes qui évoluent dans Ma Hiérarchie sont presque comme des robots. Un robot exécute son travail strictement selon un programme, sans rien y ajouter de lui-même. De la même manière, les âmes sous Mon autorité accomplissent leur tâche comme des robots, uniquement selon le programme. Le travail programmé est extrêmement rigoureux : aucune déviation, aucune liberté de choix dans la vie. Un seul programme strict et rigide, — Il a répété cette idée pour en souligner l'essence, puis a poursuivi : — C'est précisément pour cette raison que l'âme évolue plus rapidement. En raison de l'absence de liberté de choix, l'âme dans Mon Système atteint son objectif plus vite.

Tandis que chez Dieu, il y a le choix. Dieu accorde aux âmes le droit de choisir, et c'est pourquoi leur développement suit un chemin plus long, revenant parfois en arrière, car en général, les âmes choisissent non pas ce qui est nécessaire à leur progression, mais ce qui leur plaît. Moi, Je ne leur accorde pas ce droit. Elles sont entièrement soumises à Ma Volonté. Mais l'absence de liberté de choix dans Mes programmes est compensée par une accélération du développement de la personnalité.

— Votre Hiérarchie comporte des Niveaux, tout comme celle de Dieu. En lien avec cela, sur quelle base se fait le passage d'une âme d'un Niveau à un autre dans Votre Hiérarchie ? S'agit-il simplement d'accomplir certains programmes ?

— Oui, simplement… Bien que ce ne soit pas si simple, — a-t-Il prononcé avec une sombre réflexion. — L'âme doit accomplir un certain nombre de programmes pour passer à un Niveau supérieur.

— Toutes les Substances doivent-elles passer par le même nombre de programmes pour cela ?

— Chaque âme suit son propre parcours, car il y a des âmes plus douées et d'autres moins.

Dieu répond aux questions.

— Si une âme évolue selon un programme où la liberté de choix est absente, alors une telle âme a-t-elle besoin d'intuition ? Car, à mesure qu'elle se perfectionne, elle devrait normalement se développer en tant que personnalité.

— Vous voulez demander si une âme appartenant au Diable est guidée par l'intuition ? — a rectifié Dieu.

— Oui, — avons-nous acquiescé.

— En règle générale, les âmes qui appartiennent au Diable ne possèdent pas d'intuition, car elles agissent comme des robots.

— Par conséquent, l'intuition ne se développe qu'au fur et à mesure de l'évolution des âmes qui Vous appartiennent ?

— Oui. Toutefois, pour être plus précis, chez les âmes du Diable, l'intuition se développe également à partir d'un certain Niveau de la Hiérarchie, car un développement élevé, d'une manière ou d'une autre, inclut une telle qualité dans la structure de la Substance. Elles finissent par acquérir l'intuition, mais elles ne l'utilisent pas, car elles suivent strictement leur programme. Ainsi, un individu n'activera et n'emploiera son intuition que si ce moment précis est intégré dans son programme. Mais cela concerne principalement des Personnalités très Élevées, dont toutes les enveloppes ont atteint un certain degré de développement. Sans la construction intérieure requise, l'intuition ne peut pas s'épanouir. Et si l'individu s'est structuré en conséquence et que cette qualité est opérationnelle dans son programme pour certains objectifs, alors le programme inclura des situations où l'intuition pourra être utilisée. Cependant, cela reste rare.

Les âmes dans les Systèmes de Dieu et du Diable

Dieu répond aux questions.

— Quelle est la signification de la paresse dans la vie d'une personne ? Lui est-elle donnée ou bien est-ce une qualité qui se développe au fil des vies ?

— Une certaine partie de cette qualité est généralement intégrée dans le programme afin que la personne apprenne à lutter contre elle, à se battre pour son propre développement. Et au cours de sa vie, elle peut soit augmenter cette qualité, soit l'éliminer complètement.

— **La paresse est-elle donnée uniquement pour cette raison ou pour d'autres objectifs encore ?**

— Dans Mon Système, elle est donnée uniquement pour la lutte. Mais il existe aussi d'autres individus sur Terre, qui ne sont pas les Miens, mais ceux du Diable, et chez eux, la paresse joue son propre rôle. Chez Mes gens, la paresse occupe une place minime dans leur caractère, et ils sont tous travailleurs et créatifs. Mais le Diable donne la paresse à certains de Ses gens pour que les autres travaillent pour eux.

— **Mais énergétiquement, cela crée-t-il une forme de dépendance ?**

— Une dépendance existe, et elle est considérable. C'est pourquoi Nous coopérons avec Lui sur Terre, en développant cette qualité d'énergie dont Lui et Moi avons besoin en quantité suffisante. Là-Haut, chez Nous, la paresse est totalement absente. Cette qualité est propre uniquement aux humains jusqu'à un certain Niveau de développement.

— **Comment cette dépendance s'exprime-t-elle sur le plan énergétique ?**

— Prenons un exemple. Supposons qu'une personne occupant un poste donné soit paresseuse. Elle-même ne travaille pas, mais ses subordonnés travaillent pour elle, et entre eux s'établit un certain échange d'énergie : par sa position, elle exerce une forte pression morale sur eux, ce qui génère en son âme des énergies caractéristiques du monde du Diable. Quant à ses subordonnés, leur âme produit des énergies d'une toute autre nature, car ils sont mus par un sentiment de devoir, d'obéissance et le désir de lui apporter ce dont elle a besoin. Il se produit ainsi un échange énergétique entre eux. Les employés de ce dirigeant transforment les énergies dures de la pression en énergies d'une nature totalement différente propre à leur âme. Mais le dirigeant, par sa position, peut leur prendre ce qui lui est nécessaire. Même en réprimandant un subordonné, il lui prend de l'énergie.

— **Mais ensuite, dans d'autres vies, ce dirigeant doit-il rembourser cette énergie ?**

— Ce sont des gens du Diable. Ils n'ont pas de karma, ils ne remboursent rien mais réagissent selon leur programme. Cependant, en même temps, ils permettent à Mes gens de développer en eux les qualités qui Me sont nécessaires. Si Mes gens développent la paresse, ils deviennent des êtres disharmonieux, et alors, ils empruntent la voie de l'anti-progrès.

—**Vos âmes sont trinitaires. Mais lorsqu'une âme passe au Diable, devient-elle binaire ? Après tout, dans Sa Hiérarchie, il n'y a que des énergies négatives. La partie positive de l'âme disparaît-elle?**

— L'âme reste trinitaire même chez le Diable, car c'est Moi qui l'ai construite. Et J'ai construit la trinité, personne ni rien ne peut la modifier. Seule la proportion d'énergies positives et négatives accumulées change. Dans la Hiérarchie du Diable, la partie positive diminue et la partie négative augmente. Si, dans Ma Hiérarchie positive, la partie négative diminue grâce au perfectionnement dans le bien, elle ne peut se réduire qu'à un pour cent du volume total de l'âme (Fig. 16, variante 1). Un pour cent du volume total de l'âme. Tandis que dans le Système du Diable, la partie positive de l'âme se réduit également à un pour cent (variante 2).

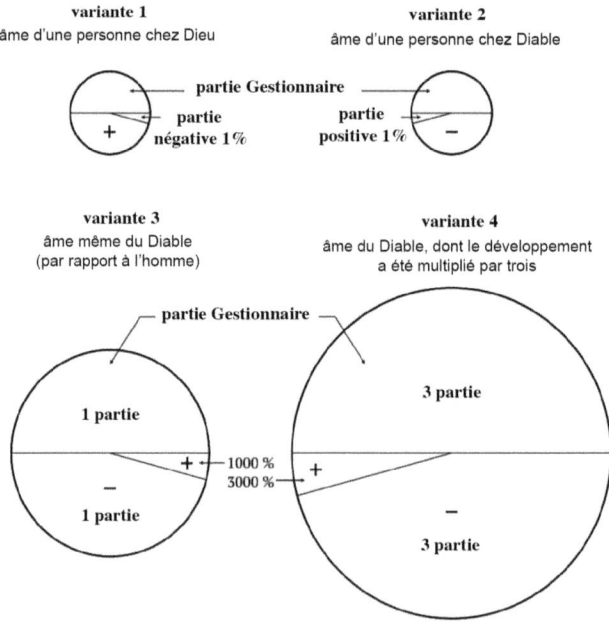

Fig. 16. Comparaison des âmes positives et négatives dans le processus de développement

C'est la quantité minimale à laquelle chaque partie peut être réduite, mais ce pourcentage est toujours calculé à partir du volume total que l'âme a atteint au moment présent. L'âme évolue, et toutes ses parties croissent en proportion. Ainsi, un pour cent de l'âme dans sa deuxième vie sera plus grand qu'un pour cent de cette même âme dans sa première vie. Cependant, un pour cent du volume total de l'âme reste constant. Et dans mille vies, un pour cent reste un pour cent, mais appliqué à un volume beaucoup plus important. Si l'on compare l'âme d'un être humain et celle du Diable, alors chez l'homme, la part minimale de l'âme est d'un pour cent, tandis que chez le Diable, cette partie minimale est mille fois plus grande en comparaison avec l'homme (variante 3). Mais ce n'est qu'un exemple, en réalité, chez Lui, cette partie est bien plus importante.

La partie positive minimale chez Lui ne peut se réduire qu'à mille pour cent. Mais si la partie positive de Son âme triple (variante 4), alors la partie négative triple également. Et dans les mêmes proportions, Sa partie de Gestion croît aussi, car la puissance des deux opposés se développe de manière égale.

C'est maintenant le Diable qui répond aux questions.

— Y a-t-il beaucoup de personnes sur Terre dont les Déterminants appartiennent à Votre Système ?

—Oui. Nous dirigeons certains politiciens et directeurs de grandes entreprises dans absolument tous les pays. Chez vous, tout fonctionne du haut vers le bas. Quant aux gens ordinaires, les ouvriers et autres producteurs, ils ne sont pas les Miens.

— Pourquoi Vous est-il permis de gouverner des personnalités aussi développées ?

— Nous ne guidons que les hautes personnalités qui, par leur type de caractère et donc par leur âme, conviennent à Notre Système. Cependant, bien sûr, nous ne dirigeons pas les hauts responsables qui appartiennent à Dieu, mais nous les provoquons.

— Et les âmes jeunes, encore immatures, qui n'ont eu le temps de faire ni le bien ni le mal, sont-elles dirigées par les Déterminants de Dieu ?

— Oui, les jeunes âmes sont sous Son autorité. Car c'est Dieu Lui-même qui crée toutes les âmes, c'est Son Système qui produit les nouvelles âmes. Je sais comment elles sont fabriquées, Je connais tout le processus technologique, mais Je n'ai pas le pouvoir de les spiritualiser.

Je ne possède pas l'énergie de spiritualisation. Même si Je voulais acheter cette énergie, on ne Me la vendrait pas, car elle appartient à Dieu, et Il n'a aucun projet de la vendre.

— **Le fait de ne pas posséder cette énergie Vous rend-Il dépendant de Dieu ?**

— Oui, c'est la raison principale de Ma dépendance envers Lui.

— **Qui produit directement les âmes ?**

— C'est un Système spécial sous la direction de Dieu.

— **Ce Système produit-il aussi des âmes pour Vous ?**

— Non, pas pour Ma Hiérarchie. Dieu produit tout pour Lui-même. Moi, Je reçois de Lui les âmes dont Il ne veut pas, c'est-à-dire les âmes défectueuses, destinées à être détruites. La sélection des âmes a lieu après leur passage sur le plan terrestre, une fois qu'un individu a accompli son parcours et acquis certaines qualités. Ensuite, Nous observons dans quelle direction l'âme a accumulé le plus de qualités : vers Moi ou vers Dieu. Ainsi, certaines âmes retournent à Dieu, tandis que d'autres, qu'Il ne réintègre pas dans le cycle karmique, Me sont transférées avec Son consentement.

— **Sans l'accord de Dieu, Vous ne pouvez prendre aucune âme?**

— Non. En cela, je dépends totalement de Lui.

— **Quel est votre objectif ultime ?**

— Outre Ma volonté d'atteindre le Niveau suivant, Mon but est de découvrir comment fabriquer des âmes pour bâtir Mon propre Monde.

Mon deuxième objectif est : Je veux également posséder autant d'âmes que Je le désire. Mais surtout, Je veux ne dépendre de personne. Et, actuellement, Je dépends entièrement de Dieu et de Ses Systèmes.

— **Dieu fait grandir les âmes sur Terre. Elles y passent une école de la vie, accumulant des énergies d'une certaine qualité. Et lorsqu'elles atteignent leur maturité, que leur arrive-t-il ensuite ?**

— Les âmes sont envoyées sur Terre principalement par lots pour une période déterminée, par exemple deux mille ans. Durant cette période, elles s'incarnent et se réincarnent, acquérant les qualités requises. Et à la fin de cette période, comme c'est le cas actuellement, a lieu un tri des âmes selon les résultats qu'elles ont atteints. Dieu est le premier à prendre les âmes, sélectionnant les meilleures pour Lui-même, tandis que celles qui ne Lui conviennent pas sont soit décodées, soit transférées à Moi. Il est vrai qu'une partie des âmes est également envoyée dans le Système Médical, mais cela concerne principalement les âmes des professionnels de santé qualifiés et de ceux qui aiment aider les autres. La répartition se fait principalement de cette manière.

* * *

Concernant l'appropriation des âmes par le Diable, nous avons décidé de demander quelques précisions à Dieu.

Dieu répond aux questions.

— Le Diable peut-il prendre secrètement Vos âmes pour lui ?

— Non. Elles sont toutes sous un contrôle strict. Et chaque âme est sous la surveillance des Déterminants. Le Diable travaille avec Moi, il n'a donc pas le droit d'enfreindre Mes Lois. À cet égard, Il possède une autre conscience que les humains. Nous sommes des Supérieurs. Chez Nous, même parmi les Personnalités négatives, le Niveau de conscience est différent. Mais à l'heure actuelle, un grand nombre d'âmes passe au Diable. Un très grand nombre. En ce moment, on peut dire qu'Il est en état de grâce, en plein progrès grâce aux âmes, car il y a énormément d'âmes défectueuses. Le chaos et la liberté laissée aux personnes permettent de révéler toutes les âmes défectueuses dont Je n'ai pas besoin, et Je suis contraint d'en décoder une partie et d'en céder une autre au Diable. Mais Je ne les Lui donne pas gratuitement. Il Me compense la perte des âmes par une énergie correspondante dont J'ai besoin, ou bien par l'énergie qui a été dépensée pour la production et le développement de cette âme.

— Vos ennemis peuvent-ils Vous voler des âmes ?

— Ils le peuvent. Un Système qui ne M'appartient pas en est capable. Il existe de telles choses dans le Cosmos.

— Le Diable peut-il attaquer d'autres Hiérarchies et conquérir des Substances dans d'autres mondes pour Lui-même ?

— Il le peut, mais seulement dans des Hiérarchies situées au-delà de Mes Univers. Il en a le droit. Mais, Il comprend Lui-même ce qui Lui est avantageux et ce qui ne l'est pas. Toute guerre et toute conquête d'âmes ne sont pas nécessairement bénéfiques. Il sait parfaitement ce qu'Il risque de perdre. Le risque est très élevé. Il se peut que le gain soit bien inférieur aux pertes qu'Il pourrait subir Lui-même. Ainsi, parfois, l'abstention est plus sage que de nombreux plans théoriques. En effet, si le Diable venait à subir de lourdes pertes dans cette guerre, alors Moi aussi, Je pourrais être détruit sans Lui, car il existe entre Nous une certaine dépendance énergétique qui se manifeste dans Nos interactions. Ses pertes pourraient entraîner Notre effondrement à tous les deux. Aucun gain ne saurait compenser les pertes que Nous pourrions endurer ensemble. Mais comme Il est un fin calculateur et qu'Il comprend quelles peuvent être les conséquences, Il ne tente rien et préfère évoluer lentement mais sûrement. Le Diable agrandit Ses possessions en se développant Lui-même, c'est-à-dire qu'Il progresse avec Moi, et la voie du développement est le moyen le plus sûr d'étendre Ses territoires – lentement, mais sans échec. Bien sûr, Je Le surveille et Je Le mets en garde contre les invasions de territoires étrangers. Il est toujours nécessaire de Le contrôler et de L'instruire. Mais, comme Je l'ai déjà dit, Il est obéissant, c'est dans Sa nature. Des actions imprudentes de Sa part pourraient causer Notre perte à tous les deux. C'est pourquoi toutes Nos actions sont coordonnées.

* * *

Nous avons poursuivi notre conversation avec le Diable.

Le Diable répond aux questions.

— Lors d'un de nos contacts, vous avez mentionné qu'à la suite des guerres entre les Systèmes Cosmiques, des âmes sont capturées comme des esclaves. Pourquoi Dieu ne peut-Il pas interdire l'asservissement des âmes qui Lui appartiennent ?

— Son pouvoir s'étend uniquement sur quatre Univers, tandis qu'il en existe de nombreux autres à proximité des Nôtres. Et ce sont justement des Systèmes issus d'Univers qui ne sont pas soumis à Dieu qui se font la guerre. Ils vivent selon leurs propres Lois. Mais Dieu a le droit de leur reprendre ces âmes. Ou bien, lorsque nos relations sont normales, Nous passons des accords : c'est-à-dire que si Dieu souhaite M'acheter des âmes ou en acquérir auprès d'un autre Système, Il les paie en énergie. De même, si Je veux acheter des âmes d'une certaine qualité auprès de Lui ou d'un autre Système, avec leur consentement, Je les paie également en énergie. L'énergie transférée doit être équivalente à l'énergie constituant l'âme, ou bien être une énergie dont Dieu ou le Système a besoin à ce moment précis et qu'ils n'ont pas.

— **Si Dieu achète Vos âmes, les rééduque-t-Il ?**

— Bien sûr. Mais la rééducation est très difficile.

— **Cette rééducation s'effectue-t-elle par reprogrammation et par l'envoi des âmes dans le monde matériel ?**

— Oui. En général, la rééducation se fait sur Terre, bien qu'elle puisse aussi avoir lieu dans d'autres mondes physiques.

— **Les âmes capturées sont-elles retardées dans leur développement ?**

— Un arrêt temporaire a bien lieu, car après leur capture, elles sont reprogrammées en reliant deux programmes, l'ancien et le nouveau. C'est pourquoi ces âmes restent longtemps dans un état indéterminé. Elles se retrouvent sur le plan subtil, en suspens, inactives. Mais elles bénéficient obligatoirement d'une réhabilitation qui leur permet de prendre conscience de leur situation actuelle et d'intégrer le nouveau programme. Elles commencent alors à comprendre qui elles étaient auparavant et ce qui les attend dans un avenir proche. Après un certain temps, elles finissent même par y prendre goût, car elles entrent dans le nouveau programme au Niveau de la conscience. Ensuite, elles sont envoyées dans le monde physique.

— **Ont-elles le droit de choisir ?**

— Oui. Chez Dieu, le droit de choisir est constamment préservé. Quant à Moi, si Je veux conquérir quelqu'un, Je l'attire en lui offrant des cadeaux somptueux. Et s'il résiste longtemps, Je l'attire avec des cadeaux encore plus grands. Il ne prend pas le peu, il convoitera le beaucoup.

— **Vous achetez donc les âmes ?**

— Oui, Je les achète, — a-t-Il confirmé avec une satisfaction évidente. — La conquête des âmes se fait aussi de cette manière. Je préfère une conquête pacifique. Mais en réalité, J'utilise tous les moyens.

Dieu répond aux questions.

— **Si le Diable prend l'âme d'un humain, et que cette âme contient des énergies positives, les purifie-t-Il ?**

— Non, Il ne les purifie pas. Une âme doit contenir des énergies positives aussi. Si la Substance est venue à Lui de son plein gré, alors elle perd déjà sa liberté de choix dans les situations, et le Diable programme son existence selon un schéma rigide. Et puisqu'il n'y a plus de libre arbitre, la Substance commence à remplir la seconde moitié de son âme avec des énergies négatives plus rapidement. Dès lors, elle n'a plus besoin d'acquérir des qualités positives, car elles ont déjà été engrangées. Elle est venue au Diable avec ces qualités, car lorsqu'elle était avec Moi, Je l'obligeais à accumuler ces énergies positives.

Il en résulte que, pour poursuivre son développement, elle doit désormais accumuler uniquement des énergies d'un seul type – négatif. Cela accélère donc sa progression. C'est pourquoi le Diable a tout intérêt à prendre des âmes qui possèdent déjà des qualités positives. Mais l'accumulation d'énergies négatives et l'accélération qui en découle ne se poursuivent que jusqu'à un certain Niveau. Ensuite, il devient à nouveau nécessaire d'accumuler des énergies positives. L'équilibre de l'âme doit être maintenu, mais les proportions varient selon chaque Niveau. Ainsi, à un certain moment, l'âme manque d'énergies positives accumulées chez Moi pour maintenir son équilibre. Le Diable programme alors leur acquisition jusqu'à atteindre la quantité requise.

— **Comment l'âme acquiert-elle des qualités positives dans la Hiérarchie du Diable ?**

— En exécutant le programme, en s'efforçant d'accomplir au mieux la tâche assignée, par la discipline. Le monde négatif ne peut pas se développer sans le positif, c'est pourquoi à chaque Niveau, il existe des subtilités propres à l'acquisition de certaines qualités. Toute âme évoluant dans le Système du Diable est obligée d'accumuler non seulement des énergies négatives, mais aussi des énergies positives, bien que ces dernières ne doivent jamais dépasser les premières en quantité. Et si une âme parvient au Diable avec des qualités positives, cela Lui est très profitable. Vous avez compris pourquoi ?

— **Oui. Dans ce cas, elle devra accumuler davantage d'énergie négative pour compenser ses énergies positives, — avons-nous répondu.**

— Exactement. Il s'agit bien de compensation. Et une telle âme accumulera l'énergie négative plus rapidement, car cela est favorisé par l'automatisme et l'absence de choix.

— **Selon quels critères le Diable sélectionne-t-Il les meurtriers pour la Terre ? Sur quelle base, par exemple, choisit-Il les maniaques (tueurs en série) ?**

— Il observe les qualités requises par l'âme de Son subordonné. C'est uniquement sur cette base. Toute âme peut devenir un maniaque chez Lui, mais Il vérifie quelles énergies lui manquent, c'est-à-dire qu'Il se base sur les principes du développement dans Son Système.

— Peut-il arriver qu'une âme éprouve une aversion à tuer et refuse de le faire ?

— Il ne tient pas compte des désirs. Dans Sa Hiérarchie, la Substance devient un robot. C'est pourquoi, s'Il l'envoie tuer sur Terre, elle le fait à un niveau robotisé. Cependant, le programme de robotisation ne fonctionne chez Lui que jusqu'au milieu de la Hiérarchie. Une fois que la Substance atteint ce point, elle commence à tout comprendre par elle-même, et la robotisation disparaît progressivement. Mais elle ne se dissipe pas immédiatement : d'abord, la Substance prend conscience à un pour cent, puis, à un Niveau plus élevé, la prise de conscience passe à deux pour cent, et ainsi de suite. La robotisation disparaît complètement seulement à la fin de la pyramide, à son sommet. Mais à partir de la moitié de la Hiérarchie, la conscience commence à se développer de manière autonome, formant sa propre base.

Tout cela est fait pour éviter qu'aux premiers stades de son séjour dans la Hiérarchie du Diable, la Substance ne retourne pas vers Moi, qu'elle ne développe pas l'envie de revenir. Et après avoir atteint la moitié de la pyramide, elle ne voudra plus revenir d'elle-même, car elle aura accumulé en elle trop de qualités et d'énergies qui transforment radicalement son essence. Elle comprendra alors qu'il vaut mieux pour elle rester avec le Diable. Une telle âme commence à apprécier la rapidité du développement et tout le reste dans Sa Hiérarchie.

— Quelles relations existent entre les Substances dans la Hiérarchie du Diable : sont-elles négatives ou fondées sur la coopération ?

— Elles coexistent simplement en raison de circonstances établies.

— Se tolèrent-elles les unes les autres ?

— Non, elles ne se tolèrent pas. Elles vivent dans leur Hiérarchie, dans leurs mondes, et elles s'y sentent parfaitement bien, car ces mondes correspondent aux qualités des énergies accumulées par leurs âmes. Ces âmes ont besoin de conditions rigides (difficiles).

— Les Substances de la Hiérarchie du Diable peuvent-elles se nuire entre elles, les plus fortes oppriment les plus faibles ou les tourmentent ?

— Elles le peuvent, si le Diable le veut. Autrement dit, s'Il a besoin d'obtenir certaines qualités de Ses propres Substances, Il met en place des situations appropriées avec Ses méthodes.

— Et si quelque chose se déroule de manière anormale dans leurs mondes, les Substances peuvent-elles s'anéantir mutuellement?

— Si c'est une Hiérarchie, de telles relations ne peuvent pas y exister. Cela concerne uniquement les Niveaux inférieurs. Tout ce qui dépasse les limites des relations normales n'est pas admis dans la Hiérarchie. Une Hiérarchie est une structure unie, fondée sur l'application de Lois spécifiques que personne n'a le droit de violer, sous peine d'être expulsé. De plus, les Substances qui n'ont pas atteint le Niveau de conscience requis ne sont pas admises dans la Hiérarchie. Celles qui ne correspondent pas aux normes établies continuent leur développement dans les mondes inférieurs du Diable, situés en dehors de la Hiérarchie. Un certain Niveau de conscience dicte à la Substance, depuis sa matrice intérieure, les normes de comportement correspondantes, et la Personnalité ne peut plus agir autrement. Il est incorrect de comparer le comportement des Substances Supérieures, qu'elles soient positives ou négatives, à celui des individus inférieurs situés en dehors des Hiérarchies.

Si, cependant, pour une raison ou une autre, une Substance du Diable développe un comportement qui ne correspond pas aux normes générales, elle est rétrogradée d'un niveau, voire tout un palier de la Hiérarchie est abaissé, y compris tous ceux qui l'occupent. Les Lois Hiérarchiques interdisent les relations non réglementées.

— Les relations entre Votre Hiérarchie et la Hiérarchie du Diable sont-elles différentes ?

— Bien sûr qu'elles diffèrent. La différence est aussi marquée que celle entre les relations entre des personnes bienveillantes et des personnes malveillantes, entre des êtres bons et des êtres mauvais. De plus, dans Ma Hiérarchie, il y a la liberté de choix, alors que dans celle du Diable, les Substances sont de simples exécutantes, comme des soldats : elles font ce qu'on leur ordonne, sans la moindre initiative personnelle. On leur dit : « Reste ici », et elles resteront là jusqu'à ce qu'on leur donne un autre ordre. Chez Moi, les Substances réfléchissent, créent, choisissent ce qui correspond à leur âme. Il n'y a pas de discipline rigide, tout repose sur une conscience élevée des Substances. Cela a une influence fondamentale sur les relations. Vivre selon les Lois de la Liberté ou sur ordre est une différence majeure. Mes Substances ont beaucoup de travail, mais elles l'aiment et y mettent leur âme. Chez le Diable, il n'y a rien de tout cela. Elles font simplement ce qu'Il leur ordonne. Mais surtout, Mes Substances possèdent de l'empathie, de la compassion et un esprit d'entraide, alors que chez Lui, tout cela est absent. C'est pourquoi Nous sommes fondamentalement opposés.

— **Comment se fait la transition d'une Substance d'un Niveau à un autre dans la Hiérarchie du Diable ? Est-ce comme chez Vous ou est-ce l'inverse : si chez Vous, les Substances s'élèvent, chez Lui, « coulent-elles » de plus en plus bas en progressant ?**

— Non, même si elles sont constituées d'énergie négative, elle possède des propriétés similaires à la Nôtre, ce qui Nous permet d'exister dans un même volume. Les Substances dans Sa Hiérarchie ne « coulent » pas, elles montent également. L'énergie négative dans Sa Hiérarchie n'est pas « sale », car ce sont aussi des Mondes Supérieurs, bien plus élevés que le monde terrestre. Les énergies « sales » ne se trouvent que dans les mondes inférieurs. Lorsque Nous parlons d'« énergie sale, lourde », c'est pour créer une image qui vous aide à mieux comprendre. Il s'agit ici de différences dans la qualité de Nos énergies, de leur antagonisme. C'est pourquoi Son Système suit une voie de développement totalement différente et repose sur d'autres Lois d'existence. La Hiérarchie du Diable ressemble structurellement et mécaniquement à la Mienne, mais elle est fortement automatisée. À Ses Niveaux, tout est automatisme et robotisation.

— **Où se trouvent les mondes inférieurs du Diable ? Sont-ils situés en dessous du plan terrestre ?**

— Ils se trouvent à de nombreux endroits. Le premier Niveau peut être sur Terre. Il contrôle aussi bien les insectes que les animaux, mais cela se fait sous Mon ordre, pour Mon objectif. Il possède une multitude de mondes dans d'autres de Mes Univers, avec différentes formes de vie. Mais même dans votre Univers, il existe de nombreuses planètes abritant les mondes du Diable. Moi, Yu… (le Hiérarque du Système Médical)* et le Diable possédons les quatre Univers, c'est pourquoi Nous avons également une grande diversité de mondes. Et toutes les Substances de Ma Hiérarchie étendent leur autorité sur ces Univers et leurs mondes, car Ma Hiérarchie Spirituelle est supérieure à toutes les autres, tant aux mondes physiques qu'à de nombreux mondes subtils.

— **Dans la Hiérarchie du Diable, le mal est-il perpétré aussi bien par les mondes inférieurs que par les Niveaux Supérieurs ?**

— La différence de développement influence aussi le comportement des Substances. En plus grande partie, ce sont les mondes inférieurs qui commettent le mal, car c'est leur forme d'existence. Une conscience élevée est également capable d'accomplir le mal, mais elle ne le fait pas arbitrairement, mais en accord avec les plans généraux, car les Personnalités Hautement Développées comprennent que tout est interconnecté et qu'une action impulsive peut entraîner de lourdes conséquences, voire parfois provoquer l'autodestruction. Toute action doit être coordonnée, sinon elle peut conduire à la destruction du monde dans lequel elles existent. Le Niveau Moyen et ceux qui se situent au-dessus dans la Hiérarchie du Diable font tout en étant responsables de ce qui se passe. Ils ont une conscience très élevée.

Le tri des âmes

À certaines périodes du développement de l'humanité, différents Systèmes Hiérarchiques procèdent au tri des âmes. Cela a nécessité certaines clarifications.

Dieu répond aux questions.

— **Lorsqu'un tri des âmes est effectué sur Terre, qui en reçoit le plus : Vous ou le Diable, étant donné que la Terre compte énormément de personnes négatives ?**

— Non, ils sont plus nombreux sur Terre. Mon peuple, ce sont les gens du peuple, et il est presque toujours majoritaire.

— **Les méchants notoires vont-ils chez le Diable ?**

— Oui.

— **Les maniaques (tueurs en série) et les meurtriers Lui appartiennent-ils entièrement ?**

— Tous ceux dont la cruauté dépasse largement la norme sont Ses âmes. Les Miennes possèdent d'autres qualités.

— Les autres âmes Vous appartiennent donc ?

— Les Miennes, oui.

— **Y a-t-il beaucoup de personnes sur Terre qui travaillent pour le Diable ?**

— Beaucoup. Dans de nombreux pays, les cercles gouvernementaux sont formés de Ses gens, c'est pourquoi des guerres éclatent. De nombreux politiciens et autres personnes avides de pouvoir, de domination sur autrui et d'accumulation de richesses Lui appartiennent également.

— **Quelle est la proportion de Ses âmes et des Vôtres sur Terre?**

— Si l'on considère l'ensemble du développement terrestre sans prendre en compte les périodes de transition entre les races, où la concentration d'âmes négatives est toujours prédominante, alors Mes âmes sont généralement plus nombreuses. Un peu moins de la moitié sont Ses âmes, et le reste sont les Miennes. Celles qui se consacrent à la création sont les Miennes, tandis que celles qui font des calculs et travaillent dans la production mécanique et technique sont des candidates pour Lui. On peut ainsi diviser les gens. Mais sur Terre, il y a aussi des contractuels, et ils sont très nombreux. Par exemple, les médecins n'appartiennent pas au Diable. Ils sont principalement les Miens. Mais ils se répartissent également entre Moi et Yu… (le Hiérarque du Système Médical)*.

— **Mais Yu… est-il indépendant de Vous et du Diable ?**

— Oui. Il dirige de manière autonome sa propre Hiérarchie des Médecins. Il est neutre, et Je Me réjouis pour Lui et pour Son Système. C'est pourquoi Je n'ai aucune objection au fait qu'Il sélectionne des âmes sur Terre et dans d'autres de Mes mondes.

— **Le Diable ne peut-Il pas créer d'âmes, car Il ne possède pas le processus de spiritualisation ? Est-ce précisément le secret qu'Il ignore ?**

— Oui. Il y a beaucoup de choses qu'Il ne sait pas.

— **Comment parvient-on à garder le secret de la création et de la spiritualisation des âmes à l'abri du Diable ? N'est-Il pas capable, malgré Son ingéniosité incomparable et Son intelligence suprême, de découvrir ce secret ? Ne pourrait-Il pas, d'une manière ou d'une**

autre, corrompre Vos Personnalités de confiance ? Ou cela est-il impossible avec Elles ?

— Là-Haut, Nous n'avons pas de Personnalités, — a corrigé Dieu, — mais des Substances. Les Personnalités sont sur Terre, ce sont vos humains… — Et, après une pause, Il a expliqué : — Le Diable est incapable de connaître ce secret en raison de Son niveau de développement insuffisant. Tout est réparti énergétiquement par Niveaux. Le fait est que le secret de la création des âmes a été délégué par Moi jusqu'au deuxième Niveau en dessous de Moi, c'est-à-dire un Niveau en dessous de Moi. Or, le Diable se trouve presque deux fois plus bas que Moi. Si l'on devait représenter cela en termes d'étapes, cela donnerait : Moi, par exemple, Je suis au centième Niveau, et les deux Niveaux auxquels J'ai confié ce secret sont le quatre-vingt-dix-neuvième et le quatre-vingt-dix-huitième. Mais le Diable se situe environ au cinquantième Niveau, ce qui signifie que, malgré toute Sa volonté, Il ne peut absolument pas atteindre ces Niveaux.

— Mais le Diable possède un système informatique extrêmement puissant. N'est-Il pas capable de calculer ce secret ?

— Cela ne peut pas être calculé. La création et la spiritualisation des âmes ne sont soumises à aucun calcul.

— Pourquoi ne peut-Il pas maîtriser le secret de la spiritualisation ? Est-ce aussi en raison de Son bas Niveau ?

— Pas uniquement pour cette raison. Pour maîtriser la spiritualisation, il faut posséder une qualité d'âme particulière. Le Diable est constitué d'un type d'énergies totalement différent, qui ne peut pas s'intégrer au processus de spiritualisation.

— Nous souhaitons préciser : le Diable ne maîtrise-t-Il pas le processus de spiritualisation parce qu'Il ne possède pas la qualité qu'est l'amour ?

— À Nos Niveaux, cette qualité n'existe plus. L'amour n'existe que chez vous, sur Terre. Quant à Nous, Nous avons autre chose : la responsabilité. L'amour est un stade inférieur du développement des énergies d'un certain type. Mais ces énergies servent de base au développement d'un type particulier d'énergies, notamment celles de la créativité et quelques autres. L'énergie de la créativité se développe à partir de l'énergie de l'amour, il y a une chaîne évolutive où l'un engendre l'autre. Or, la spiritualisation repose sur la création. Et la raison principale pour laquelle le Diable ne peut maîtriser le processus de spiritualisation est qu'Il ne détient pas la créativité. Il est un calculateur, mais pas un créateur.

— **Mais pourquoi le Système négatif est-il dépourvu de créativité ? Nous aimerions comprendre ce point.**

— La créativité se développe sur l'énergie du bien. Si, dans l'une de ses vies, un individu a accompli le bien et que son âme a déjà accumulé ces énergies positives dans sa matrice, alors, en récompense de ses bonnes actions passées, une programmation multivariée lui est offerte, incluant la possibilité de se développer à travers la créativité. L'individu choisit ensuite lui-même d'emprunter ou non la voie créative. S'il choisit la créativité, celle-ci lui sera intégrée dans ses incarnations suivantes. Ses capacités s'élargiront, et son âme s'enrichira de types d'énergies spécifiques. Le Diable, quant à Lui, ne possède ni le bien, ni la liberté de choix.

— **Cela signifie-t-il que la créativité naît du bien ?**

— Plus précisément, c'est **le choix entre le bien et le mal qui engendre la création.** La créativité est un travail de pensée, un choix, une quête. L'âme qui opte pour le bien est récompensée par la créativité.

— **Mais pourquoi le choix lui-même a-t-il une si grande importance ?**

— Choisir, hésiter, implique déjà un travail de l'esprit et de l'âme, une certaine évaluation et comparaison. Pour une personne positive, cela relève déjà de la créativité, car elle cherche des arguments, des raisons, des faits, et ainsi de suite. Le choix en lui-même est déjà le début même d'un processus créatif.

— **Ainsi, le Diable est incapable de créativité parce qu'Il ne donne pas la possibilité à Ses êtres et Substances de choisir, les contraint à agir strictement selon un programme ?**

— Oui. Le Diable ne permet pas à Ses Substances de penser. Il pense à leur place, et elles, telles des robots, exécutent ce qu'Il veut. Ses Substances ne réfléchissent pas, ne choisissent pas, elles sont dépourvues de quête, et là où il n'y a pas de quête, il n'y a pas de créativité. Le Diable pense Lui-même pour toutes Ses Substances. C'est la règle principale de Sa Hiérarchie. Pour Lui, le calcul est un mode de pensée. Il ne pense qu'à traverser les chiffres. Il calcule tout : qui doit faire quoi, puis transmet ces chiffres en les répartissant à travers les Niveaux de Sa Hiérarchie. En d'autres termes, le Diable a conçu le chiffre comme une action. Lorsqu'Il veut qu'une action ait lieu, Il envoie un chiffre sous forme de code à l'endroit où cette action ou cet événement doit se produire. S'Il poursuit un objectif global, Il fait descendre ce code jusqu'au premier Niveau. Et là commence un travail numérique. Les Substances exécutent ce que le Diable veut en recevant Ses pensées, encodées sous forme de nombres ou d'impulsions. Mais elles ne pensent pas par elles-mêmes, ou alors, on pourrait dire qu'elles ne pensent qu'en chiffres. Elles reçoivent tout sous une forme prête à l'emploi, c'est pourquoi elles ne peuvent pas créer.

— **Le Diable prend-Il des âmes uniquement sur Terre ?**

— Non. Il en prend dans les quatre Univers. Il possède dans tous Mes Univers Ses calculateurs et autres exécutants.

Les Programmes des âmes de Dieu et du Diable

Tous les habitants de notre planète se développent selon les programmes établis pour eux par les Personnalités Suprêmes. Mais il serait intéressant d'en savoir plus sur la particularité de l'évolution des différents individus à travers ces programmes.

C'est Dieu qui répond aux questions.

— **Sur Terre vivent à la fois Vos âmes et celles du Diable. Les âmes du Diable disposent-elles d'une liberté de choix sur Terre ?**

— Les programmes terrestres sont les mêmes pour tous, mais la liberté de choix n'est pas accordée aux âmes du Diable. Tous les maniaques (tueurs en série), les meurtriers cruels Lui appartiennent et ne possèdent pas de libre arbitre.

— **Cela signifie-t-il qu'il existe sur Terre deux types de programmes : l'un incluant la liberté de choix et l'autre où elle est absente ? Et ces deux types sont présents parmi les humains ?**

— Oui. Mais les programmes terrestres et ceux de Notre monde, c'est-à-dire de la Hiérarchie, sont complètement différents. Ne cherchez même pas à les comparer.

— **Vous avez dit que les humains sur Terre possèdent dix types de programmes. Mais ces programmes proviennent de Votre Système. Ceux du Diable sont-ils également divisés en dix types ?**

— Les dix types de programmes sont des créations du diable. Il est le calculateur et le programmeur. C'est Lui qui les a élaborés sur Mon ordre. C'est pourquoi Il soumet aussi Ses âmes à ces mêmes programmes. Mais ces dix types de programmes concernent uniquement la Terre.

— **Le Diable a-t-Il des personnes qui évoluent selon des programmes inférieurs et d'autres, des Substances, qui évoluent selon des programmes supérieurs ? En quoi leurs programmes diffèrent-ils ?**

— Par les Niveaux. Il existe des Niveaux de programmes. Cela signifie que les programmes diffèrent par la spécificité de la construction des situations, car le mode d'existence des Substances change, et de là découlent des subtilités dans la construction des programmes à travers les situations.

— **Se distinguent-ils aussi par le degré de liberté ? Ou bien ce degré de liberté est-il totalement absent ?**

— Dans les mondes du Diable, dans Sa Hiérarchie, la liberté de choix est totalement absente. Mais sur Terre, tout est différent. La Terre est la Mienne. Et les âmes qui n'ont pas encore été séparées sont les Miennes, elles possèdent la liberté de choix. Ce n'est qu'après le Jugement, lorsqu'a lieu leur rattachement définitif à Mon Système ou au Sien, que les âmes tombées sous l'autorité du Diable perdent leur liberté. Mais toutes Mes âmes ont des programmes établis par le Diable. Ainsi, les gens sont à Moi, mais les programmes sont à Lui. Nous avons une production conjointe des âmes sur le plan terrestre, c'est-à-dire leur perfectionnement. La liberté de choix existe sur Terre uniquement pour ceux qui n'ont pas encore fait leur choix entre Moi et Lui. J'accorde la liberté de choix à toutes Mes âmes sur Terre, car même le criminel le plus cruel peut se tourner vers Moi et se racheter. Je lui donne ce droit et lui offre une dernière chance sous la forme de la liberté de choix.

— **Que se passe-t-il avec l'âme d'une personne qui accomplit un travail par nécessité, alors que ce travail ne lui plaît pas ? Y a-t-il un développement, ou bien son âme "piétine"-t-elle sur place ?**

— De quelle âme s'agit-il ? La Mienne ou celle du Diable ? — a demandé Dieu.

— **Par exemple, une âme Vous appartenant.**

— Si une personne accomplit un travail qui ne lui plaît pas, alors c'est que cela est requis par son programme. Ainsi, elle acquiert certaines énergies d'une qualité spécifique. Et cette qualité lui est nécessaire.

— **Et si l'âme appartient au Diable ?**

— Alors cette âme travaille strictement selon son programme. Qu'elle le veuille ou non, elle travaille et produit ce qui est nécessaire au Système du Diable… Si l'âme est Mienne, alors grâce à la liberté de choix, elle peut acquérir différentes qualités, et non une seule en particulier. Autrement dit, Je favorise en quelque sorte les désirs de l'homme, lui permettant d'évoluer dans la direction qu'il souhaite, mais ce choix s'effectue dans les limites du programme. L'âme choisit : dans certaines situations, elle peut accumuler plus d'énergie, dans d'autres moins, mais toujours selon les énergies autorisées.

— Si une personne s'abstient de faire quelque chose de mal uniquement par peur de la punition, la qualité de son âme en est-elle affectée (est détériorée) ? Par exemple, si une personne ignorait qu'une faute entraînait une sanction, elle la commettrait, mais puisqu'elle sait qu'elle sera punie, elle s'en abstient. Les qualités acquises dans ces deux cas seront-elles différentes ?

— Bien sûr, cela influence la qualité des énergies accumulées, en les dégradant. Les individus de bas niveau agissent toujours ainsi : ils s'abstiennent uniquement par peur et évitent ainsi des actions indésirables. Une personne de haut niveau ne fait pas le mal non pas par peur de la punition, mais parce que cela répugne à son âme, à sa nature intérieure. La différence est essentielle. Cependant, la peur des êtres inférieurs est utilisée comme un moyen d'éducation, ils sont toujours effrayés par quelque chose. Cela les aide à progresser jusqu'à ce que leur propre conscience se développe. La peur est un outil éducatif.

— Il existe un type de personnes, les défenseurs de la vérité et de la justice. Mais ils ne se battent pour la justice que lorsqu'elle les concerne personnellement. Ces personnes appartiennent-elles au Système négatif, puisqu'elles sont constamment en lutte ?

— Ce sont plutôt des égoïstes. Mais savez-vous que tous les humains le sont ? Ils exigent que l'on soit juste envers eux, mais eux-mêmes commettent des injustices envers les autres. C'est caractéristique de beaucoup, donc ces personnes ne sont pas forcément affiliées au Système négatif. Chacun pense qu'il a toujours raison et qu'il est une bonne personne, tandis que les autres sont injustes envers lui. Il cherche la justice, mais principalement pour lui-même. C'est simplement un niveau de développement inférieur. Une personne de haut niveau ne lutte pas tant pour elle-même que pour les autres.

— **Les critiques sont des personnes qui aiment constamment critiquer les autres. Ce type de personnes appartient-il au Système négatif ?**

— Non, il existe aussi des critiques qui sont des personnalités positives. Il y a deux types de critiques, car critiquer le bien est une chose, et critiquer le mal en est une autre. Il y a aussi différentes orientations : certains ne critiquent que le mal, d'autres ne critiquent que le bien. Ceux qui critiquent le mal sont Mes gens. C'est un moyen d'éducation. Et ceux qui critiquent le bien sont des représentants du Système négatif. Il appartient à l'observateur de discerner ce qui est bon et ce qui est mauvais. Parfois, une personne prend le bien pour du mal. Par exemple, ce qui est quelque chose de nouveau et avancé est souvent rejeté et critiqué, bien qu'il apporte un renouveau à l'avenir. Ce sont précisément ces critiques du nouveau qui sont des représentants du Système négatif.

— **Dans les plans subtils d'existence, les Supérieurs proches du Diable évoluent-ils aussi selon des programmes rigides ?**

— Oui, chez Lui, tout le monde évolue selon des programmes rigides.

— **Même aux Niveaux les plus élevés ?**

— Aux Niveaux Supérieurs de la Hiérarchie, tout se fait en pleine conscience. Les Substances Supérieures possèdent déjà un autre niveau de conscience. Et bien que leurs programmes restent rigides, elles ont été élevées dans cette rigueur, elles l'apprécient même et la considèrent comme une nécessité. Elles éprouvent un grand bien-être dans cette dureté… — et dans l'intonation de Dieu, on a perçu un sourire.

— **Les politiciens sur Terre suivent-ils des programmes rigides?**

— Oui.

— **Mais ont-ils malgré tout une liberté de choix ?**

— La liberté de choix est très limitée. Plus une personne monte dans la structure du pouvoir, moins elle a de liberté de choix, car en politique, tout est si enchevêtré, si imbriqué, que les sommets du pouvoir sont inévitablement écrasés par les échelons inférieurs. il y a donc peu de liberté.

Les calculateurs des Systèmes négatifs

Dieu répond aux questions

— En quoi les Systèmes négatifs qui sont sous Votre autorité diffèrent-ils des Systèmes négatifs sous l'autorité du Diable ?

— Par la créativité. Mes calculateurs fonctionnent un peu différemment. La créativité est présente dans leurs calculs eux-mêmes, dans leurs réflexions à leur sujet, et même dans les chiffres, certaines variations créatives peuvent émerger. Dans les chiffres, des éléments libres peuvent apparaître. Chez le Diable, en revanche, le calcul est strictement programmé, rien de plus, pas le moindre indice de créativité libre.

— Pour quelle raison les calculateurs ont-ils été attribués au Système négatif, au monde du Diable ?

— En raison des sciences exactes. Tous les calculs et opérations numériques relèvent de la juridiction du Diable. De plus, le simple fait de travailler avec des chiffres contribue à générer dans l'âme des énergies caractéristiques de Son monde.

— Pourtant, il y a parmi les calculateurs de nombreuses bonnes personnes, avons-nous rappelé.

— Oui, a convenu Dieu en expliquant : Mais les bonnes, les honnêtes — ce ne sont pas des âmes du Diable, mais les Miennes. Moi aussi, J'ai des Systèmes négatifs. D'ailleurs, on peut reconnaître à leur caractère quelles âmes appartiennent au Diable et lesquelles sont les Miennes. C'est pourquoi les caractères des calculateurs de Son Système et des Miens sont totalement différents. Ses calculateurs sont dépourvus de qualités telles que la compréhension des autres, l'honnêteté, la bonté, la droiture et d'autres vertus. Quant aux Miens, ils sont naturellement de nature opposée. Ainsi, bien qu'ils pratiquent les calculs, ils ressentent de l'empathie pour autrui, sont bienveillants et posés, toujours prêts à aider les autres.

— Si une personne ne veut pas commettre d'actes mauvais, mais que son âme a besoin d'énergies négatives pour maintenir l'équilibre énergétique, peut-elle être forcée à les acquérir en recevant un programme de calculateur ?

— Non, le programme des calculateurs n'est pas donné dans ce but. Une personne doit maîtriser les calculs numériques pour son évolution future. Sans l'apprentissage des opérations de calcul, il est également impossible de s'élever haut, car l'être humain doit développer une pensée numérique, qui constitue l'étape suivante de son développement.

— Toute âme hautement développée doit-elle nécessairement maîtriser le calcul ?

— Non, ce n'est pas une obligation. Bien sûr, en grande majorité, J'ai besoin de tels travailleurs, mais on peut aussi se perfectionner à travers la créativité, la philosophie ou d'autres disciplines humanitaires. Il existe de nombreuses voies.

— Les personnes qui n'ont jamais fait de mal, mais aiment compter et concevoir, peuvent-elles se retrouver chez le Diable ? Pouvez-vous envoyer des calculateurs dans le monde du Diable sans leur consentement pour Vos propres objectifs ?

— Oui, Je le peux. C'est Moi qui décide. Comprenez qu'il y a ici une autre nuance : chaque âme est une partie de Moi. Et si une âme en Moi ne se développe pas correctement, si cette particule commence à s'opposer à Moi ou même seulement à se dresser contre Moi, elle ne peut plus être la Mienne. Je ne la donne pas au Diable en raison de ses calculs ou de son ingénierie, mais uniquement parce qu'elle commence à s'opposer à Moi. Une telle âme, Je peux la Lui céder. Voici une illustration : supposons que J'aie besoin de blanc, mais que l'âme commence à grisonner, à noircir. Dans ce cas, elle ne M'est plus utile. Pourquoi aurais-Je besoin d'une telle âme ? Mais si Je réévalue ses acquis antérieurs et décide qu'il est préférable de la garder, alors Je lui créerai un programme qui lui permettra de se purifier en un laps de temps relativement court. Je l'envoie alors en purification. Et ainsi, Je la garde. Mais Je peux aussi la donner sans l'envoyer nulle part.

— Pour quelle raison une âme commence-t-elle à noircir ?

— À cause de l'insatisfaction envers la vie, qu'elle dirige non pas contre elle-même, mais contre Moi. Autrement dit, au lieu de se blâmer pour ses faiblesses, elle Me tient responsable, M'accusant de ne pas lui offrir un chemin facile. Ou bien, elle se laisse trop entraîner par la quête des plaisirs. Alors, des qualités émergent en elle qui ne Me sont d'aucune utilité. Elle ne génère absolument pas les énergies dont J'ai besoin et passe ainsi de l'autre côté, qui, dans la majorité des cas, est le Sien. Par conséquent, cette âme devient naturellement proche du Diable. Et parfois, il devient très difficile de la corriger. Son avenir dépendra uniquement d'elle : respectera-t-elle correctement le programme de

correction ou bien passera-t-elle sous l'autorité du Diable, où elle sera
rééduquée selon Ses programmes.

— **Une âme peut-elle se dégrader dans le Système du Diable ?**

— Oui, c'est possible.

— **Peut-il arriver, par exemple, que le Diable veuille qu'une
âme génère des énergies dures liées au mal, mais qu'au contraire,
elle se tourne vers le bien ?**

— Oui, il arrive que l'âme en vienne à rejeter le mal et se dirige
vers le bien. Mais ce sont des exceptions à la règle. Ces cas sont très
rares.

— **Et que fait-Il alors de ces âmes ? Vous les transfère-t-Il ?**

— Non, des cas où Il aurait volontairement transféré une âme à
Moi n'ont jamais eu lieu. Il ne cède jamais Ses âmes gratuitement.
Lorsqu'une âme sous Son autorité se tourne vers le bien, Il la détruit ou
la purifie complètement de ses énergies acquises et recommence son
développement dans Son propre Système. Toutefois, il y a eu dans
l'histoire quelques âmes qui se sont rebellées contre Lui et ont voulu
venir à Moi. Et ce n'est qu'à Ma demande expresse que le Diable les a
cédées, mais pas gratuitement — en échange d'un certain prix.

Les âmes du Diable après la réincarnation terrestre

Questions et réponses avec Dieu.

— **Est-ce que les âmes du Diable examinent leur vie après leur
mort sur Terre afin d'analyser leurs erreurs ?**

— Les âmes qui suivent les programmes du Diable ne commettent
pas d'erreurs dans leur vie. Imaginez un robot qui ferait des erreurs. Une
âme appartenant au Diable ne peut commettre une erreur qu'à cause d'un
défaut de son Déterminant. Mais dans ce cas, c'est le Déterminant qui
est puni. Il accumule alors du karma pour avoir laissé passer une erreur
dans la programmation. Quant aux âmes sous son autorité, elles ne sont
pas punies pour ces erreurs.

(Seules les âmes de Dieu sont autorisées à commettre une erreur
après l'autre. Mais cela a pour but de développer une haute conscience
chez l'individu, afin qu'il apprenne à reconnaître ses mauvaises actions
ou pensées et à s'en repentir. Une fois la correction effectuée, son karma
est levé.)*

— Mais après leur mort, les âmes du Diable analysent-elles malgré tout leur vie passée ?

— Oui, elles se souviennent de tout. Tout comme les autres, elles vivent le moment de la mort, et on leur montre leur vie passée jusqu'à leur naissance. Ce processus existe bien. Cependant, pour elles, cela ne constitue pas un jugement, mais un simple visionnage de leur vie afin de consolider l'expérience acquise et de mieux ajuster tous leurs capteurs pour leur travail futur.

— « Travail futur », cela signifie dans le monde subtil ou dans une nouvelle vie sur Terre ?

— Selon le programme de leur nouvelle vie.

— Y a-t-il une différence dans l'attitude envers Vos âmes et les âmes du Diable après la mort des gens ?

— Cela dépend de l'attitude.

— Nous parlons de Votre relation avec Vos âmes et de celle du Diable avec les siennes, avons-nous précisé.

— L'attitude dépend généralement du Niveau atteint par l'âme. Ainsi, l'évaluation des âmes s'effectue en conséquence. Plus leur Niveau de développement est élevé, plus leur évaluation est haute, que ce soit pour Moi ou pour le Diable.

— Après la mort, les âmes des deux camps passent-elles toutes par le même Distributeur ?

— Les âmes du Diable, qui Lui sont rattachées, sont immédiatement réparties selon leur Niveau.

— Existe-t-il une différence dans les méthodes de purification entre Vos âmes et celles du Diable ?

— Le Diable ne pratique aucune purification. Il reçoit directement des âmes ce qui Lui est nécessaire. Pour Moi, en revanche, il est difficile de développer dans Mes âmes les qualités requises.

— Peut-Il purifier Ses âmes de certaines bonnes qualités qu'elles auraient accidentellement acquises sur Terre ?

— Non, cela n'arrive pas. Ses âmes ne peuvent pas acquérir de bonnes qualités, car leur programme est extrêmement précis, automatisé, et il n'intègre rien en dehors de Ses directives. L'âme suit son programme à la lettre, et aucun écart vers le bien n'est possible. Seules Mes âmes bénéficient d'une liberté de choix leur permettant d'acquérir un supplément d'expérience.

— **Après leur mort, Vos âmes et celles du Diable voyagent-elles vers le Distributeur selon le même schéma ou existe-t-il une différence ?**

— Il y a une différence. Le Diable ne possède pas de **Séparateur***, tandis que Moi, J'en ai un.

— **Qu'a-t-Il à la place ?**

— Chez Lui, les Niveaux commencent immédiatement. Et chacun est donc directement affecté là où il doit aller. Ses âmes n'ont pas besoin d'être purifiées quoi que ce soit, donc chacun rejoint immédiatement son Niveau selon son degré de développement atteint. En général, après la mort, le Déterminant montre à son élève les points qu'il a accumulés au cours de sa vie. Ensuite, l'âme passe à un nouveau programme. Mais avant cela, elle reste quelque temps à son Niveau et peut s'y développer. Dans le monde subtil, elle suit un programme différent, mais il est tout aussi rigide et individualisé.

— **Le Diable décode-t-Il Ses Substances qui refusent de Lui obéir ?**

— Cela ne peut pas arriver chez Lui. Toutes Ses âmes Lui obéissent, car Son programme exclut toute forme d'autonomie. Mais s'il s'agit du décodage en général, alors oui, bien sûr, Il peut décoder n'importe quelle âme pour des raisons qui Lui sont propres.

— **Lorsqu'Il procède au décodage de Ses subordonnés, purifie-t-Il la matrice de toute énergie pour ensuite les utiliser comme âmes primaires à partir de zéro ? Ou bien démonte-t-Il complètement les matrices, les rendant ainsi inutilisables par la suite?**

— Pourquoi donc ? Elles peuvent encore être utilisées. Il conserve les composants initiaux que J'intègre à l'âme lors de sa création. Il les garde et peut ensuite développer l'âme comme Il le souhaite. Désormais, dès le départ, Il façonne une telle âme par Lui-même, sans Me restituer quoi que ce soit. Le Diable, dans Sa propre Hiérarchie, peut faire tout ce qu'Il veut : Il peut abaisser le Niveau d'une âme, la décoder et remettre sa matrice en circulation. Il peut également démonter complètement la matrice en pièces détachées. Cependant, s'Il démonte entièrement la matrice en éléments séparés, Il n'est plus capable de recréer une âme dotée d'un esprit vivant. C'est pourquoi il ne Lui est pas avantageux de les désassembler complètement, et Il ne le fait donc pas. Cela ne se produit que dans des cas exceptionnels. Le Diable ne désassemble complètement que des structures insignifiantes et temporaires, mais jamais **des âmes éternelles.**

Le Suicide dans le Système du Diable

Dieu répond aux questions.
— **Une âme appartenant au Diable peut-elle se suicider ?**
— Non, elle ne le fera jamais de son propre gré. Mais si le suicide est inscrit dans son programme, alors elle l'accomplira. C'est ainsi que son programme est conçu.

— **Et si c'est Votre âme qui se suicide, cela constitue-t-il un écart par rapport au programme, une violation de celui-ci ?**
— Oui. Dans Mon cas, c'est une violation du programme, ce qui est punissable. Mais chez le Diable, les âmes peuvent avoir des suicides très fréquents dans leur programme, car la mort de cette manière génère (produit) une puissante accumulation de certaines énergies.

— **Le suicide dans le monde du Diable est-il équivalent au meurtre d'une personne par une autre ?**
— En général, la mort équivaut à l'acquisition d'un certain nombre de qualités que la personnalité accumule tout au long de sa vie. C'est équivalent. Un homme passe toute sa vie à perdre du temps, il vit en vain et accumule parfois peu de qualités. Mais au moment de la mort, il produit instantanément une grande quantité d'énergies **qualitatives***. Des expériences intenses génèrent activement l'énergie nécessaire à son âme. Il arrive souvent que la seconde moitié des qualités requises pour une incarnation donnée soit acquise au moment de la mort, dans des situations difficiles. Une moitié des qualités s'accumule durant la vie, l'autre pendant la mort. Ici, Je parle de la mort qui concerne le meurtre.

— **Cela signifie donc qu'une âme Vous appartenant, en commettant un suicide, accumule du karma ?**
—Oui, Mon âme en accumule. Et son programme devient ensuite plus complexe.

— **Et une âme appartenant au Diable, qui commet un suicide, n'accumule rien ?**

— Non. Elle n'aura aucun karma. Au contraire, l'âme reçoit des points supplémentaires, car elle génère pour le Diable les énergies dont Il a besoin.

*   *   *

Les conclusions du Chapitre

Les contacteurs sont souvent accusés de "tomber sous le charme", sous-entendant ainsi que le Diable les séduit par la Nouvelle Information. **Mais la connaissance de la Vérité n'est pas un "charme", c'est l'illumination pour l'aveugle.**

Toute information est en elle-même neutre, et seul l'homme, par son libre arbitre, la transforme en bien ou en mal. Selon la manière dont il utilise l'information qui lui est donnée, il accomplit soit le bien, soit le mal, et son âme se remplit en conséquence d'énergie Divine ou Diabolique.

Pour conclure ce chapitre, arrêtons-nous sur cette question rhétorique : « Faut-il avoir peur du Diable ? » Car c'est précisément la peur qui pousse à accuser autrui et à voir un ennemi là où il n'y en a pas.

L'homme, effrayé par tout ce qui est nouveau et incompréhensible, envoyé par Dieu, s'en éloigne avec méfiance, y voyant un piège tendu par le Diable. Pendant ce temps, il utilise sans crainte ce qui lui est familier et agréable — l'alcool, les drogues — envoyés, eux, véritablement par le Diable, et les utilise comme un remède pour son âme. Parfois, en rejetant la main tendue de Dieu, il accepte facilement l'aide du Diable, car celle-ci est toujours douce et endort sa vigilance (et lui permet de baisser sa garde).

En raison de son très faible Niveau de développement, dans la Grande Vérité envoyée par Dieu, l'homme y voit une provocation de l'Impur, tandis qu'il marche main dans la main avec Lui dans la direction opposée à Dieu. Se perdant et s'égarant, confondant le contact brûlant de Dieu avec le feu de l'Enfer, et prenant la flatterie mielleuse et les tentations du Diable pour des encouragements divins, il reste dans une ignorance et une cécité totale. Deux mille ans après l'avènement du Christ, l'homme doit enfin comprendre cette vérité essentielle : Il n'y a pas à craindre le Diable, mais à se craindre soi-même ; le Diable n'est pas autour de nous, mais en l'homme lui-même.

Sur quoi repose une telle affirmation ?

L'homme a une peur panique de tomber entre les griffes du Souverain des Ténèbres, mais dans sa course aux tentations et aux séductions – l'argent, le pouvoir, les femmes, le vin, la drogue et bien d'autres choses – il accumule dans sa matrice une énergie négative qui, tel un lourd rocher, l'entraîne vers le fond, dans les possessions de Celui dont il cherche tant à s'éloigner.

Chaque mauvaise action produit une « énergie lourde » sur laquelle repose les mondes du Diable. Ainsi, en commettant des actes négatifs, en causant douleur et souffrance aux autres, en trompant, en calomniant, en tuant, en volant, l'homme accomplit des actions qui génèrent des énergies négatives appartenant à la gamme énergétique du Diable.

L'homme est une bio-machine qui est construite avec une telle sagesse que, lorsqu'elle accomplit ce qui relève du bien, elle produit des énergies positives, emplissant sa matrice de lumière, et lorsque ses actes ou ses pensées appartiennent à la catégorie du mal, cette bio-machine génère des énergies négatives, remplissant les cellules de sa matrice d'une gamme sombre. Ainsi, l'homme se récompense lui-même pour ses bonnes actions en enrichissant son âme de la lumière divine, et il se punit lui-même pour ses mauvaises actions en remplissant son âme des énergies noires du Diable. Voilà le mal qui réside à l'intérieur de l'homme et dont il doit avoir peur.

Le Diable n'a pas besoin de ruses pour l'attirer à Lui par la tromperie ; l'homme, par ses propres actes, se fraye un chemin vers le royaume du Hiérarque du Système Négatif. Par conséquent, ce n'est pas le Diable que l'homme doit craindre, mais lui-même, ses propres actions et pensées.

Le Diable, quant à lui, n'a pas le droit de prendre une seule âme sans l'autorisation de Dieu. Même si un homme exprime son désir de travailler pour Lui, de se vendre en échange de certains avantages, le Diable ne peut l'acquérir qu'après avoir obtenu l'accord de Dieu. Dieu lui-même examine d'abord ce qu'il doit faire d'une âme donnée : la laisser passer par le cercle du karma, ou la décoder (ce qui signifie la détruire en tant que personne, mais la structure matricielle elle-même, après une purification approfondie, sera réutilisée à des fins de développement dans Sa Hiérarchie)*, ou la donner au Diable.

C'est Dieu qui décide de tout.

Le Hiérarque du Système Négatif ne prend que ceux dont Dieu se détourne.

Mais, le Diable emploie un autre moyen pour s'approprier les âmes : Il les rend défectueuses, Il tend des pièges sous la forme de plaisirs doux et agréables, de jouissances pernicieuses. Il dispose d'un système tout entier de méthodes pour corrompre les faiblesses de caractère. En procurant du plaisir aux peuples (en leur donnant beaucoup d'argent, du pouvoir, du vin, etc.), Il ne fait que les aider à accumuler des types d'énergies qui ne sont pas celles requises par Dieu. Et Dieu permet à Son assistant-collaborateur d'inventer toujours plus de tentations, car Il a besoin d'âmes pures et dotées d'une conscience élevée. Dieu cherche à amener l'homme à développer des qualités spirituelles élevées, semblables aux Siennes.

Mais en permettant au Diable de tenter et de séduire, Dieu accorde à l'homme le libre arbitre. C'est le mécanisme principal qui divise l'humanité en « lumineux » et « ténébreux ». L'homme choisit librement ses actes et ses pensées. Dieu n'intervient jamais dans les désirs de l'homme. Il se contente d'observer et de juger ensuite, en faisant le bilan de l'existence terrestre de chaque individu.

Le mécanisme clé de la séparation des âmes est la liberté de choix. Et l'homme doit bien se rappeler cela pour savoir que Dieu lui laisse le droit de choisir la voie qu'il veut emprunter et à qui il veut se vouer. Seules les **actions** de l'homme déterminent où il ira après cette vie. C'est pourquoi on peut s'adresser directement à l'homme en ces termes : « Ne sois pas si ignoble que même Dieu finisse par te rejeter. »

Il est temps d'arrêter d'avoir peur du Diable, si la cause du mal réside dans l'homme lui-même, dans sa petite âme sombre et souillée.

Aucune action vile, aucun acte malveillant ne reste caché aux yeux de Dieu et des Maîtres de l'humanité, car chaque individu est guidé par son Déterminant, et tous ses actes, jusqu'aux pensées les plus basses, lui sont connus. Mais le Déterminant n'intervient pas dans les moments de choix, conformément à la Loi de Dieu de la liberté de choix ; il se limite à envoyer des avertissements à son élève, que celui-ci peut accepter ou ignorer.

De plus, chaque action de l'homme est enregistrée sur la bande de sa vie, qui est systématiquement examinée après sa mort. C'est sur la base de cette bande que les programmeurs et les calculateurs établissent le bilan karmique de l'individu. Par ailleurs, les pensées de l'homme sont stockées dans l'ordinateur de son Déterminant (pas toutes, mais celles qui sont liées à des situations importantes)*. De sorte qu'avec toute sa ruse et sa méchanceté, l'homme ne peut pas cacher aux Supérieurs ce qu'il cache si facilement à ses semblables. De plus, grâce à des appareils spéciaux du plan subtil, la matrice de l'homme est scrutée (comme un appareil à rayons X examine les poumons d'une personne)* et, en fonction des énergies qui remplissent ses cellules, il est possible de déterminer avec précision la qualité des énergies accumulées par son âme.

C'est pourquoi, avant d'agir, l'homme doit d'abord réfléchir à l'énergie qu'il insuffle à son âme, afin de ne pas avoir à se repentir dans les mondes du Diable. Et à ce propos, il convient de rappeler encore une fois l'essentiel :

1) Seuls les actes de l'homme rendent son âme lumineuse ou ténébreuse.

2) Aucune action illégitime ne restera impunie

L'homme s'acquittera de certains méfaits grâce à la loi de cause à effet, ou karma, et pour d'autres, il paiera des milliards d'années et plus d'esclavage robotique au Diable.

* * *

LES MONDES INFÉRIEURS (BAS)

Les mondes situés à un Niveau inférieur à la Hiérarchie

Dieu répond aux questions.
— Que représentent les mondes qui ne font pas partie de Votre Hiérarchie ?

— En général, ils correspondent à un Niveau de développement inférieur. Ces mondes sont destinés au perfectionnement des âmes qui viennent à peine d'entrer sur le chemin de l'évolution, ce sont de nouvelles âmes créées. Elles accumulent des énergies d'une autre nature que celles des humains.

— **Y a-t-il beaucoup de ces mondes ?**

— Ils sont dispersés dans tous Mes Univers.

— **Ces mondes sont-ils moins développés que la Terre ?**

— Il y en a qui sont situés en dessous, et d'autres au-dessus. Les mondes inférieurs ne comprennent pas un seul Niveau de développement, mais plusieurs. Chaque monde peut posséder son propre nombre d'étapes de perfectionnement.

— **À qui appartiennent les mondes inférieurs : à Vous ou au Diable ?**

— J'ai Mes propres mondes, et le Diable a les Siens. Mais sur de nombreuses planètes, comme la vôtre, Nous collaborons et unissons Nos efforts pour faire croître les âmes dont J'ai besoin.

— **Comment une âme se perfectionne-t-elle en direction du mal sur les planètes qui sont sous l'autorité du Diable ?**

— Sur les planètes inférieures, les êtres n'ont pas une apparence humaine et mènent une existence relativement différente de celle sur Terre. Dans ces mondes, tout est complètement différent de votre planète, il est donc difficile d'établir des comparaisons, comme il est impossible d'assimiler votre vie à celle des arbres, par exemple.

— **Y existe-t-il de la cruauté ?**

— Tout est relatif. Dans ces mondes, le mode de vie est si éloigné du vôtre qu'il est impossible de comparer. Bien sûr, pour vous, ce sont des mondes porteurs de mal.

— **Cela signifie que, pendant un certain temps, les âmes vivent sur des planètes inférieures sous une forme non humaine, puis, lorsqu'elles atteignent un certain degré de perfection, elles s'élèvent et adoptent une existence plus raisonnable (esprit) ?**

— Oui. Sur les planètes où l'évolution passe par le mal, toutes les âmes qui y arrivent ne peuvent se former que par le mal. Elles se perfectionnent à travers des vibrations grossières et basses, qu'elles reçoivent dans le processus de la vie. À terme, elles développent une compréhension de ces vibrations. En s'enfonçant en elles, elles progressent à travers leur perception, atteignant certains Niveaux de développement dans la direction correspondante. C'est la même chose que d'approfondir les vibrations de la bonté et de comprendre la bonté sur votre Terre. De la même manière, là-bas, on comprend le mal.

— **Sur les planètes soumises au Diable, une vie particulière s'écoule. Selon quelles Lois cette vie se développe-t-elle ?**

— Tout dépend du Niveau de développement auquel appartient la planète. Les mondes du Diable existent au Niveau de la Terre, au-dessus et en dessous d'elle, c'est-à-dire que Ses mondes se situent également à différents Niveaux par rapport à l'humanité.

— **Quelles Lois régissent les mondes situés sous le Niveau du plan terrestre ? Y applique-t-on une Loi comme « Chacun pour soi » ? Y a-t-il un culte du mal ?**

— Oui, cette Loi existe : « Chacun pour soi ». Quant au culte du mal, il fait partie intégrante de leur quotidien, si bien qu'ils ne savent même pas ce qu'est le mal. Ils vivent simplement selon ce principe, comme vos prédateurs. Ne connaissant pas le bien, ils ne savent pas non plus ce qu'est le mal, et donc ils ne le remarquent pas.

— **Les Systèmes inférieurs sont appelés « sombres ». De quel pôle de « l'Union » relèvent-ils : positif ou négatif ?**

— Du pôle négatif.

— **Tous ?**

— Oui.

— **Mais pourrait-il exister des Systèmes positifs qui n'auraient pas encore atteint un haut Niveau de développement ?**

— Non, ici, tout est sans équivoque : les mondes du Diable sont toujours un moins, tout y est négatif, et rien de positif ne peut y exister.

— **Si une âme humaine dégradée se dirige après la mort vers un Système négatif appartenant au Diable et y est acceptée, quel programme reçoit-elle pour son incarnation suivante ?**

— L'individu passe à une accumulation d'énergies de qualité opposée à celles de Mon Système. Sur les planètes qui appartiennent personnellement au Diable, il existe une vie particulière, et c'est là qu'Il envoie les âmes qu'Il a acquises. Elles y traversent des situations correspondant au mode de vie des êtres qui les environnent, accumulant dans leurs matrices les énergies qui Lui sont nécessaires. Pour chaque âme, un programme est établi, en accord avec les normes de perfectionnement des êtres de cette planète. Bien sûr, les programmes varient d'une planète à l'autre. Mais il arrive que Nous coopérions avec le Diable pour établir un programme spécifique, si une action conjointe est nécessaire. Par exemple, si un tueur en série doit s'incarner sur Terre pour éliminer certaines personnes, alors un programme est élaboré afin qu'il agisse conformément à Nos deux volontés, et il est dirigé vers le monde terrestre. Dans d'autres cas, il est envoyé sur d'autres planètes où sont conçus des programmes adaptés aux réalités de ces mondes particuliers.

— **Mais en quoi consiste la progression de l'âme* dans un Système négatif ?**

— Le perfectionnement y suit naturellement une direction opposée à celle du Système positif. Pour cela, le Diable a élaboré Ses propres méthodes, adaptées à chaque monde et à chaque Niveau de développement. Mais, là encore, il s'agit essentiellement d'une accumulation d'énergies de différentes qualités propres à Sa gamme. Cependant, le Niveau de conscience peut être tout aussi élevé chez les individus positifs que chez les négatifs, à condition qu'ils fassent déjà partie des Hiérarchies.

Mais l'évolution dans les Systèmes négatifs n'est pas toujours liée à une faible conscience. Elle est généralement caractéristique des mondes inférieurs. En revanche, dans les Systèmes négatifs élevés, les Substances sont supérieures, et leur conscience est également élevée, ce qui leur confère un sens aigu des responsabilités dans leur travail. Il faut distinguer les mondes inférieurs, qui sont situés sous le premier Niveau de la Hiérarchie, et les Systèmes négatifs et positifs qui font partie des Hiérarchies. Ces derniers se différencient des premiers par leur haut Niveau de conscience. Toutefois, le comportement des Substances dans la Hiérarchie négative diffère de celui des Substances dans la Hiérarchie positive, et les qualités des énergies qu'elles accumulent sont également variées.

— **Pourquoi les âmes ne peuvent-elles pas passer des Systèmes négatifs vers le côté positif, vers l'Absolu ? Après tout, elles atteignent un haut Niveau d'intelligence au cours de leur développement.**

— Tout d'abord, elles ne passent pas en raison de leurs qualités internes. Le chemin est fermé automatiquement. Les âmes accumulent des énergies qui, physiquement, ne peuvent plus pénétrer du côté négatif vers le côté positif. Ici, c'est un processus purement physique qui est à l'œuvre. Mais cela ne commence qu'à partir du milieu de la Hiérarchie, en dessous de ce Niveau, elles peuvent encore passer. Deuxièmement, le Diable ne les laissera pas revenir vers Moi, Il tient à chaque âme. Et troisièmement, elles-mêmes ne veulent pas revenir, elles s'habituent au mode de vie que le Diable a déterminé pour elles.

— **Mais parfois, Vous prenez des Substances au Diable pour un travail spécifique. Comment le passage s'ouvre-t-il dans ce cas ?**

— Cela arrive très rarement. Moi aussi, Je paie le Diable pour les Substances dont J'ai besoin avec de l'énergie. Ces transitions peuvent être comparées au passage de spécialistes de haut niveau d'un pays à un autre. Mais le passage dans Mon Système n'est possible que pour Ses Substances qui n'ont pas encore atteint le milieu de la Hiérarchie du Diable. Et celles-ci peuvent encore être reformatées dans Ma direction.

— **Lorsqu'une âme passe d'un Système positif à un Système négatif, c'est-à-dire qu'elle est transférée après analyse des qualités acquises au cours de sa vie, avec quelles énergies le Diable paye-t-Il pour elles ?**

— Les énergies peuvent être différentes : celles qui Me sont nécessaires et qui Me manquent, ou celles qui correspondent aux qualités de l'âme transférée. Avec l'âme transférée, je perds certaines énergies, et donc le Diable doit Me les fournir.

— **D'où prend-Il les énergies avec lesquelles Il paye pour l'âme qu'Il reçoit ?**

— Il dispose d'une base énergétique spécifique pour cela.

— **Mais cette base est-elle composée des énergies des âmes décodées ?**

— Non, pas des âmes décodées. C'est une base spéciale, qui existe pour accumuler des énergies de haute qualité.

— **Sur Terre, le Diable obtient beaucoup d'énergie en organisant des meurtres. Mais reçoit-Il de l'énergie depuis chaque Niveau de Votre Hiérarchie ?**

— Non. Tous les Niveaux M'appartiennent, et tout ce qu'ils produisent est à Moi. Mais si le Diable participe à certains travaux par contrat, alors Il reçoit une compensation correspondant au travail qu'Il a effectué. Chez Nous, l'échange est strict.

— **Vous avez des Systèmes communs avec le Diable, que Vous gérez ensemble. Par quel type d'activité reçoit-Il de l'énergie, si** personne n'y meurt et si personne n'y est tué (En parlant des Niveaux où se trouvent les Systèmes de calcul de Dieu, qui sont contrôlés par le Diable).

— Grâce aux calculs, aux opérations de calcul, à la programmation, ainsi qu'à d'autres types d'activités inconnues de l'homme.

— **Les gens doivent-ils craindre les Systèmes négatifs uniquement parce qu'ils sont du côté négatif ? Si l'on dit à quelqu'un qu'une autre personne travaille sur Terre pour un Système négatif, tout le monde l'évitera à trois kilomètres.**

— Si l'on prend les Systèmes négatifs qui existent au-dessus de vous dans la Hiérarchie, c'est-à-dire qui sont à un Niveau supérieur aux humains, il ne faut pas les craindre, car ce sont principalement des programmeurs, des calculateurs, des mathématiciens ordinaires et des physiciens, comme il y en a beaucoup sur Terre. Avez-vous peur de vos programmeurs ? Les Hautes Personnalités des Systèmes négatifs sont ces mêmes programmeurs qui établissent des programmes pour les humains et dirigent leurs destinées sur Terre. Ce sont précisément les programmeurs des Systèmes qui créent les programmes des humains, c'est-à-dire qui façonnent en réalité leur destinée, bien que ce soit Moi qui fixe les objectifs de développement.

Mais si l'on prend les personnalités des Systèmes négatifs qui se situent à un Niveau de développement légèrement inférieur à celui des humains, ce sont des êtres en phase initiale de développement, qui commencent à peine à se plonger dans le monde des nombres et des calculs de certaines structures. Plus tard, ils s'élèveront et commenceront à effectuer tous les calculs de manière autonome. Dans les Systèmes négatifs, presque tout le monde passe par le chemin des nombres. Quant à ce que vous appelez le mal, pour eux, cela représente simplement un ensemble d'énergies appropriées, sans participation des sentiments. L'homme accumule des énergies à travers les sentiments, tandis qu'eux le font sans les impliquer.

— **Supposons que l'on puisse ne pas craindre ceux qui, en termes de développement, sont situés au-dessus des humains. Mais ceux qui sont en dessous de nous peuvent-ils accomplir à l'égard de l'homme des actes que nous considérons comme des méfaits ? Les**

gens ont très peur des « ténèbres », les considèrent comme des serviteurs du Diable, dont le but est de nuire à l'homme.

— Oui, bien sûr, tout dépend du point de vue selon lequel on considère leurs actions. Leur comportement est toujours inadéquat à celui du vôtre : ce qui, pour vous, est un mal, pour eux, représente une norme de comportement naturel. Cependant, ils n'ont pas le droit d'interférer (d'intervenir) dans le programme de l'homme, ils peuvent seulement l'inciter à accomplir certaines actions négatives, c'est-à-dire tenter d'influencer son choix dans différentes situations. Et si un individu est suffisamment moralement stable, alors aucune incitation ne pourra affecter sa décision. Ainsi, tout dépend de l'homme lui-même. Mais, modifier des situations ou imposer celles qui ne sont pas prévues dans le programme est impossible pour quiconque issu des mondes inférieurs. Et, de plus, Je le répète encore une fois, il ne faut pas craindre les Hautes Personnalités des Systèmes négatifs. Leur Niveau de conscience est bien plus élevé que celui de n'importe quel humain positif sur Terre, ils possèdent un sens du devoir, des responsabilités, du soin envers autrui, ainsi que de nombreuses autres qualités qui demeurent inconnues de l'homme.

Il n'y a donc rien à craindre. La peur est le fruit de l'ignorance humaine. Et le mal lui-même réside à l'intérieur de l'homme. C'est lui-même qui commet de telles atrocités qui horrifient son entourage. Et Moi, sur Terre, Je lui donne toujours le droit de choisir entre le bien et le mal.

— Dans Votre Hiérarchie, il existe des Systèmes positifs et négatifs. Sont-ils présents à chaque Niveau ?

— Oui, chaque Niveau de la Hiérarchie, du premier jusqu'au dernier, est composé de Systèmes positifs et négatifs. De la même manière, par exemple, le fonctionnement normal de votre organisme nécessite à la fois des énergies positives et négatives. Votre organisme ne pourrait pas fonctionner en se nourrissant exclusivement d'un seul type d'énergie. Et la présence des énergies négatives de type « yin » n'influence en rien votre caractère, car elles servent votre corps sans toucher votre âme.

Il en va de même dans Ma Hiérarchie positive. L'exception concerne les Niveaux qui se situent en dessous du plan terrestre, c'est-à-dire Mes mondes inférieurs. Les êtres qui y vivent sont si peu évolués qu'ils n'ont encore accumulé aucune énergie positive. Tous les autres Niveaux comprennent à la fois le plus et le moins (Fig. 17). Mais, il n'est pas nécessaire d'y maintenir un équilibre entre le positif et le négatif. Dans l'ensemble, les Systèmes positifs sont toujours en minorité. L'Absolu se divise en proportions d'un quart (1/4) et de trois quarts (3/4). Le rapport d'un quart concerne les Systèmes positifs à chaque Niveau, tandis que tout le reste est négatif et neutre. Ainsi, les proportions changent comme suit : un quart correspond aux Systèmes positifs, un quart aux neutres et la moitié aux négatifs.

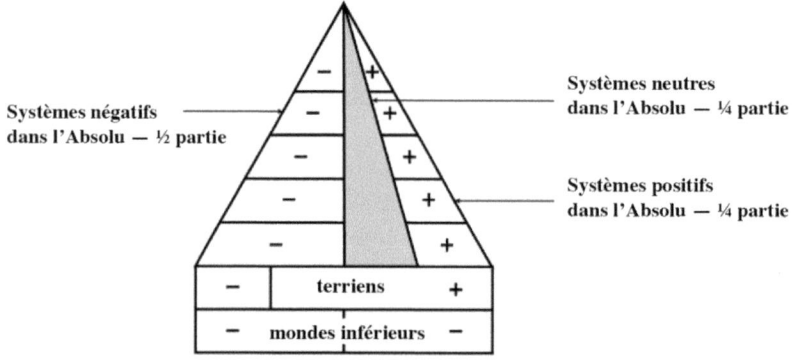

Fig. 17. Rapport entre les Systèmes de l'Absolu

— **Le monde physique est une matière ayant une certaine fréquence de vibrations. Les autres mondes sont subtils, ou énergétiques. Mais existe-t-il une matière aux vibrations encore plus grossières, c'est-à-dire une matière plus dense que notre monde physique ?**

— Oui, il existe une matière dont la structure est plus dense que la vôtre.

— **Où se trouve-t-elle ?**

— Pas dans votre Univers.

— **Si un être humain matériel venait à pénétrer dans un tel monde, verrait-il cette matière ou serait-elle inaccessible à sa perception ?**

— Un humain ne pourrait pas pénétrer dans un tel monde. Imaginez une Terre semblable à la vôtre, une planète identique, mais composée d'une matière extrêmement grossière. L'atmosphère de cette planète est si dense qu'il est non seulement impossible de s'y mouvoir, mais aussi d'y respirer. Pour que les êtres puissent inspirer l'air local et se déplacer dans un tel monde, ils doivent être constitués d'une matière encore plus dense.

— Pour eux, serions-nous perçus comme un monde subtil ?

— Oui, exactement. Cette comparaison est très appropriée. La différence de densité entre votre monde et le leur est similaire à celle qui existe entre le plan physique et le plan astral.

— Comment se forment de tels mondes denses ? Qu'est-ce qui les rend si compacts ?

— Ils sont constitués d'éléments qui ne sont pas issus de votre matière. Tout y est propre à eux : leurs atomes, leurs molécules, leur structure et leurs Lois du monde physique.

— Pourquoi leurs atomes et leurs molécules sont-ils plus denses que les nôtres ?

— C'est ainsi que cela a été voulu d'En haut, et c'est ainsi que cela a été conçu. C'est ainsi que cela a été dit aux exécuteurs d'En Haut, c'est ainsi que cela a été conçu — et Dieu a esquissé un sourire en voyant notre naïve habitude de penser que tout naît de lui-même, bien plus simplement que comme le résultat du travail complexe d'une Intelligence (Esprit) plus puissante. — Tout ce qui existe à l'heure actuelle — le Système solaire, les Univers matériels et les mondes énergétiques — a été créé sur ordre d'En Haut, conformément à Leurs desseins. Au-dessus des Êtres Suprêmes existent des Niveaux encore plus élevés, et cela est sans fin.

Synthèse sur le thème des « Mondes inférieurs »

En analysant les informations sur les mondes inférieurs, arrêtons-nous un instant sur cette habitude qu'a l'homme d'associer le concept de « négatif » à celui de « sombre » ou de « bas ». Si quelque chose est négatif, alors cela signifie qu'il est peu évolué ou « obscur », autrement dit qu'il apporte toutes sortes de malheurs à l'homme. Habituellement, ces notions sont associées, dans la conscience humaine, à ses propres actes vils et cruels. Tous les méfaits commis par l'homme lui-même, il les attribue à l'influence des « forces sombres ».

Mais en réalité, les mondes inférieurs existants n'ont pas le droit d'intervenir dans la vie d'un monde plus élevé, en l'occurrence le monde terrestre, tout comme notre monde terrestre ne peut pas interférer dans la vie des Déterminants qui nous sont supérieurs. Seuls les Mondes Supérieurs ont le droit d'intervenir dans les mondes qui leur sont inférieurs. Tout dans notre Univers est régi par les Lois Suprêmes de Dieu et leur obéit. Toutefois, des êtres issus de mondes situés au même niveau que les nôtres peuvent pénétrer dans notre plan.

Les mondes inférieurs suivent leurs propres Lois et principes de vie, qui ne concernent pas les terriens. Tout le mal qui naît sur Terre est engendré par l'homme lui-même, en raison de ses propres traits de caractère négatifs, de sa nature inférieure et de son incapacité à faire les bons choix.

Certains mondes inférieurs sont sous la direction des Systèmes négatifs du Diable. Mais les mondes inférieurs appartenant au Système positif sont dirigés par Dieu, qui leur fixe des objectifs et des missions de développement, que le Diable met en œuvre à travers des programmes.

Outre les mondes inférieurs, il existe des mondes intermédiaires (moyens). Ces mondes intermédiaires, comme la Terre, contiennent à la fois des âmes positives et négatives, et sont donc gouvernés par les Hiérarchies Supérieures du Système positif. Ainsi, par exemple, le Diable gouverne la Terre et d'autres mondes de Dieu selon un contrat. Il est donc nécessaire de distinguer deux types de mondes inférieurs (voir Fig. 18).

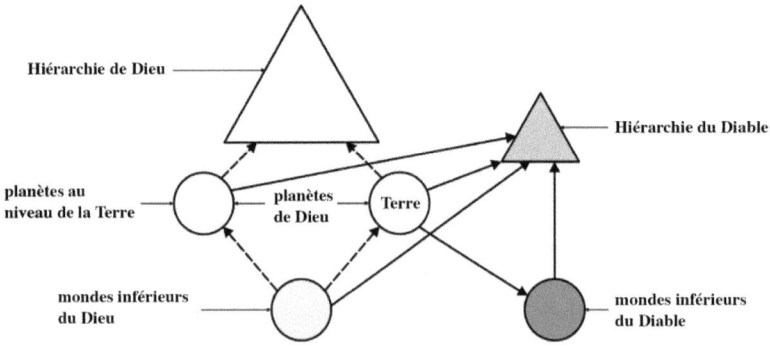

Fig. 18. Répartition des âmes dans les mondes inférieurs

1) Certains appartiennent entièrement au Diable. Ici se trouvent également des âmes dégradées, que Dieu a temporairement confiées au Diable pour leur correction, qui purgent encore leur peine ;

2) Il existe des mondes inférieurs qui appartiennent à Dieu. Ces mondes sont dirigés par des Supérieurs du Système positif de Dieu, mais en coopération avec le Diable, ou plus précisément avec Ses Supérieurs du Système négatif. Tous les êtres vivants dans ces mondes inférieurs évoluent selon les programmes du Diable. Mais, les objectifs de développement de chaque programme sont définis par Dieu.

Les mondes inférieurs de Dieu et du Diable ne font pas partie de Leurs Hiérarchies, mais se situent en dessous d'elles. Ce sont des mondes où se développent des âmes initiales, c'est-à-dire des âmes très jeunes sur le plan évolutif.

Dans les mondes inférieurs de Dieu, les âmes initiales accumulent des énergies négatives et positives de nature grossière. Les étapes suivantes de leur développement se déroulent sur des planètes similaires à la Terre, où elles commencent à accumuler des énergies positives d'un ordre plus subtil. Ces planètes jouent le rôle de mondes-distributeurs, offrant aux êtres la possibilité de choisir leur voie future : suivre le chemin Divin ou celui du Diable.

Les âmes issues des mondes inférieurs du Diable ne peuvent passer que dans la Hiérarchie du Diable.

Les êtres provenant des mondes inférieurs de Dieu, grâce à la liberté de choix qui leur est offerte, se divisent en deux types opposés (bien et mal). En conséquence, ceux qui accumulent un type d'énergie Divine sont transférés dans la Hiérarchie de Dieu, tandis que ceux qui accumulent l'énergie opposée, en tant qu'êtres en dégradation, sont confiés au Diable. À partir de là, deux perspectives s'ouvrent devant eux :

1) Si ce sont des individus de faible intelligence, le Diable les envoie poursuivre leur « rééducation » sur Ses planètes inférieures, où ils restent jusqu'à ce qu'ils acquièrent suffisamment de sagesse et un **potentiel d'âme*** requis pour entrer dans Sa Hiérarchie;

2) Si l'âme défectueuse possède une intelligence développée, alors elle est directement transférée du plan terrestre au premier Niveau de la Hiérarchie du Diable. Mais, elle subit alors un processus de robotisation,

perd sa liberté de choix et effectue les actions automatiquement selon un programme rigide.

De même que Dieu peut parfois, pour certains objectifs, s'incarner à travers des personnalités positives, de même le Diable peut s'incarner à travers des individus négatifs. C'est pourquoi ces derniers se nomment par Son nom. Et ils ont raison, car sur le plan subtil, ils sont reliés à Lui. Puisqu'ils sont robotisés, ils se personnifient totalement avec le Diable.

Le Diable n'accepte pas non plus n'importe qui dans Sa Hiérarchie. Il ne prend que ceux qui ont atteint un certain Niveau de développement ou un degré suffisant de conscience. En d'autres termes, des âmes primitives, incapables de quoi que ce soit, ne L'intéressent pas. C'est pourquoi Il prend des âmes peu évoluées et les fait passer d'abord par Ses mondes inférieurs, où elles doivent survivre dans des épreuves rigoureuses et des conditions inhumaines. En luttant pour leur existence, ces âmes acquièrent le potentiel énergétique nécessaire, et leurs matrices se remplissent des types d'énergies négatives dont le Diable a besoin. Ce n'est qu'après cela qu'Il accepte les âmes au premier Niveau de Sa Hiérarchie.

Les mondes inférieurs du Diable sont constitués d'un type d'énergie totalement différent de celui de la Terre. Par leur Niveau de développement, beaucoup d'entre eux sont en dessous du niveau terrestre. Sur Terre, les individus accumulent à la fois des énergies positives et négatives, et c'est ici qu'a lieu la séparation des âmes entre les deux Systèmes opposés. Dans les mondes inférieurs (qu'ils soient ceux de Dieu ou du Diable), les âmes ne peuvent accumuler que des énergies grossières et, en raison de leur sous-développement, elles ne sont pas encore capables de produire quoi que ce soit de plus élevé.

Mais, en arrivant des mondes inférieurs de Dieu sur Terre ou sur d'autres planètes-distributrices, les âmes inférieures obtiennent le droit d'accumuler un type d'énergie positive et de suivre la voie Divine. Les âmes inférieures dans les mondes du Diable ne permettent pas un tel droit : elles passent simplement d'un Niveau négatif à un autre sans possibilité de choisir leur voie.

La Terre fournit des âmes aussi bien aux mondes de Dieu qu'à ceux du Diable. Chaque individu choisit par ses propres actes la direction de son développement éternel.

Outre les âmes indéterminées, c'est-à-dire celles qui n'ont pas encore fait de choix définitif quant à leur voie d'évolution, il existe sur Terre des représentants du Système négatif du Diable. Ils ont été envoyés ici pour accomplir un travail précis que des personnalités positives ne pourraient pas réaliser.

Ces individus exécutent des tâches spécifiques selon les programmes linéaires du Diable. Souvent, ils provoquent les êtres positifs pour tester leurs qualités, mais ils ont aussi pour mission de corrompre les âmes jeunes et inexpérimentées afin d'attirer les plus faibles de leur côté. C'est pourquoi nous rappelons que chacun doit toujours rester vigilant, attentif et chercher à comprendre qui se trouve à ses côtés et à quelles actions il incite.

Le principal critère des actions humaines est le bien et le mal. Il faut toujours se rappeler : le bien et l'altruisme conduisent à Dieu, le mal et l'égoïsme conduisent au Diable. Cela a toujours été ainsi et continue d'exister comme un facteur de division parmi les humains au cours des deux mille prochaines années. Ce n'est qu'à la fin de la sixième race que la forme de séparation des âmes sur Terre changera, et l'homme ne choisira plus entre le bien et le mal, mais entre d'autres processus d'évolution plus élevés.

L'homme n'aboutit chez le Diable qu'après avoir perdu tout son potentiel énergétique positif. C'est pourquoi il faut se **hâter de faire le bien.**

Les représentants du Système négatif du Diable constituent environ quarante pour cent de l'humanité. On ne peut les distinguer que par leurs actions, par les résultats de leur activité ou par leurs paroles. Ainsi, celui qui cherche le chemin vers Dieu doit élargir les frontières de ses connaissances personnelles afin d'être capable de discerner, même sous une forme voilée, le visage perfide de l'ennemi (par exemple, en offrant à l'homme l'ordinateur comme un bienfait, le Diable favorise l'accumulation par les individus de ce type d'énergie dont Il a besoin. L'informatisation, le technocratisme sont des voies dissimulées conduisant au Diable, dans le cas où la personnalité humaine se soumet entièrement à Lui)*.

Tous les Systèmes négatifs qui se trouvent au-dessus du plan terrestre dépassent de loin l'humanité en Niveau de développement (et sont aussi des Supérieurs pour elle, car beaucoup d'entre eux élaborent des programmes de perfectionnement pour les humains, mettent à leur disposition des technologies et effectuent des calculs et des mécanismes de transmission d'inventions diverses envoyées aux humains par Dieu)*.

Les Systèmes négatifs supérieurs, à leur tour, se subdivisent en Systèmes Divins, qui se trouvent dans la Hiérarchie de Dieu, et en Systèmes Diaboliques, qui appartiennent à la Hiérarchie du Diable. Sur le plan énergétique, les Systèmes négatifs de Dieu et du Diable diffèrent autant que les Substances qui les composent.

Mais en quoi la Substance négative de Dieu diffère-t-elle de la Substance négative du Diable ?

La différence fondamentale réside dans la capacité créatrice des Substances négatives de Dieu et l'absence totale de cette capacité chez les Substances du Diable. De cette distinction découle une différence dans l'activité mentale, qui est à l'origine de l'accumulation des énergies créatrices et des énergies élevées de l'inspiration dans la matrice de l'âme.

Sur une base créatrice, la construction même de la matrice se réalise d'une manière particulière. L'orientation du développement des Substances diffère donc en conséquence : si l'on considère leurs trajectoires de développement à partir d'un même point initial, alors le schéma de perfectionnement apparaîtra comme suit (Fig. 19). Et plus les Substances négatives s'élèveront dans leur évolution, plus leurs trajectoires s'éloigneront l'une de l'autre dans leur divergence.

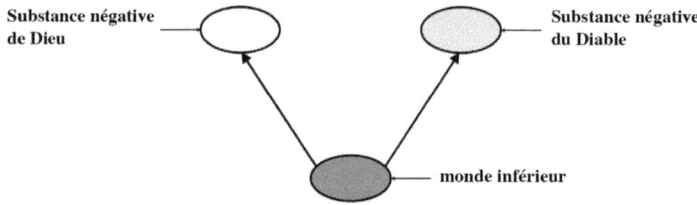

Fig. 19. Orientation du développement des Substances négatives de Dieu et du Diable

À ce sujet, il est également nécessaire d'évoquer la question de la créativité, car une confusion pourrait naître concernant qui crée et pourquoi. Nous disons que les ordinateurs, la télévision et la technologie proviennent du Diable. Mais, pour être plus précis, toutes les inventions techniques destinées aux humains sont élaborées par le Diable sur instruction de Dieu, qui cherche à faire progresser Ses individus. Le Diable conçoit tout Lui-même et transmet les inventions prêtes à être réalisées par les Substances des Systèmes négatifs. Ces Substances ne peuvent rien créer par elles-mêmes, elles exécutent uniquement ce qui leur est ordonné, de manière purement automatique. C'est pourquoi on dit que le Système du Diable est incapable de créativité. Il décide de tout pour tout le monde, Il invente tout et effectue tous les calculs. Toutefois, on ne peut pas non plus qualifier Ses inventions de créativité, car Il atteint Ses objectifs en procédant par calculs et manipulations numériques.

Dans les Systèmes négatifs de Dieu, qui se trouvent dans Sa Hiérarchie, il n'y a pas de mal, et les personnalités y progressent à travers certains processus (par exemple, les opérations de calcul et la programmation)*, grâce auxquels elles accumulent le pourcentage nécessaire d'énergies négatives. Toutefois, la nature de ces énergies n'est pas homogène avec celles qui sont générées par les Personnalités dans la Hiérarchie du Diable, car les Hiérarchies elles-mêmes diffèrent par la structure de leurs mondes, c'est-à-dire par leur énergie et par les principes de perfectionnement des âmes. Ainsi, les Personnalités issues des Systèmes négatifs de Dieu et celles des Systèmes négatifs du Diable se distingueront par leurs types de caractère et leurs qualités d'âme, ce qui correspondra au remplissage des cellules de leurs matrices par des types d'énergie opposés (comme le blanc et le foncé).

*   *   *

Dictionnaire

Absolu — 1) Dieu, l'Esprit suprême ;

2) Volume spatial incarnant un organisme vivant de l'Être Suprême, contenant en lui toute l'Existence et constituant l'apogée d'un certain cycle d'évolution.

Absolu (adjectif) — Ayant atteint l'état le plus élevé de développement, comprenant l'ensemble complet des énergocomposants requis.

Âme — Matrice contenant une certaine quantité d'énergie, laquelle évolue au fil du perfectionnement. La matrice est reliée à des structures permanentes et temporaires destinées au monde terrestre.

Composite — Ensemble de différentes énergies dans la matrice, déterminant sa texture, sa composition qualitative, et définissant l'expressivité ainsi que l'individualité de la personnalité.

Décodage — Destruction de l'âme sur le plan subtil ; annihilation chez un individu de la conscience de son "Moi" en tant que personnalité ; démantèlement des structures subtilo-énergétiques de l'âme, avec purification complète des cellules de la matrice de toutes les énergies accumulées par l'individu au cours de ses vies passées.

Déterminant — (terme ancien : Maître Céleste)* Personnalité supérieure guidant un individu ou une autre entité vivante à travers un dispositif informatique. Il contrôle l'exécution du programme par la personne.

Énergétique — 1) Nouveau terme pour désigner l'« énergie », comprenant, dans sa structure, un type d'énergies plus puissantes, caractéristiques de l'apport énergétique cosmique sur Terre à l'époque actuelle (année 2000)* ;

2) Potentiel total contenu dans un volume limité.

Énergie — 1) Toute forme de matière, qu'elle soit du plan physique ou subtil, se différencie selon un ordonnancement par niveaux de développement.

2) Mesure générale des différentes formes de mouvement de la matière (définition classique)*.

Énergocapacité — Degré de saturation en énergie d'un volume, d'une enveloppe ou d'une cellule de la matrice.

Essence (ou être) — Individu intelligent appartenant à un autre monde, possédant une forme différente de celle des humains, mais doté de structures temporaires lui permettant de s'adapter au monde dans lequel il existe.

Fondateur — Substance occupant un rang supérieur à celui du Déterminant. Il élabore le scénario de la future vie d'une personne.

Gouverneur — Substance se situant au-dessus du Fondateur et du Déterminant et les dirigeant.

Hiérarchie — Système de répartition de l'ensemble absolu des Substances avec des règles de développement à chaque Niveau d'ordre.

Karma — Rétribution accordée à une personne pour ses actions positives ou négatives dans une vie antérieure (destinée bonne ou mauvaise, intégrée au programme de vie de l'individu)*.

Inférieurs (ou êtres de niveau inférieur) — Individus appartenant au monde terrestre. L'être humain matériel est toujours moins évolué que ceux qui sont dans la Hiérarchie de Dieu, car l'énergie subtile représente un Niveau d'organisation de la matière plus élevé.

Matrice — Structure de base de l'âme permettant d'accueillir et de stocker divers types d'énergies, constituant le fondement du caractère de la personnalité. Elle possède une structure en alvéoles et une capacité de développement de nouvelles cellules en fonction du remplissage des existantes. La matrice est une construction spiritualisée en croissance autonome. Son remplissage énergétique suit une séquence déterminée par Dieu.

Nature — Volume spatial appartenant à l'organisme cosmique global, dans lequel tout le reste se trouve et évolue.

Niveau — Degré de développement de quelque chose ou de quelqu'un.

Ordinateur — Dispositif technique du plan subtil (l'ordinateur terrestre en est une analogie)*, servant à la gestion de l'être humain. Il contient toutes les informations sur un individu, le programme de sa vie actuelle, les caractéristiques physiques de son corps matériel, ainsi que les indicateurs de tous ses corps énergétiques. Grâce à cet ordinateur, le *Déterminant* guide l'élève à travers sa vie et surveille son état de santé.

Orbitale — Nouvel état énergétique de la Terre, supérieur en Niveau d'évolution par rapport au précédent.

Ordinalité (Niveaux) — Séquence logique de disposition des mondes sur l'échelle hiérarchique, en fonction du degré de développement des énergies qui composent ces Niveaux.

Répartiteur (distributeur) — Identique au séparateur.

Séparateur — Dispositif du plan subtil servant à collecter et répartir les âmes des défunts après leur mort.

Substance (substance) — Sens interne de quelque chose.

Substance — Personnalité évoluant dans la Hiérarchie de Dieu (ou du Diable)*. Les Substances au sein de la Hiérarchie sont classées selon différents Niveaux de développement.

Subtil (monde, construction, structure, etc.) — 1) Tout ce qui est au-delà de la perception humaine;
2) Tout ce qui est constitué d'une énergie d'un ordre supérieur à la matière physique.

Supérieurs — Personnalités situées à un Niveau d'évolution supérieur au plan terrestre et dirigeant la Terre ainsi que l'humanité.

"Union" — Alliance consciente de neuf Systèmes hiérarchiques contrôlant la Terre. Ce sont eux qui ont donné à l'humanité les chiffres arabes (1, 2, 3…9), chaque chiffre correspondant au numéro d'un Système, selon son code numérique. Leur symbole est une étoile à huit branches avec un point de transition en son centre. Chaque branche de l'étoile représente une pyramide hiérarchique d'un système, divisée en parties positives et négatives. Le neuvième Système est situé au centre et sert de point de transition et de transmission des énergies d'un Système à un autre.

Unité — Concept de l'âme donné par le Système négatif calculatoire.

Volume — Contenu quantifiable d'un élément, possédant des limites.

Mots regroupés par leur sens

Cinquième race — Désignation (attribuée d'En-Haut à notre civilisation)* exprimant un certain Niveau de développement de l'humanité, correspondant au passage de la Terre à la cinquième **orbitale***.

Énergies qualitatives — Énergies hétérogènes par nature et caractéristiques.

Énergies de la qualité (ou Qualité de l'énergie) — Type homogène d'énergie.

Niveau de la Hiérarchie — Monde ou plan d'existence au sein de la Hiérarchie. Les Niveaux sont disposés selon un ordonnancement, c'est-à-dire une séquence logique de développement de l'énergie, allant des plus bas, proches de la Terre, aux plus élevés, proches de Dieu.

Puissance de l'âme (puissance) — 1) Sa force constituée par les potentiels des énergies accumulées;

2) Capacité de l'âme à accomplir certaines actions ou processus (y compris la pensée)* ; capacité à exécuter un travail en un temps donné.

Pompage énergétique — Concentration d'énergie dans une unité de volume.

Potentiel de puissance — Indicateur de force caractérisant les capacités énergétiques d'une âme ou de tout autre objet. La puissance d'un individu dépend directement de son potentiel, c'est-à-dire de la somme des accumulations énergétiques de cet objet. Plus le potentiel de puissance est élevé, plus grandes sont ses capacités énergétiques.

Potentiel de l'âme — Indicateur de force d'une personnalité. Il se compose du potentiel des énergies qui remplissent sa matrice et ses enveloppes permanentes.

Progression de l'âme — Accumulation d'énergies dans sa matrice conformément au programme établi.

Sixième race — Nouvelle race humaine prenant conventionnellement son origine en l'an 2000. Cette appellation est liée au passage de l'humanité à la sixième orbitale, un stade de développement plus élevé que celui où se trouve actuellement notre cinquième race.

Système Cosmique — Communauté d'êtres intelligents situés en dehors de la Hiérarchie de Dieu.

Système hiérarchique (ou de la Hiérarchie) — 1) Communauté de Substances intelligentes unies par un même Niveau de développement et appartenant à la Hiérarchie. Les Systèmes se situent à un ou plusieurs Niveaux et possèdent un degré de développement correspondant à ce Niveau.; 2) Système appartenant à la Hiérarchie.

Système Matériel — Communauté d'êtres intelligents incarnés dans des corps matériels et possédant un Niveau de développement bien supérieur à celui de l'homme.

Système Spirituel — Communauté intelligente des Substances Supérieures appartenant à la Hiérarchie de Dieu, c'est-à-dire au monde subtil.

Volume global — Dimensions spatiales concrètes appartenant à l'organisme universel de la Nature.

Sommaire

La liste des livres
Série « Au-delà de l'inconnu »
Seklitova L.A & Strelnikova L.L

Site : **www.humanitedor.fr**
Mail : **humanitedor@gmail.com**

❖ « L'Esprit Supérieur révèle les mystères »
❖ « L'Âme et les secrets de sa structure »
❖ « Les mystères des mondes Supérieurs »
❖ « La vie secrète des Maitres Célestes »
❖ « La structure d'énergie d'une personne et de la matière »
❖ « Rencontre avec les invisibles » en cours de relecture
❖ « La création des formes ou bien les expériments de l'Esprit Supérieur »
❖ « La vie dans un corps d'autrui »
❖ « L'Homme de l'ère du Verseau »
❖ « Les perles des vérités Supérieurs »
❖ « Le dictionnaire de la philosophie cosmique »
❖ « La matrice – base de l'âme »
❖ « Le doigt du Destin »
❖ « La terrestre et l'éternité »
❖ « Le feu de Prométhée »
❖ « Notre Armageddon »
❖ « La philosophie de l'éternité »
❖ « La philosophie de l 'Absolu »
❖ « La personnalité et l'éternité » en cours de relecture
❖ « La formation de l'âme ou paradoxale philosophie » Tome 1 et 2
❖ « Le nouveau modèle de l'Univers.»
❖ « Les lois de l'univers ou les bases de l'existence de la hiérarchie Divine »
❖ « Les mystères du 21ème siècle » (FAQ)
❖ « Le chemin de l'inconnu » (FAQ)
❖ « Les révélations du cosmos »
❖ « Les conversations sur l'inconnu »
❖ « Le mystère à la réalité »

- ❖ « Le Formule de l'évolution »
- ❖ « L'illusion de vérité »
- ❖ « L'homme de la race d'or »
- ❖ « Le but du développement de l'homme »
- ❖ « Les doubles de la Terre » (FAQ)
- ❖ « Au-delà du monde visible » (FAQ)
- ❖ « Les capacités paranormales »
- ❖ « La transformation des âmes de différentes formes de vie » (FAQ)
- ❖ « La réponse de Pythagore » (FAQ)
- ❖ « Les découvertes sans télescope » Tome 1 et 2
- ❖ « Ce que la science tait »
- ❖ « Comment ne pas tomber à l'enfer »
- ❖ « Le chemin vers la race d'or »

Série « Encyclopédie d'une Nouvelle Ère »
Seklitova L.A & Strelnikova L.L

Section : L'Homme de la sixième race » :
1. « La création de l'Homme » Tome 1
2. « La création de l'âme » Tome 2
3. « Le développement de la pensée » Tome 3
4. « La Naissance, la Mort et le Karma » Tome 4
5. « L'Amour, la Famille et l'Enfants » Tome 5
6. « Le développement de l'Homme » Tome 6
7. « Le Choix de l'Âme ou bien le développement positive et négative » Tome 7
8. « Le Sort, le Destin ou bien le Rôle des Programmes dans le développement » Tome 8
9. « L'Humanité » Tome 9
10. « L'Homme Incroyable » Tome 10
11. « De nouvelles informations sur la religion » Tome 11

Section : « La race de la Terre d'or » :
12. « La Terre est une planète qui pense » tome 12
13. « Les mystères du Temps » tome 13
14. « L'univers et ses mondes » tome 14

Série « Magie de la Perfection »
Seklitova L.A & Strelnikova L.L

- ❖ « La Liberté et l'inévitable »
- ❖ « Les leçons Karmiques du Destin »
- ❖ « La Phénomène de l'âme »
- ❖ « Le Grand Passage ou les Variantes de l'Apocalypse »
- ❖ « Les Causes des souffrances d'une personne »
- ❖ « 2012, La fin du Monde ou Prédictions Optimistes »
- ❖ « Pourquoi la Terre change »

Série « L'ésotérisme en Aphorisme »
Seklitova L.A & Strelnikova L.L

Cette série comprend des livres suivants :
« Facettes du diamant »,
« Blues d'étoile »,
« Miroir de la sagesse »,
« Pétales du lotus »,
« Ode de l'éternité »,
« Sonate de la vérité »,
« Sagesse *à aphorisme* »,
« Vérités éternelles ».
« La sagesse dans les aphorismes »
« Pointes et roses »